Fondazione Bruno Kessler

Annali dell'Istituto storico italo-germanico in Trento

Monografie, 68

I lettori che desiderano informarsi
sui libri e sull'insieme delle attività
della Società editrice il Mulino
possono consultare il sito Internet:
www.mulino.it

Il voto apolitico

Il sogno tedesco della rappresentanza moderna (1815-1918)

di

Carlo Spagnolo

Società editrice il Mulino Bologna

FBK - Istituto Storico Italo-Germanico

Redazione e impaginazione:
Editoria FBK

SPAGNOLO, Carlo
Il voto apolitico : il sogno tedesco della rappresentanza moderna : (1815-1918) / di Carlo Spagnolo. - Bologna : Il Mulino, 2017. - 300 p. ; 22 cm. - (Annali dell'Istituto storico italo-germanico in Trento. Monografie ; 68)
Nell'occh.: Fondazione Bruno Kessler. - Bibliogr.: p. 273-294
ISBN 978-88-15-26007-9
1. Rappresentanza politica - Germania - 1815-1918

324.63094309034 (DDC 22.ed) Scheda bibliografica: FBK - Biblioteca

Il presente volume è pubblicato con il contributo della Provincia autonoma di Trento e dell'Università degli Studi di Bari Aldo Moro

ISBN 978-88-15-26007-9

«Alla felicità dei popoli sono più necessari gli ordini che gli uomini».

V. Cuoco, *Saggio storico sulla rivoluzione di Napoli del 1799* (1801), p. 245, n. 1

Sommario

Prefazione

Da oltre trent'anni la democrazia è attraversata da tendenze contraddittorie. Se cresce il numero dei Paesi che adottano procedure di voto più o meno libere, nei Paesi di antica tradizione liberale si manifestano sintomi di erosione del nucleo democratico del suffragio universale. Colin Crouch parla di un'emergente «postdemocrazia» in riferimento a sistemi politici in cui «mentre le forme della democrazia rimangono pienamente in vigore ... la politica e i governi cedono progressivamente terreno cadendo in mano alle elite privilegiate, come accadeva tipicamente prima dell'avvento della fase democratica»[1].

Il distacco tra la rappresentanza democratica e il governo dell'economia si manifesta in Europa anche attraverso il ritorno di alcune caratteristiche tipiche del suffragio parlamentare del secolo XIX, quali la ridotta partecipazione elettorale, il ritorno dello status e del privilegio nell'accesso ai media e alle candidature, il particolarismo territoriale, la separazione dei diritti politici statali da quelli sociali legati alla residenza comunale, o la comparsa del plebiscitarismo e di movimenti 'populisti'. Non offrono terapie adeguate a questi sintomi degenerativi le frequenti proposte di riforme mirate al rafforzamento del potere esecutivo e del rapporto diretto tra elettore ed eletto perché non intervengono sui mutamenti della funzione storica degli Stati nazionali. Al trasferimento di poteri ad organismi sovranazionali avviatosi nel corso del secolo XX, si aggiungono nello scorcio del nuovo millennio gli effetti di una costituzione giuridica europea nella quale persiste l'assenza di un potere democratico.

Nel contesto di indebolimento degli Stati nazionali, l'integrazione europea appare una delle possibili risposte al recupero

[1] C. Crouch, *Postdemocrazia*, pp. 6-7, 9.

di autonomia politica. Tuttavia essa sembra sottrarsi a questa funzione, e nelle sue istituzioni è difficile reperire le caratteristiche proprie degli Stati democratici[2]. La democrazia viene ricondotta a presupposto procedurale, mentre all'Unione Europea si demanda l'attuazione del bene comune inteso come buon funzionamento del mercato unico e garanzia della stabilità. La *governance* delle procedure sostituisce il governo degli uomini. L'Unione può essere allora al contempo il luogo di bilanciamento tra gli Stati membri e un potere neutro che si scherma dalle pressioni irrazionali dei popoli. Ritorna così, attorno alla separazione tra mercato sovranazionale e politiche nazionali, una concezione neutra del potere che sembrava superata dalle democrazie novecentesche. A livello sovranazionale si è consolidato un potere neutro che si presume apolitico.

Intendo con «potere neutro» un potere immunizzato dagli effetti del conflitto sociale e del voto popolare, la cui legittimazione risiede in un assetto giuridico e internazionale dotato di efficacia e di forza proprie. Il primato del diritto internazionale ne è il fondamento e le deroghe alla sua autonomia sono ammesse solo in rapporto allo stato di eccezione, alla guerra aperta o informale. La neutralità, ossia la pretesa assenza di ideologia, si regge su una concezione morale secondo la quale il potere soddisfa il bene comune, inteso come efficienza del mercato o come tutela dei diritti umani o comunque come un fine cosmopolita inattingibile alla comunità politica, e consente di intervenire nei rapporti sociali solo in forma residuale. Così in nome di una astratta razionalità di scopo si finisce per giustificare i rapporti di forza esistenti nel mercato come naturali e necessari. Gli effetti collaterali non si riducono a un problema di equità materiale tra centri e periferie o ceti ma comportano la sottrazione dei valori al confronto democratico. Quel tanto di valori che confligge con il potere neutro è infatti confinato nel recinto degli Stati depotenziati.

L'ascesa del potere neutro si accompagna alla commistione del diritto pubblico con il diritto civile internazionale, nel quale alcuni giuristi vedono riaffacciarsi l'antica aspirazione di un

[2] J.E. FOSSUM - A.J. MENÉNDEZ, *La peculiare costituzione*.

primato del diritto sulla politica[3]. Si tratta di un processo non lineare, in cui il potere neutro postdemocratico cerca di incorporare lo Stato novecentesco e limitare 'gli eccessi' della democrazia. In questo passaggio, l'emergente potere neutro postdemocratico si differenzia nettamente dal potere neutro assolutista sette-ottocentesco ma ne riprende alcuni aspetti: la dimensione sovranazionale; l'idea morale del potere; il carattere elitario del sistema decisionale; la subordinazione della volontà popolare; la riduzione dell'ambito politico a un'arena neutra e priva di ideologie; il confinamento delle ideologie e dei conflitti nel locale.

A prescindere dalle sue incerte prospettive, una forma di esercizio del dominio consolidata da alcuni decenni nell'UE non è spiegabile con le teorie intergovernative proposte dalla scienza politica. La storiografia, rimasta ai margini di una discussione consegnata agli economisti e ai politologi, può fornire un contributo alla comprensione del presente attraverso la proposta di un orizzonte epistemologico di più lungo periodo. Si tratta di assumere seriamente l'ipotesi di una cesura in corso con la democrazia novecentesca e di estendere il quadro interpretativo della storia della democrazia includendovi il potere sovra-statale, a partire dal suo momento costitutivo nell'età della Restaurazione. È al Congresso di Vienna che si forma un ordine sovrastatale come risposta alla rottura rivoluzionaria e al governo della nuova, emergente, società di mercato. Certamente, un ordine imperiale era esistito molto prima; ma solo a partire dalla Restaurazione si sovrappongono le istanze del contratto e dell'*homo oeconomicus* con quelle di un governo sovranazionale morale, al riparo dalle ideologie.

L'interrogativo è se nelle trasformazioni del suffragio si stiano riproponendo, in forma del tutto nuova, problemi già presenti a partire dalla Restaurazione, nella lunga transizione dagli imperi agli Stati nazionali, quando convivevano l'ordine liberale del parlamentarismo inglese e quello autocratico della Santa Alleanza che affidava il bene comune al nesso trono-altare. Stiamo ripercorrendo a ritroso il cammino dal potere assoluto

[3] P. Grossi, *Ritorno al diritto*.

alla democrazia? O più semplicemente nel quadro delle democrazie stanno riemergendo in forma addolcita alcuni tratti del potere assoluto, sotto forma appunto di potere neutro? La crisi della democrazia contemporanea solleva nuovi interrogativi sulla storia del suffragio, invitando a guardarlo non soltanto come conquista democratica lineare dal basso ma a studiarne anche il lato più oscuro, di concessione dall'alto, di strumento di integrazione politica impiegato dal potere assoluto sin dalla Restaurazione.

Da questa preliminare intuizione scaturisce uno degli interrogativi che hanno guidato questa indagine: come ha potuto il potere della Restaurazione conciliarsi con il suffragio popolare, rovesciandone il significato rivoluzionario, e persino avvalersene a fini di stabilizzazione? Offriva qualche appiglio la cultura dei suoi oppositori, esisteva una loro inclinazione a neutralizzare il potenziale democratico del suffragio, ad affermare quella che chiameremo qui una «concezione apolitica» del voto popolare, ossia una concezione che rendeva il voto un atto partecipativo e politicamente neutro? Si può ricostruire la storia di una concezione apolitica del suffragio? A questa domanda se ne collegavano altre: se la classica interpretazione della democrazia come prodotto quasi automatico dell'industrializzazione e della crescita della classe operaia non idealizzi l'unità del movimento operaio; se una lettura lineare del passaggio dal liberalismo alla democrazia non offra una lettura parziale degli aspetti culturali del suffragio.

La storia del suffragio nella Germania ottocentesca costituisce un caso esemplare di sviluppo di una concezione apolitica del suffragio dal 1814 sino alla fine della Prima guerra mondiale. È a tutti nota l'introduzione del suffragio universale maschile da parte di Bismarck sin dal 1867, interpretata da una robusta corrente storiografica alla luce del suo tentativo di isolare la borghesia liberale e indebolire il parlamento. Abbiamo qui voluto rovesciare l'abituale prospettiva sui limiti del parlamentarismo per guardare invece a come l'antico regime si conservi e si trasformi nel lungo Ottocento, incidendo sulla rappresentanza. La storia tedesca offre da questa angolatura un punto alto di riflessione sulla natura del potere politico in età contemporanea. La vicenda della rappresentanza tedesca interessa allora per la qualità complessiva dei problemi che essa pone, non è una storia meramente nazionale ma una vicenda esemplare in cui si intrecciano questioni che si sono riaperte nella crisi dell'integrazione europea.

* * *

L'analogia storica che, seppure con cautela, si può tracciare tra la vicenda della rappresentanza tedesca nel secolo XIX e l'assetto istituzionale dell'UE, può essere di stimolo alla lettura. Essa ha carattere metaforico, e riguarda i problemi del rapporto tra rappresentanza parlamentare e governo sovranazionale, non le soluzioni adottate. È anche per questo motivo che essa non si spinge oltre queste pagine introduttive. Come tutte le analogie, anche questa può fuorviare: come si può accostare una organizzazione internazionale di tanti Stati democratici del XXI secolo con uno Stato nazionale autoritario e a guida monarchica? Nonostante le enormi differenze, che non vale la pena di enumerare, primi fra tutti l'assetto monarchico e la posizione militare della Prussia, alcuni problemi che agitano l'UE possono essere retrospettivamente accostati a quelli affrontati nella complicata storia della rappresentanza tedesca, perché anche i tre principali eredi del 'Sacro Romano Impero della nazione tedesca' – la Lega tedesca del 1815, la Lega degli Stati settentrionali del 1866 e l'Impero del 1871 – erano assetti sovranazionali, che includevano stati con differenti regimi politici, e oscillavano tra una via politica e una economica alla cooperazione. La ricerca di una comune identità si associava ai veti reciproci e allo *status quo* imposto dalla dominante potenza asburgica fino a quando la Prussia non cominciò a sfidarla. Nel 1848 furono le borghesie a reclamare un assetto federale. Proprio perché ideale borghese, lo Stato federale non venne mai del tutto realizzato. Persino l'Impero tedesco fondato da Bismarck non riuscì a liberarsi delle molte ambiguità tra uno Stato federale e una confederazione di Stati sovrani; la creazione di un'economia, di un diritto e di una idea comune di rappresentanza fu un impegno di almeno due generazioni.

Anche nel Kaiserreich i poteri erano distribuiti tra stato federale e stati membri, e il parlamento federale, come quello dell'UE, aveva poteri co-legislativi ma nessuna seria influenza sull'esecutivo; l'organo della sovranità condivisa era il Bundesrat, che assomigliava alla lontana al Consiglio dell'UE. La costituzione del Kaiserreich, un po' come i Trattati dell'UE, era un codice dei poteri dello Stato federale, «che doveva intaccare il meno possibile l'autonomia dei singoli Stati membri e doveva evitare associazioni centralistiche»[4]. Quegli assetti sorreggevano una concezione del potere che non ammetteva il conflitto e cercava di neutralizzare i suoi canali di espressione elettorale.

In che misura una prospettiva storica di lungo periodo può contribuire a cogliere le ragioni del 'deficit democratico' dell'UE? Una spiegazione tanto frequente quanto parziale punta il dito contro il metodo intergovernativo, ossia contro il peso degli Stati e quindi delle democrazie, nell'auspicio di un potere burocratico sovranazionale che risolva d'incanto il dilemma dell'interesse generale. Una linea argomentativa più sofisticata indica invece nel metodo consensuale – e quindi nell'impossibilità di assumere decisioni rapide e chiare a maggioranza – il vizio dell'UE. Questa tesi trascura che il criterio della maggioranza tra Stati viola il principio della sovranità democratica; anzi solo il metodo consensuale dell'unanimità offre delle garanzie alle democrazie esistenti. Il limite del metodo consensuale deriva da un problema più spinoso: la rimozione del conflitto politico dall'orizzonte istituzionale. L'oscuramento dei conflitti impone, per adottare il linguaggio di Albert Otto Hirschman, la preponderanza della *loyalty* sulla *voice*, ossia della fedeltà sul diritto di opposizione, e consente l'espressione del dissenso soltanto attraverso l'*exit*.

L'impossibilità di esprimere seriamente il dissenso è una caratteristica tipica del potere neutro predemocratico che si ripropone oggi in forme nuove. L'esistenza di un potere neutro dotato di una propria morale metapolitica sfugge sia alle critiche democratiche di sinistra che insistono sul ritorno alla sovranità nazionale sia al liberalismo cosmopolita di un'Europa «potenza

[4] M. Rauh, *Il liberalismo*, p. 303.

civile», di cui Habermas offre l'elaborazione più consapevole. Né possono rimediare del tutto ai suoi guasti gli importanti correttivi al deficit democratico che Rosanvallon chiama forme indirette di democrazia, ossia le interazioni dirette tra la società civile e le amministrazioni pubbliche, e le forme di solidarietà comunitarie ancora da costruire[5].

Riformuliamo allora la domanda: perché un simile potere nell'UE? Non possiamo offrire una risposta soddisfacente, in una fase storica di indecisione sulle nuove gerarchie mondiali, ma solo qualche ipotesi provvisoria e parziale. Se il potere neutro europeo soddisfa le esigenze di una non-scelta tra statuale e sovranazionale, tra democrazia e oligarchia, tra primato dell'economia e primato della politica, si può ritenere che esso sia adeguato a un'Europa a trazione tedesca, nella quale la Germania assolve funzioni direttive ma non vuole assumerne una dirigente.

Esistono argomenti ragionevoli che spiegano questo stato di fatto, non ultimo il peso della storia europea, ma l'esito è una irragionevole difesa dello *status quo*. Antiche diffidenze e sfide inedite creano un sistema di veti reciproci nel quale quel tanto di scelte che si assumono riflette gli interessi degli Stati dominanti, che impediscono di elaborare una 'politica europea'. Così l'indecidibilità tra Staatenbund e Bundesstaat, tra confederazione di Stati e Stato federale, genera comportamenti opportunisti e sta svuotando di senso la democrazia, a partire dagli Stati membri più deboli.

Sebbene le responsabilità siano diffuse, qualche ruolo sembra svolgerlo la tradizione del potere neutro nel Paese oggi centrale per l'equilibrio europeo:

> «La Germania è giunta a considerare l'Unione Europea come un prolungamento di sé, dove ciò che è giusto per la Germania è per definizione giusto per tutti gli altri … I tedeschi pensano che ciò sia supremamente morale, in quanto identificano il loro controllo dell'Europa con un post-nazionalismo inteso come anti-nazionalismo, che in turno è inteso come la lezione quintessenziale della storia tedesca … Un problema dell'auto-giustificazione

[5] P. Rosanvallon, *Counter-Democracy*.

egemone è che impedisce all'autogiustificatore di vedere che quello che considera moralmente autoevidente è informato da autointeresse»[6].

Un paradosso dell'odierno dispiegamento del potere neutro in Europa è che esso sembra non avere effetti sulla Germania. Come mai proprio la Germania riunificata sembra relativamente immune dalla crisi del suffragio universale riscontrabile nei Paesi di tradizione giacobina e rivoluzionaria? Nella storiografia si risponde abitualmente con il «capitalismo organizzato» e con la tradizione cooperativa delle relazioni industriali, quello che Schmitter ha chiamato «modello neocorporatista», sul quale si è ricostruito il successo manifatturiero della Repubblica federale tedesca dopo il 1949[7]. Ma quale cultura politica ha reso possibile il neocorporatismo novecentesco? Questo libro suggerisce l'esistenza di una relazione, ancora in parte da indagare nei suoi passaggi storici e teorici, tra l'odierna stabilità e la specifica tradizione tedesca della rappresentanza corporata qui ricostruita nella fase di fondazione dello Stato unitario tedesco. Nella misura in cui la Germania riveste un ruolo centrale nell'Europa dopo la Guerra fredda, diventa legittimo l'interrogativo se nella sua storia vada ricercata la sua capacità di convivere con il potere neutro sovranazionale.

Forse la relativa immunità della Repubblica federale tedesca dalla crisi dei partiti di massa ha qualche legame con quella matrice culturale organicista della nazione che non affida tutto alla delega politica ma assume una classe dirigente socialmente responsabile e articolata in corpi, che risulta quindi meglio attrezzata a coniugare interessi sociali differenziati e modernizzazione. Ciò aiuterebbe a spiegare *a contrario* la profondità della crisi della rappresentanza nei Paesi continentali il cui ingresso nel capitalismo è avvenuto all'insegna del modello rivoluzionario, individualistico e centralistico della Francia, nel quale prevale la radicale scissione tra Stato e società imposta a partire dalla legge Le Chapelier. Non a caso la sussidiarietà

6 W. Streeck, *Scenario for a Wonderful Tomorrow*, pp. 7-10.

7 C.S. Maier, *La rifondazione dell'Europa borghese*; P.C. Schmitter, *Still the Century of Corporatism?*; G. Lehmbruch - P.C. Schmitter (edd), *Patterns of Corporatist Policy-Making.*

introdotta dal 1991 come principio costituzionale dell'UE, e già utilizzata nel 1850 per sostenere un'Unione tedesca invece di uno Stato federale, crea scompiglio negli Stati a tradizione centralizzata e con periferie disomogenee, privi della cultura corporata che rende efficace l'autogoverno amministrativo.

Se il potere neutro si autolegittima, esso sopravvive nella misura in cui espunge il conflitto dall'area della legittimità. Quanto può reggere un simile sistema neutro? Le sue risorse sono quasi illimitate ma le sue contraddizioni affiorano per l'impossibilità delle classi dirigenti, informate da assunti morali, di gestire politicamente i conflitti che le loro decisioni producono. Le suggestioni del passato proiettano sul presente uno scenario perennemente instabile, in cui il potere neutro dell'UE guarda indifferente la consunzione democratica delle sue periferie dove emergono dei soggetti disorganici che indossano la maschera dei populismi o di conflitti molecolari e violenti.

Introduzione

Ricostruire, seppure a grandi linee, la storia della rappresentanza parlamentare in Germania dalla Restaurazione fino alla Prima guerra mondiale è un obiettivo forse eccessivamente ambizioso per un lavoro selettivo, orientato da una personale chiave interpretativa. Le costituzioni e le legislazioni elettorali costituiscono il filo conduttore di una narrazione che abbraccia, per linee sommarie, gli organismi federali che dal congresso di Vienna all'Impero presiedono agli equilibri tra gli Stati tedeschi, e anche i venticinque Stati e le tre città libere che nel 1871 confluirono nell'Impero[1]. L'intento è di offrire allo stesso tempo una interpretazione complessiva e uno strumento di orientamento aperto a ulteriori indagini.

Il lettore deve essere avvertito che ricondurre a sintesi gli eterogenei sistemi di rappresentanza di così tanti Stati tedeschi per un arco temporale così lungo è solo in parte possibile ed esige costi elevati in termini di profondità e di dettaglio. Non soltanto abbiamo dovuto sacrificare descrizioni analitiche dei singoli Stati, ma anche i diversi tagli metodologici che qui si intrecciano sono più accennati che risolti. I giuristi potrebbero rimproverarci qualche riduzionismo della teoria dello Stato e del diritto pubblico; gli storici della società una sottovalutazione dello scarto tra le norme elettorali e la prassi dei soggetti storici; mentre una storia culturale del suffragio, cui di recente molti stanno contribuendo, avrebbe richiesto

[1] 4 regni (Prussia, Baviera, Sassonia e Württemberg); 6 granducati (Baden, Hessen, Mecklenburg-Schwerin; Sassonia-Weimar-Eisenach; Mecklenburg-Strelitz; Oldenburg); 5 ducati (Braunschweig; Sassonia-Meiningen, Sassonia-Altenburg; Sassonia-Coburg-Gotha; Anhalt); 7 principati (Schwarzburg-Rudolstadt; Schwarzburg Sonderhausen; Waldeck; Reuss ältere Linie; Reuss jüngere Linie; Lippe; Schaumburg-Lippe); 3 città libere (Lubecca, Amburgo, Brema).

una maggiore attenzione alle soggettività sociali che attraversano la frammentata statualità delle aree di lingua tedesca, e offrirebbero uno sterminato campo di indagine per chi volesse affrontare i linguaggi politici delle aristocrazie, delle borghesie e delle corti, lo sguardo femminile sul monopolio maschile della rappresentanza, o il ruolo delle confessioni religiose che ci è apparso sempre più rilevante nel corso della ricerca[2]. Tematiche rilevanti qui appena accennate, sia per ragioni di economia sia per poter seguire un nostro filo conduttore.

L'intuizione che ha guidato l'indagine è che la storia politica della Germania ottocentesca sia segnata dalla trasformazione in senso capitalistico degli antichi ordini dell'antico regime. Se, in termini comparativi, la Germania può essere considerata un caso intermedio tra i paesi rivoluzionari che eliminano ogni residuo corporativo a cavallo del secolo XIX e quelli ancora feudali dell'Europa orientale, la sua peculiarità consiste nell'interazione tra la tradizione organicista di antico regime e le forme moderne della rappresentanza parlamentare[3]. Un potere monarchico neutro, che sterilizza il conflitto, produce così il paradosso di una concezione organicista che sorregge una modernizzazione capitalista. Se questo è il problema specifico di lungo periodo, come si articola il rapporto tra potere assoluto e parlamenti? Che ruolo svolge il suffragio e come si conciliano dei diritti politici organicisti con la rappresentanza parlamentare?

Per tracciare le trasformazioni del suffragio nel corso di circa un secolo non potevamo adottare le terminologie dell'epoca, né limitarci a un catalogo delle norme elettorali, ma dovevamo individuare una nostra categoria unificante. Ci avvaliamo del concetto di «voto apolitico», ossia di una idea partecipativa e funzionalista, non-ideologica, della rappresentanza parlamentare.

Di una concezione apolitica che attraversa la cultura tedesca hanno scritto già altri e, del resto, una tradizione letteraria che

[2] U. Frevert (ed.) *Bürgerinnen und Bürger*; A. Schaser, *Gendered Germany*; U. Rosenbusch, *Der Weg zum Frauenrecht*; G. Bock, *Frauenwahlrecht*.

[3] P. Pombeni, *Partiti e sistemi politici*, cap. 2.

vede nel 1841 l'apparizione degli *Unpolitischen Lieder* (*Canti impolitici*) di Heinrich Hoffman von Fallersleben, e nel 1918 le più note *Considerazioni di un impolitico* di Thomas Mann, non poteva passare inosservata. Anche Hermann Heller, nello sforzo di costruire una teoria dello Stato democratico in contrapposizione alle tesi autoritarie di Carl Schmitt, tra le due guerre sottopose a critica la tradizione ottocentesca e suggerì una specifica tradizione tedesca apolitica, «quell'assetto spirituale distante dalla politica, impolitico, persino antipolitico, che secondo lui verso il 1800 (e soprattutto anche dopo) era caratteristico dei tedeschi». Concordiamo con Heller, nell'individuare le radici della concezione apolitica tedesca nell'individualismo illuminista e nel romanticismo tedesco, ad esempio in Kant, von Humboldt e Fichte, latori di una concezione personalista dell'individuo, basata sul diritto naturale, nella quale si considera l'interesse dello Stato come estensione dei diritti naturali e pre-politici dell'individuo, e la politica come dovere morale. Una simile concezione, che intreccia presupposti confessionali luterani, calvinisti e pietisti, assume come nemico comune il potere arbitrario e non-etico dell'antico regime, «lo Stato-potenza in quanto tale», e specialmente dopo il 1871, mira a «diffondere una cultura, in cui tutte le questioni controverse religiose, politiche ed economiche erano disattivate (*ausgeschaltet*)»[4].

Se questo atteggiamento apolitico o impolitico è noto, farne una chiave di lettura storiografica richiede qualche specificazione aggiuntiva sulla sua estensione cronologica e sulla performatività di un mito, sul dover essere del cittadino tedesco.

Il voto apolitico, che è l'altra faccia del dominio del potere neutro, va inteso come espressione di una cultura modernizzatrice e armonicista, frutto della tradizione di antico regime, che tende a cancellare il conflitto ideologico e valoriale e lo considera al massimo come espressione di interessi particolari, negoziabili a patto di non investire le gerarchie di potere. Il carattere idealtipico del sintagma 'voto apolitico' non ha bisogno di essere

[4] M. Henkel, *Hermann Hellers Theorie der Politik und des Staates*, p. 178. Cfr. anche M. La Torre, *La crisi del Novecento*, pp. 57-58.

sottolineato. Esso non descrive in concreto le motivazioni di voto dei singoli elettori, ma mira a fornire uno strumento concettuale di orientamento per la comparazione territoriale e diacronica del ruolo affidato ai parlamenti. È ad esempio evidente che non si applichi alle motivazioni di chi contestava i confini dell'Impero tedesco, ai polacchi o a gran parte dei democratici protagonisti della rivoluzione del 1848-1849. Tuttavia è proprio per neutralizzare gli scontri politici che durante il 1848-1849 si formano le basi di un accordo di massima tra monarchia prussiana, aristocrazie modernizzatrici e borghesie moderate per una soluzione della rappresentanza parlamentare che privilegia l'unità nazionale sul potere parlamentare.

La categoria verrà impiegata come sintesi di fenomeni che ci paiono ravvisabili sia nel pensiero politico sia nel dibattito parlamentare sia nella legislazione sulla rappresentanza. Altre indagini ci diranno misura e scostamenti della sua applicabilità in contesti locali, qui lo proponiamo come chiave di lettura valida soprattutto per la storia della rappresentanza confederale e per la Prussia, sebbene l'indagine ne lasci intravvedere un valore più generale.

Nell'insieme il voto apolitico non va inteso come un modello statico, sempre frutto di un preciso, coerente, progetto perseguito da un singolo monarca o da una unificante elite, quanto come espressione culturale di un equilibrio vissuto come provvisorio, l'esito di una tensione sul sistema di potere, sulle funzioni dei parlamenti, sull'opportunità e sulle istituzioni di uno Stato-nazione di tutti i tedeschi; progetto, quest'ultimo, mai del tutto compiuto fino alla catastrofe hitleriana che ne segna l'apice e la dissoluzione. Piuttosto, il voto apolitico è l'effetto di un dinamico equilibrio tra concezioni opposte del politico che convivono senza potersi risolvere.

Dal punto di vista delle preponderanti monarchie assolutiste, nel corso della Restaurazione il voto neutro è quello che in termini moderni chiameremmo un «sondaggio della pubblica opinione», è uno strumento per informare il potere degli orientamenti e delle richieste dei sudditi, attraverso i rappresentanti dei corpi socialmente rilevanti. Esso riflette una concezione assolutista del potere che, attraverso la generalizzazione dello Stato amministrativo, intende superare il particolarismo dell'antico regime senza cancellarlo. Il voto neutro va allora distinto dalla struttura materiale del potere monarchico, il quale prova a risolvere integralmente la rappresentanza del popolo. Quello che chiamiamo occasionalmente «potere neutro» monarchico è, a differenza del voto apolitico, un potere reale, che pretende di risolvere in sé le articolazioni del popolo, e solo in parte accetta una funzione rappresentativa dei parlamenti. In caso di conflitti con il (o nel) parlamento, il potere monarchico ha di riserva la repressione, la censura e in ultima istanza l'arma del colpo di Stato. Ma questo potere neutro monarchico si modifica con il tempo, perché perde sia la legittimazione teocratica a cui continua a fare ricorso nonostante la dispersione secolarizzata del suo carisma, sia il sostegno del potere sovrastatale a cui risaliva la sua fonte metapolitica. Se il potere monarchico dal 1848-1849 dovette appoggiarsi anche sulla nazione, e non più sull'assetto sovranazionale, anche le garanzie istituzionali del voto neutro andavano ripensate. La transizione del potere neutro monarchico dal sovranazionale al nazionale fu controversa soprattutto per i conservatori, perché avrebbe potuto offrire l'egemonia al liberalismo borghese.

Viceversa, dal punto di vista dei gruppi sociali cosiddetti borghesi e aristocratici, costretti a misurarsi con la liberalizzazione della proprietà terriera e con il mercato, il voto apolitico è il voto espresso per limitare il potere discrezionale del sovrano, senza pretendere di sostituirsi ad esso ma costringendolo entro una dialettica razionale con i parlamenti. Il parlamento, sulla scorta degli esempi francesi e inglesi, viene invocato durante la Restaurazione in quanto istituzione idonea alla produzione ottimale della legislazione, in grado quindi di interloquire con i sovrani per il prelievo fiscale, di porre barriere al potere arbitrario dei principi, di legiferare sulle grandi questioni senza interferire con l'amministrazione dello Stato. Se la rappresentanza parlamentare serve alle aristocrazie e ai conservatori a tutelare i diritti particolari legati agli antichi ordini (*Stände*), per le borghesie liberali del *Bildungsbürgertum* essa deve invece affermare un diritto generale, uniforme, che assicuri un libero sviluppo della società in quanto autonoma e quindi separata dal potere politico.

Se si accoglie questo schema semplificato, la concezione organicista del voto neutro, sorretta dall'idea di progresso, caratterizza il connubio tra la società tedesca aristocratico-borghese e la modernità. Le diverse idee del parlamento tra una aristocrazia illuminista, costretta a misurarsi con la centralizzazione monarchica, e una borghesia in ascesa spiegano l'oscillazione, che qualche critico potrebbe giustamente rimproverarci, tra il termine 'voto neutro' e quello 'voto apolitico'. Impiegati quasi come sinonimi, essi rinviano all'ambiguità costante tra la concezione neutra della rappresentanza assolutista e aristocratica, protesa verso l'autodeterminazione dei corpi e dei territori, e quella più astratta e giuridica di un liberalismo che pervade soprattutto gli alti funzionari dello Stato e gli operatori del nuovo diritto privato e commerciale che sfugge al potere sovranazionale e cerca una sua base politica. Il voto neutro e apolitico diventa allora, in questo sviluppo, l'espressione di una via nazionale alla rappresentanza, alternativa al potere rivoluzionario francese, del rifiuto del potere costituente sulla scorta della memoria delle guerre di religione, ravvivata dai drammi del Terrore giacobino, delle guerre napoleoniche e dal timore della anarchia sociale.

Tale concezione apolitica del parlamento era condivisa da tutti i liberali? Una risposta rinvia alla definizione del liberalismo e al suo rapporto concreto con i sovrani nei singoli stati. Il problema che solleviamo nei primi tre capitoli è se il liberalismo tedesco che in alcuni Stati renani e meridionali si affaccia come soggetto politico autonomo, venisse penalizzato dalla sua fede nella superiore razionalità di un parlamento apolitico, dalla quale discendeva l'esclusione censitaria delle classi inferiori non soltanto dai parlamenti ma anche dagli enti locali. Per smontare il potere sovranazionale custodito dall'Impero asburgico e dallo zar, dopo il fallimento della rivoluzione del 1848-1849, la borghesia tedesca aveva alternative ad un patto faustiano con la monarchia prussiana? Non abbiamo una risposta certa, ma ci sembra che la cultura del liberalismo moderato fosse poco capace di cercare strade diverse dall'alleanza con la monarchia più forte. Se ci si interroga su come la Prussia abbia assunto la guida del processo di unificazione, bisogna guardare all'esperienza davvero originale che centralizza la costruzione dello Stato e promuove dal 1818 una politica commerciale liberista da cui nasce a partire dal 1834 una unione doganale degli Stati del Nord, lo Zollverein. Quel processo, mentre attira altri Stati a sé, contribuisce a bloccare in Prussia ogni sviluppo del parlamentarismo, perché separa la nascente borghesia industriale dalla politica. Le forze imprenditoriali hanno modo di espandersi senza dover lottare contro la Corona. Se la modernità economica non deve essere conquistata, quella politica resta astratta e intellettualistica. Ne scaturisce una robusta tradizione parlamentare moderata che si presuppone apolitica.

Riguardo alla genesi della modernizzazione apolitica, l'attenzione cade sulla trasformazione avviata dal Congresso di Vienna dell'idea di rappresentanza degli antichi ordini (*Stände*) in soggetti moderni dapprima in quanto articolazioni del popolo e, dal 1848 in avanti, della nazione. La declinazione del concetto di *Stand* in chiave moderna costituisce un filo rosso del pensiero politico tedesco e una delle ragioni che nutrono il mito di una rappresentanza apolitica. Il termine *Stand* si sarebbe caricato nel tempo di diversi significati – curia, ordine, stato, status, ceto ecc. – che lo rendono intraducibile in italiano. Per ovviare a questa difficoltà abbiamo lasciato spesso il termine tedesco invariato descrivendo il contesto in cui viene impiegato.

Rispetto a una corposa letteratura anche italiana sul pensiero politico della Restaurazione, qui si concentra l'attenzione sul problema di un pensiero liberale che doveva pensare, persino costituire, una società moderna basandosi sugli antichi ordini. Come impiegare le vecchie tradizioni e ripensarle in vista di una società organicista non esaurita dalla tradizione monarchica? Come costituire una nazione tedesca moderna, capace di affrancarsi dal particolarismo dei sovrani? Limiti di spazio e di competenza ci hanno indotto a restringere il campo ad alcuni pensatori particolarmente significativi nella riflessione sulla trasformazione degli antichi ordini durante il cosiddetto *Vormärz*. Kant e Hegel, se collocati nel percorso della lotta politica tedesca, appaiono meno astratti nelle loro indicazioni sullo Stato e sulla società. Non la generica società degli individui ma la società organica degli antichi ordini doveva transitare nella nuova struttura del mercato nazionale che nel corso della Restaurazione lo Zollverein – la lega doganale guidata dalla Prussia – stava già unificando economicamente.

Quali rotture avvengono, durante la rivoluzione del 1848-1849, alla concezione corporata della comunità politica? Il dibattito costituzionale che accompagna l'introduzione del suffragio universale maschile nel 1848-1849 è attraversato da uno slittamento del dibattito dalla monarchia allo Stato, a cui si affida sempre più la garanzia della neutralità. La concezione apolitica del voto, che facilita l'isolamento del parlamento di Francoforte, spacca il liberalismo e i democratici proprio attorno al ruolo del parlamento e della monarchia. Non solo una imposizione dall'alto, ma anche una visione di *Realpolitik* motiva l'adesione di parte dei parlamentari settentrionali del 1848 al modello di monarchia costituzionale prussiano, le cui caratteristiche fondamentali sono state delineate da Böckenförde:

> «1. assenza di dipendenza del governo dal parlamento attraverso il meccanismo della fiducia; 2. rinuncia al sistema del governo dei partiti; 3. rinuncia ai ministri 'politici' a favore dei dirigenti pubblici (*Beamte*); 4. conservazione del dualismo tra governo e rappresentanza popolare; 5. permanenza di un'amministrazione primariamente legata al monarca, latrice di una cultura gerarchica e istituzionale (*anstaltlich*)»[5].

Nel modello costituzionale segnato dal dualismo tra parlamento ed esecutivo, si riflette quindi un compromesso trasversale con le monarchie che divide le aristocrazie e la piccola nobiltà più delle borghesie, in quanto è la loro autonomia giuridica ad essere oggetto di contesa con i parlamenti. La sua tenuta è dovuta all'ascesa di un nemico comune dagli anni Quaranta dell'Ottocento, l'ala democratica potenzialmente deflagrante della concezione neutra, la cui mera esistenza muta il ruolo attribuito ai parlamenti e il contenuto del «voto neutro». Dopo il 1849, una solida barriera contro il voto democratico

[5] E.W. BÖCKENFÖRDE, *Der Verfassungstyp der deutschen konstitutionellen Monarchie*, pp. 152-153.

e popolare viene eretta dalla inclusione dell'obiettivo nazionale nel mirino della monarchia prussiana. Così la monarchia cambia la propria base di legittimazione passando dalla sovranazionalità alla nazione, lasciando in cambio alle aristocrazie funzioni politiche direttive di assoluto rilievo. Se ciò avviene è probabilmente perché il pensiero conservatore, con il suo organicismo, dispone di più strumenti dei liberali per offrire risposte articolate alle pressioni sociali delle periferie, dove nel 1849 lo scontro tra piccole e grandi borghesie rischia di travolgere i piccoli e medi Stati renani e meridionali.

L'unificazione nazionale guidata da Bismarck completa ed espande la saldatura modernizzatrice tra pensiero aristocratico-conservatore e pensiero liberale attorno al voto neutro. Certamente Bismarck offre una sua personale interpretazione del voto neutro, incanalandolo nel parlamento federale ed estendendolo nel 1867 attraverso il suffragio universale. Il cancelliere disinnesca con quella riforma il potenziale democratico della nazione, togliendo ai radicali di sinistra il monopolio del suffragio universale e della narrazione memoriale del 1848. L'unificazione, inoltre, dimostra l'erroneità del conflitto sul bilancio militare del 1862-1866 tra monarchia e liberali, la cui motivazione ci pare vada ricondotta non soltanto al tentativo liberale di rafforzare il parlamento prussiano ma anche all'aspettativa che all'unificazione si possa arrivare per via parlamentare e con l'unificazione dei mercati meglio che con la forza. Se è vera l'analisi che emerge dal dibattito costituzionale del 1867, i liberali prussiani guardano al primato della Prussia e sono del tutto spiazzati dal successo di un esercito che sfugge alla loro influenza, e saranno di nuovo sorpresi dalla fulminea unificazione con gli stati meridionali, la cui guida essi avrebbero forse potuto assumere se non fossero stati condizionati dalla ideologia del voto apolitico.

In fondo la riscossa liberale all'inizio degli anni Sessanta va ricondotta agli effetti del sistema elettorale delle tre classi. Destinato a restare in piedi dal 1849 al 1918, e pensato come sistema moderno e politicamente neutro nello Stato monarchico, il sistema delle tre classi elettorali offriva un punto di mediazione tra l'antica società organica e la società di mercato, dando spazio al terzo stato, al *Bürgertum* e ai ceti medi, man mano che crescono i loro redditi.

Tuttavia proprio il conflitto sul bilancio del 1862-1866 indusse Bismarck a decapitare politicamente il liberalismo prussiano, alleandovisi e appropriandosi di parti rilevanti del suo programma. Lo scandalo del programma liberale e liberista di Bismarck consiste nel puntare sul suffragio universale maschile in un nuovo parlamento nazionale, trasferendo sul nuovo Impero federale i compiti dell'ormai esaurito potere neutro monarchico. Rinvigorito dalla linfa nazionale, il potere monarchico accoglie il suffragio universale maschile come nuova forma federale del voto neutro. Nel capitolo quarto abbiamo provato a spiegare come Bismarck blindasse la funzione subalterna del Reichstag attraverso una dettagliata e complessa legislazione elettorale, che rilancia ancora una volta il voto neutro.

Tra il voto neutro di Bismarck e quello apolitico dei liberali esisteva una dialettica, ma la sua composizione a guida prussiana restringe lo spazio del confronto politico al punto da erigere una gabbia d'acciaio contro i «nemici del Reich». Prima i polacchi e i cattolici, poi i socialdemocratici, minacciano di politicizzare un Impero la cui unica legittimità stava ormai nel suo essere *super-partes*. Mentre una scissione profonda attraversa la cultura politica del Kaiserreich, tra la sfera amorale dei rapporti di forza e quella etica della società, Bismarck si ingegnerà a puntellare la sua costruzione apolitica attraverso la costruzione di uno Stato federale neutro, sciolto dai vecchi regimi feudali, e aperto alla modernità.

In quel percorso, l'incorporazione nel 1871 di Stati a maggioranza cattolica creava ostacoli perché modificava il rapporto tra potere sovrano e parlamento. Non era soltanto l'uso politico dell'altare che tanto clamore suscitò nella prima metà degli anni Settanta a rendere pericoloso il cattolicesimo politico per la tradizione apolitica prussiana e protestante. Per quanta esagerazione si voglia ritrovare nelle retoriche nazionali del *Kulturkampf*, il cattolicesimo rappresentava un pericolo di politicizzazione del suffragio, il rischio di una contaminazione delle masse dei fedeli con la promessa escatologica dell'eguaglianza terrena, e persino il pericolo di alleanze con la Francia promosse da gerarchie ecclesiastiche animate da concezioni di antico regime incompatibili con la libertà di coscienza. Caduta la separazione del *cuius regio eius religio*, il cattolicesimo politico avrebbe potuto mettere in discussione il principale pilastro del voto neutro: la limitazione della politica elettorale alla sfera etica.

La legislazione anticattolica ebbe funzioni e compiti diversi da quella antisocialista, ma entrambe servirono ad un comune obiettivo, puntellare anche con la forza e la repressione la concezione neutra del suffragio e il ruolo subalterno dei parlamenti. I ripetuti tentativi di risolvere sul piano legislativo e amministrativo il conflitto sulla rappresentanza avviato prima con i cattolici e poi con le masse proletarie socialiste ebbero sbocchi provvisori e non del tutto soddisfacenti. Ciò nonostante il compromesso bismarckiano resse il sistema politico e permeò di sé la cultura dei nascenti partiti di massa.

Il suo pensionamento apre il problema, in età guglielmina, di come ripensare i vecchi organismi corporati all'epoca dei partiti di massa. L'ideale del voto neutro in età guglielmina va allora studiato in rapporto alla concezione corporata della politica, armoniosa e contrattata, che attraversa i partiti di massa. Sia il pensiero politico sia quello giuridico rinviano alla formazione di diritti collettivi, che in parte rispondono alla formazione di una classe operaia, e in parte riflettono la specifica tradizione giuridica corporata tedesca.

Parlare di «voto neutro» non significa pertanto che non ci fosse una lotta aspra sul ruolo del parlamento, sulla libertà di espressione e sui diritti politici e civili, o che le elezioni non fossero contestate o che non esprimessero controversie su temi rilevanti. Significa invece che quei conflitti non miravano a contestare radicalmente il potere esistente ma a modularne gli effetti e ottenere spazi al suo interno. Se si possa parlare di una concezione neutra del suffragio, e persino di un mito del voto neutro, è un'ipotesi unificante di lungo termine la cui validità dipende dal grado di generalizzazione a cui ci si spinge. Può infatti essere contestato per singoli Stati, più esposti all'influenza napoleonica, o in fasi determinate – attorno al 1848-1849, o dopo il 1890 – nelle quali si apre un conflitto sulla rappresentanza; e potrebbe non applicarsi a singoli protagonisti o partiti politici. Tuttavia la nostra ricostruzione lo corrobora come ideale che ispira le classi dirigenti tedesche, che esorcizza le fratture di classe e respinge la via rivoluzionaria.

Quanto quel mito sia stato davvero accettato, fino a che punto trovasse adesione piena nella società tedesca, quali fossero le zone d'ombra di questa concezione, è questione che si apre nel 1848 e si ripropone periodicamente, nel 1866-1867, dopo il 1871, e di nuovo dopo il 1890, quando emerge il partito socialdemocratico che appare in grado di scardinare il parlamentarismo subalterno alla svolta del secolo. E fa riflettere che quella speranza si intrecciasse con la perdita dell'orizzonte sovranazionale da parte dell'Impero, convinto ormai di poter procedere sulla strada dell'ascesa a grande potenza e di potersi giocare sul terreno nazionale una partita nuova.

Sotto la guida della Prussia, gli Stati tedeschi stavano perdendo funzioni assorbite dallo Stato federale, che apriva al Reichstag nuovissimi ambiti di intervento, ma nel contempo radicalizzava la lotta e riduceva gli strumenti dei parlamenti degli Stati membri. È anche per questo che la concezione conservatrice del voto neutro venne messa in discussione dalla formazione dei partiti di massa consentita dal suffragio generale maschile. La crescita di conflitti ideologici mostra che dopo le elezioni del 1890, e soprattutto dopo quelle del 1903 che fanno della SPD il primo partito nazionale con il 31,7% dei voti al Reichstag, il mito del voto neutro non poteva più esaurire la lotta politica, ma esso conservava ancora intatto il fascino dell'armonia perduta.

Il tema meriterebbe maggior spazio di quanto qui concesso, e la nostra tesi resta in parte da dimostrare. Tuttavia la breve disamina dei sistemi elettorali degli Stati tedeschi proposta nell'ultimo capitolo sembra confermare il peso delle concezioni ideali di appartenenza organica e la forza di attrazione di una 'integrazione negativa' sulla emergente socialdemocrazia.

Il modello organicista tedesco, che mette al centro il gruppo sociale e non l'individuo, assegnando a ciascuno una funzione equa, riconosciuta da quote di rappresentanza, offriva una soluzione alla contraddizione tipica della democrazia rousseauiana, quella che Rosanvallon definisce la tensione fra il principio politico della democrazia e il carattere incerto del suo fondamento sociologico[6]. Rosanvallon ci consente di cogliere la radicale differenza tra il modello francese e quello tedesco di rappresentanza. Se nei Paesi che abbattono il re e i corpi intermedi il problema moderno è di rappresentare un «popolo introvabile», nel caso degli Stati a continuità monarchica si deve rappresentare una presenza persino troppo ingombrante. Bisogna allora liberarsi degli occhiali con cui abitualmente guardiamo alla storia dello Stato nazionale italiano o francese per capire alcune specificità del caso tedesco.

A questo fine abbiamo provato a mettere a tema i risultati di una vivacissima storiografia e ad affrancarci anche dalla annosa polemica sul *Sonderweg*. Il fantasma del nazionalsocialismo, da cui è impossibile liberarsi del tutto, aleggia sulle diverse valutazioni storiografiche della rappresentanza della Prussia e dell'Impero tedesco. Il condizionamento intellettuale di quella catastrofe si è tradotto dopo il 1945 nel canone negativo di un «parlamentarismo mancato»[7]. Anche indagini analitiche e concettualmente dense si sono concentrate sulle deviazioni da un modello idealtipico di sviluppo graduale:

> «Come se il suffragio evolvesse attraverso più o meno comuni 'stadi di sviluppo' che includono l'estensione del suffragio, la graduale standardizzazione delle norme elettoriali, la massimizzazione di diritti universali ed eguali di cittadinanza»[8].

Nell'abbandonare quella strada, invece di un preciso soggetto sociale a cui assegnare le responsabilità di fondo di un «passato

6 P. Rosanvallon, *Il popolo introvabile.*

7 Un'espressione di questa lettura in H.-U. Wehler, *L'impero guglielmino.* Lo stesso autore avrebbe poi sfumato alcuni giudizi affrontando la storia del XX secolo: H.-U. Wehler, *Deutsche Gesellschaftsgeschichte*, IV.

8 R. Romanelli, *Electoral Systems and Social Structures*, p. 2.

che non passa» abbiamo posto l'accento sull'intreccio tra le culture politiche che hanno segnato la concezione della rappresentanza tedesca dopo la sconfitta della strada egualitaria e cesaristica francese[9].

L'interesse per la dimensione culturale del suffragio è stato vivacizzato dalla revisione storiografica sull'Impero guglielmino avviatasi alla fine della Guerra fredda, dietro lo stimolo della riunificazione tedesca[10]. Interpretazioni recenti guardano alla Prussia ottocentesca con minore severità, non stabiliscono nessi automatici tra il conservatorismo e il nazionalsocialismo e sono più libere da ipoteche ideologiche. In questa revisione l'abbandono storiografico del *Sonderweg* ha completato il processo di integrazione occidentale della Germania, e al suo posto ci pare sia subentrato il problema del nazionalismo come terreno generale formativo del razzismo e dei fascismi su scala europea. In questo spostamento di interessi, la storiografia ha affilato la critica verso il liberalismo tedesco, sempre più spesso considerato portatore ideologico della modernità e dell'idea di nazione, in qualche misura complice della politica di riarmo guglielmina e disattento alle ragioni del conflitto sociale[11]. Il nostro contributo, oltre ad arretrare l'arco cronologico, sposta l'attenzione dalla sociologia delle classi alle culture politiche del liberalismo e del conservatorismo, alla loro frammentazione interna e alle loro interazioni con il potere sovranazionale.

Il nostro lavoro lascia pertanto sullo sfondo la storia dei partiti, delle elezioni e dei sistemi elettorali su cui dagli anni Sessanta agli anni Ottanta del XX secolo si sono addensati molti studi con particolare attenzione al Reichstag e alla Seconda Camera

[9] J. KOCKA (ed), *Borghesie europee dell'Ottocento*.

[10] G. ELEY, *Class, Culture, and Politics in the Kaiserreich*; cfr. anche M. KREUZER, *Parliamentarization and the Question of German Exceptionalism*.

[11] Sia M.L. ANDERSON, *Confessions of a Fellow Traveler*, sia G. ELEY - D. BLACKBOURN, *The Peculiarities of German History*, nella diversità dei loro interessi, possono essere accomunati dalla critica a una storiografia progressista tedesca che aveva recepito argomenti della tradizione liberale. Una sintesi in T. KÜHNE, *Political Culture*.

prussiana, il Landtag[12]. Ci siamo dedicati piuttosto alla storia della rappresentanza, alle culture politiche e ai progetti che trovano espressione nelle costituzioni, nella legislazione e nei dibattiti. Per contenere le dimensioni dello studio, abbiamo ridotto il più possibile i riferimenti alla letteratura secondaria, mentre per le fonti della storia costituzionale ci si basa ancora soprattutto sull'enorme lavoro di Ernst Rudolf Huber, un allievo di Carl Schmitt. Quel suo scavo documentale e interpretativo che traccia la vicenda costituzionale tedesca per circa due secoli è un riferimento indispensabile anche per il nostro studio e resterà una pietra miliare al di là dell'adesione o meno alla sua impostazione sostanzialmente continuista. A distanza di circa quarant'anni la sua lettura di una storia giuridica che si evolve per linee interne al diritto pubblico, seppur fondamentale, non esaurisce più la ricchezza degli studi. Una collana sulla storia del parlamentarismo tedesco, promossa sin dagli anni Cinquanta da un'apposita Commissione federale, ha generato apposite serie di fonti e monografie che contano ormai oltre duecentocinquanta volumi che hanno sistematicamente affrontato quasi tutti gli aspetti rilevanti della storia elettorale e istituzionale della rappresentanza ottocentesca[13].

Da quali preoccupazioni muove questa nuova ondata di storia culturale? Con l'esaurimento della Guerra fredda, l'esigenza di superare una storia politica centrata sullo Stato e sui partiti ha aperto scenari metodologici nuovi estendendo l'ambito di osservazione dalle statistiche elettorali alla percezione soggettiva degli elettori nell'esperienza del voto come atto collettivo. I corpi degli elettori, le feste e le cerimonie del voto, il trasferimento da casa al seggio, la decisione di votare o meno, il *patronage* locale, sono tematiche ormai accuratamente esplorate. In questo panorama così ricco e frastagliato, ci si interroga sulle forme di comunicazione e sugli ambiti culturali sottratti al potere centrale, sugli spazi di autonomia del sociale rispetto ad una sfera politica centrale assunta come autoritaria. Una

12 Una limpida sintesi in G.A. RITTER, *Wahlgeschichtliches Arbeitsbuch*, e, dello stesso autore, *Die deutschen Parteien*.

13 *Autoren, Bücher, Rezensenten.*

storiografia meno ideologica ma anche meno interessata alla politica produce una oscillazione tra un recupero del passato nazionale e una maggiore profondità nell' individuazione delle contraddizioni della modernità tedesca.

Tra questi lavori spicca il fondamentale studio di Kühne sul sistema delle tre classi in Prussia nel quale si mostra per la prima volta in modo sistematico l'intreccio dinamico tra norme, prassi sociale e lotta politica. Rovesciando l'abituale impostazione degli studi sul caso prussiano e occupandosi con attenzione certosina anche degli aspetti più reconditi della prassi sociale e amministrativa del voto, Kühne ha percorso una strada che conduce al superamento del pregiudizio sul suffragio tedesco come prassi tutta controllata dall'amministrazione e dalla reazione. Al suo lavoro, cui rinviamo per approfondimenti, si deve una innovativa comprensione della legge elettorale prussiana delle tre classi, nota per la discriminazione censitaria dei ceti meno abbienti, considerata da sempre un modello di legislazione iniqua e discriminatoria. Kühne ci ha insegnato a guardare anche da altre prospettive quella legge, e a tener conto di elementi innovativi troppo spesso sottovalutati[14]. Non tutte le acquisizioni della vastissima letteratura tedesca si potevano integrare in questa sede per ovvie ragioni di sintesi ma anche perché ci interessava piuttosto individuare se esistesse una concezione dominante della rappresentanza a sorreggere le fondamenta dell'accelerata modernizzazione dall'alto.

In questa ricostruzione ci siamo avvalsi della letteratura secondaria e di fonti a stampa, rinunciando ad approfondimenti su fonti primarie, salvo qualche puntata sui dibattiti parlamentari. Abbiamo dovuto dare per conosciute sia la storia generale della Germania sia il contenuto delle costituzioni da cui derivano le legislazioni dei diritti elettorali. Per quanto possibile ne abbiamo dato conto molto sommariamente, ma il lettore interessato potrà ricorrere, oltre alla bibliografia menzionata, ai molti saggi di storia costituzionale tedesca disponibili in italiano[15]. Il profilo

[14] T. KÜHNE, *Dreiklassenwahlrecht und Wahlkultur in Preussen*.

[15] Molti materiali, tra cui i dibattiti parlamentari, parte della legislazione e delle costituzioni sono oggi disponibili online su siti istituzionali tedeschi.

che tracciamo non intende proporsi come rassegna dell'immensa letteratura né esaurire questioni teoriche che richiederebbero altri strumenti. Una sintesi può aspirare a individuare un filo rosso, a fare il punto su alcuni nodi interpretativi, a stimolare studi altrui.

Tra gli interrogativi aperti, richiamiamo l'impatto della tradizione corporata sulla cultura subalterna dei partiti di massa. Non abbiamo troppe remore a riconoscere un debito nei confronti di Max Weber, il quale nei suoi scritti a cavallo della Prima guerra mondiale segnalò lucidamente il peso della concezione apolitica per il parlamento del Reich, individuandone il dominante carattere burocratico, ossia neutro. Ebbe però l'esigenza tattica di imputare al solo Bismarck le colpe del parlamentarismo debole, assolvendo il liberalismo da qualsiasi responsabilità[16]. Tuttavia fu proprio lui tra i primi a denunciare il blocco del sistema politico che stava consumando le capacità di adattamento del potere monarchico alle condizioni della guerra moderna.

Per descrivere la condizione dell'età guglielmina, la categoria di politicizzazione negativa, che prendiamo in prestito da Weber, ci pare preferibile ai modelli incrementali della «parlamentarizzazione silenziosa», avanzata da Manfred Rauh, o della «democratizzazione», ossia di un processo di apprendimento nella pratica della democrazia, proposta da Margaret L. Anderson[17].

In effetti, a cavallo del XX secolo, la lotta politica assunse in Germania caratteri modernissimi, con una partecipazione

Altre fonti di riferimento generale sulla storia costituzionale sono: *Quellen zum Staatsrecht der Neuzeit*; E.R. Huber, *Dokumente*; E.-W. Böckenförde, *La storiografia costituzionale tedesca nel secolo decimonono*; M. Fioravanti, *Giuristi e costituzione politica nell'Ottocento*; M. Stolleis, *Storia del diritto pubblico in Germania*, II. F. Lanchester, *Le costituzioni tedesche da Francoforte a Bonn*; G. Gozzi, *Democrazie e diritti*; A.G. Manca, *Costituzione e amministrazione nella monarchia prussiana*.

16 M. Weber, *Parlamento e governo*, capp. 1-3.

17 M. Rauh, *Die Parlamentarisierung des Deutschen Reiches*, e, dello stesso autore, *Föderalismus und Parlamentarismus im Wilhelminischen Reich*; M.L. Anderson, *Practicing Democracy*.

elettorale cresciuta dal 51% circa nel 1871 all'84% nel 1912, e un'intensificazione della lotta tra partiti che rese l'esperienza politica dei tedeschi non inferiore a quella di altri Paesi a regime parlamentare. Tuttavia sul piano politico e costituzionale sembra preferibile sfumarne la connotazione, se per democrazia si intende la sovranità popolare, con i suoi addentellati dei diritti civili, politici e sociali, della parità sostanziale dei cittadini, della piena legittimità del conflitto politico, e del controllo parlamentare sull'esecutivo. Il rischio sarebbe altrimenti di perdere di vista il mancato riconoscimento del conflitto sociale, dell'impossibilità per il Kaiserreich di compiere un passaggio contrario alla sua ragion d'essere[18].

Dal giudizio su quello snodo dipende almeno in parte la lettura delle premesse politiche di Weimar. Il tema che il nostro lavoro consegna alla ricerca è in quale misura il quarto stato si concepisse come tale, come corpo separato e degno di riconoscimento, in diritto di contribuire a definire gli interessi rilevanti di una nazione apolitica. Come l'angelo della storia di Benjamin forse anche la socialdemocrazia camminava verso il mondo nuovo guardando indietro, a una società organica scomparsa[19].

Il crollo dell'Impero significò la dissoluzione del mito del voto neutro. Veniva meno non soltanto un sistema politico autoritario, ma un intero mondo di simboli, rappresentazioni e miti, una concezione plurale della politica che differenziava le identità degli Stati e dei partiti collegando appartenenze locali a quella nazionale. La scomparsa lasciò un vuoto immenso che andrebbe ancora studiato. Quanto pesano la nostalgia di quel mondo appena defunto e l'aspirazione all'armonia propria del voto apolitico nel crollo rapido dei partiti weimariani? Quanto del successo dei partiti nazionalisti e della NSDAP si deve ascrivere alla loro capacità di recupero del mito del voto neutro? La Repubblica di Weimar avrebbe dovuto reggersi su

[18] T. Kühne, *Political Culture*, pp. 191-193; B. Fairbairn, *Membership, Organisation*, p. 35.

[19] G. Roth, *I socialdemocratici nella Germania imperiale*.

un sistema dei partiti sino allora sostanzialmente particolarista, mai davvero legittimato nell'Impero, e in parte carente della cultura politica internazionale necessaria a gestire gli immani conflitti del primo dopoguerra. La critica di Carl Schmitt al parlamentarismo aveva un fondamento profondo nell'aspirazione alla neutralità politica del liberalismo positivista e nella cultura aristocratica del potere assoluto. L'apartiticità ha un valore ancora oggi nel linguaggio corrente della politica tedesca, significa stare sopra le parti, essere interpreti della volontà della nazione e del bene comune; come accenna Heinrich Mann nel suo noto romanzo *Der Untertan* (Il suddito) del 1918, significa essere interpreti del sovrano, quindi essere sovrani.

Ringraziamenti

Questa ricerca non avrebbe avuto luogo senza lo stimolo di molte persone, che non potrò tutte menzionare, e il sostegno di alcune istituzioni[20]. A Raffaele Romanelli debbo l'impulso iniziale per un'indagine sui sistemi elettorali della Restaurazione e del 1848 in Germania nell'ambito di un progetto di storia comparata da lui guidato all'Istituto Universitario Europeo. Le ricerche bibliografiche sono state consentite da un duplice soggiorno presso l'eccellente biblioteca del Max-Planck-Institut für europäische Rechtsgeschichte di Francoforte, dove Michael Stolleis ha dedicato tempo e lunghe discussioni al progetto, e da un invito di Werner Abelshauser presso l'Università di Bielefeld. Gustavo Corni ha promosso a Villa Vigoni un seminario sulla storiografia della Prussia da cui ho tratto molti stimoli. A Thomas Großbölting e a Massimiliano Livi debbo un invito all'Università di Münster che mi ha permesso di proseguire le indagini bibliografiche e un ringraziamento non formale per una intensa collaborazione. Luigi Masella, Leonardo Paggi e Innocenzo Cervelli hanno letto parti del manoscritto, e i loro giudizi sono stati preziosi, anche nel segnalare squilibri

[20] Nel corso delle indagini ho prodotto alcuni saggi che non sono confluiti in questo volume: *Le campagne elettorali nella Germania imperiale*; *Verfassung, Konstitution und Repräsentation*; *Il sistema elettorale del Kaiserreich*.

o lacune che non sono riuscito a colmare del tutto. Bernhard Maué si è generosamente privato per anni di alcuni volumi ottocenteschi sulla dottrina dello Stato, mentre le mie figlie hanno dovuto adattare ripetutamente le loro ferie alle esigenze di questo studio. Con Paolo Pombeni sono in debito per l'invito a un convegno a Trento, l'appoggio alla pubblicazione e la pazienza di fronte ai ritardi della consegna; alla Fondazione Bruno Kessler la mia riconoscenza per aver accolto il libro.

Il lavoro è dedicato ad Anne, che è riuscita a sopportarmi mentre lo scrivevo.

Capitolo primo

Rappresentanza e ordine politico della Restaurazione (1815-1840)

> «Di quei tempi in cui ogni cittaduzza doveva avere le sue mura e i suoi fossati, ogni nobile si costruiva la sua dimora in mezzo a una palude, e il più piccolo castello non era accessibile che per il suo bravo ponte levatoio, oggi non riusciamo più a farci un'idea. Perfino le maggiori città ora abbattono le loro mura; i fossati di castelli magari principeschi vengono colmati; le città non sono più che grandi agglomerati, e quando in viaggio si osserva questo spettacolo, si crederebbe che la pace universale sia assicurata e l'età dell'oro alle porte. Nessuno si sente a suo agio in un giardino che non sembri un'aperta campagna; niente deve ricordare l'artificio, la costrizione, vogliamo respirare nella piena libertà naturale. Avete voi idea, caro amico, che da questa condizione si possa ritornare in un'altra, in quella precedente?»[1].

1. *Questioni di metodo*

Nell'epoca di grandi trasformazioni in cui Goethe ambientava un raffinato racconto sugli instabili equilibri sentimentali dell'aristocrazia, nemmeno il potere sovrano fu al riparo dalle seduzioni della libertà. L'attrazione dell'antico per il nuovo, caratteristica delle fasi di transizione, si esercita anche sull'idea della rappresentanza (*Repräsentation),* troppo spesso deformata dalle lenti della democrazia liberale del XX secolo che ne restringono il campo a un metodo elettorale inteso a trasferire istituzionalmente la volontà dei singoli cittadini.

Carl Schmitt enunciava, nel 1928, la distanza della concezione liberaldemocratica della rappresentanza dalla concreta esperienza della storia politica tedesca. L'argomentazione di

[1] J.W. GOETHE, *Le affinità elettive*, cap. VIII, pp. 162-163.

Schmitt era pensata per suscitare scandalo tra i costituzionalisti liberali della Repubblica di Weimar. Rappresentazione e identità erano per lui i due concetti cardine di una politica contemporanea segnata dall'unità mistica del popolo e del suo capo, dalla lotta per la conquista del potere, dal suo carattere pubblico, irriducibile all'individualismo liberale[2]. Il postulato dell'identità necessaria tra governati e governanti, l'idea della non trasferibilità della sovranità dagli elettori agli eletti e altri elementi della sua teoria tradivano visibilmente un debito nei confronti di Rousseau e si inscrivevano consapevolmente in una lettura conservatrice dell'Illuminismo francese che aveva fatto un lungo percorso nel XIX secolo prima della sua metamorfosi nel XX secolo in una variante mistica ed etnica della nazione.

Non c'è bisogno di condividere le tesi di Schmitt per riconoscere che non aveva torto a notare come la dimensione allusiva, simbolica e identitaria del potere, rinnovata periodicamente da cerimonie che richiamano le fonti della sua legittimazione, venga accantonata e rimossa dall'idea liberale di un trasferimento pieno della volontà dell'elettore all'eletto. La debolezza di un'impostazione liberale che postula a fondamento del voto una delega razionale di interessi ed esclude le passioni proprie dell'appartenenza, dell'identità collettiva, della rivendicazione di un riconoscimento di esistenza sociale si sarebbe rivelata già prima della Grande guerra. Tutto l'antiparlamentarismo elitista di inizio Novecento convergeva già sul distacco tra masse e vertici, sulla nascita di una casta trasformista generata dall'espropriazione del moderno elettore. Fatta propria dai fascismi e dalle ideologie nazionaliste, la tesi populista del legame diretto tra masse e capi sarebbe stata poco interessante per gli studi sui sistemi dei partiti postbellici. Non è casuale se le dimensioni simboliche del potere e del suffragio sono state oggetto di attenzione storiografica – nonostante le indicazioni di Benjamin, Warburg e pochi altri – soltanto a partire dalla fine degli anni Settanta del XX secolo, cioè dal momento in cui si apre una riflessione generale sulla crisi delle forme della democrazia contemporanea.

[2] C. Schmitt, *Verfassungslehre*, p. 288. Cfr. H. Hofmann, *Rappresentanza-rappresentazione*, p. 3.

Nonostante la sua inclinazione dogmatica, Schmitt forniva molti spunti per una contestualizzazione storica della lunga contesa sulla *Repräsentation* tra assolutismo monarchico e parlamentarismo liberale. Il suo attacco al costituzionalismo liberale di Preuß e Kelsen forzava sapientemente i termini di una discussione di considerevole spessore, attorno al ruolo «rappresentativo» del sovrano e alle funzioni del parlamento, che aveva permeato l'intero secolo dal 1814 al 1918.

Un successo duraturo di Schmitt è stato di aver imposto una visione dicotomica del passato di due concezioni che si erano intrecciate e diversificate solo lentamente nella prima metà del XIX secolo: quella conservatrice delle monarchie che pretendono di «rappresentare» il popolo; e la visione liberale volta alla divisione dei poteri, intesa a limitare il potere assoluto per via costituzionale. Soddisfacente come modello idealtipico, quella contrapposizione appare meno persuasiva se tradotta in una chiave di lettura del percorso storico del liberalismo tedesco.

Sia Schmitt sia molti suoi critici posteriori sottovalutano la profondità dell'intreccio che si crea in Germania tra il pensiero liberale e quello conservatore. Se il liberalismo non era riuscito nel XIX secolo a sciogliere politicamente il nodo della rappresentanza era anche perché condivideva, a suo modo, con il pensiero conservatore una concezione apolitica del suffragio e del parlamento. Il connotato apolitico non era prerogativa dei conservatori, ma può essere esteso anche ad illustri esponenti della nascente teoria dello Stato e più ampiamente al dibattito giuridico sul passaggio allo Stato di diritto borghese.

Il dibattito politico-costituzionale cui ci riferiamo, per sommi capi, può essere schematizzato in tre correnti:

a) una corrente conservatrice che rivendica il potere assoluto delle monarchie e rifiuta ogni riconoscimento del potere popolare, mentre si richiama all'antico regime e pensa ai parlamenti come istituzioni consultive. Per questa corrente il «potere monarchico» è titolare esclusivo della rappresentanza e dell'azione politica, e svolge la funzione simbolica di integrazione dei corpi sociali. Tutta la sfera politica si esaurisce nella sfera sovrana, mentre i sudditi possono soltanto rivendicare interessi parziali. Il potere assoluto si esercita non su una società di anonimi individui ma su una complessa articolazione organica in corpi. Al suo interno il principale tema di divisione riguarda il peso e i poteri da affidare all'aristocrazia, ossia il rapporto tra corona e antichi ordini. È appena il caso di richiamare le distinzioni a grana fine di Epstein, tra tre scuole conservatrici, i reazionari, i fautori dello *status-quo*, e i riformatori, o la quarta, proposta da von Beyme, cristiano-sociale, all'incirca a partire dagli anni Trenta del XIX secolo, in quanto ci interessano soprattutto i riformatori-conservatori, che dialogano con i liberali attorno alla rappresentanza parlamentare[3].

b) Una corrente liberale moderata, che cerca l'accordo con le monarchie, aspira a costituzioni e all'istituzione di parlamenti con funzioni legislative. Essa separa la rappresentanza dello Stato, che spetta ai sovrani, da quella generale della società, affidata al parlamento; la società, separata dalla politica, costituisce un ambito neutro e protetto dalle interferenze discrezionali del potere. Ed è soprattutto di questa corrente che ci occupiamo, per la sua posizione di ago della bilancia, e per l'importanza della sua riflessione ai fini della costruzione dello Stato moderno. La categoria di liberalismo, così ampia e soggetta a profonde modifiche nell'arco del secolo, potrebbe indurre in equivoci: noi la impieghiamo qui nel senso di un'aspirazione alla emancipazione intellettuale, economica e sociale degli individui, che si traduce politicamente in concezioni individuali dei diritti.

c) Una corrente democratica, influenzata dal pensiero francese, che emerge solo dagli anni Trenta e piú decisamente dopo il 1840 e vede nel popolo-nazione il titolare della sovranità e nei parlamenti i rappresentanti della sovranità popolare. Il richiamo rivoluzionario e l'idea del conflitto ispirano la ricerca della giustizia sociale e il superamento di ogni divisione tra società e Stato. Il principio egualitario «una testa un voto» anima questa concezione che nella variante di Marx ed Engels affida al quarto stato l'emancipazione dell'intera società dai

[3] K. Epstein, *Die Ursprünge des Konservatismus*; K. von Beyme, *Konservatismus*.

vincoli della dipendenza. Lo scollamento tra l'universalismo della concezione e il particolarismo del conflitto di classe che dovrebbe produrre l'interesse generale espone anche alcuni sostenitori di un liberalismo democratico a commistioni con le altre due correnti. Ad esempio, essa non esclude a priori una funzione simbolica e unitaria della monarchia come collante nazionale né l'idea della dittatura democratica e condivide con il pensiero conservatore una concezione unitaria della politica. Prossima ai liberali moderati nell'ispirazione filosofica, essa può intessere alleanze con loro in nome dell'autonomia sociale e dell'eguaglianza dei diritti, o occasionalmente con i conservatori in nome della sovranità collettiva[4].

Quelle tre correnti, in ragione delle loro differenti idee di società politica, pensavano a tre differenti modalità di attuazione della rappresentanza: una simbolica, una reale e una ascrittiva[5]. La concezione simbolica conservatrice, mentre raccomandava al sovrano di garantire la sicurezza esterna dei sudditi, di tutelare attraverso un 'diritto neutro' la loro proprietà e i loro affari, e offrire loro una «amministrazione della giustizia severa e apartitica», ossia protetta dalle aggressioni del potere discrezionale delle aristocrazie, si curava di fornire rappresentanza ai corpi sociali, non agli individui[6]. Tuttavia si ammetteva il voto individuale (il cosiddetto voto virile) per i pari dei sovrani, ossia i principi e alcune famiglie aristocratiche.

Il modello liberale, reclamando il voto per testa, espandeva quella deroga e faceva di tutto il terzo stato un'aristocrazia. Il liberalismo considera 'reale' la rappresentanza in quanto delega la volontà dell'elettore all'eletto, su basi temporanee e circoscritte. Per quanto spesso assimilato al liberalismo inglese, il liberalismo tedesco non reclamava per sé il potere contro quello del sovrano, poiché partiva da una concezione organica della società. L'autonomia del sociale poteva generalizzarsi e

[4] T. KÜHNE, *Dreiklassenwahlrecht in Preußen*, pp. 383-387.

[5] Riprendiamo questa tipizzazione, con qualche modifica, da D. BUDDE, *Formen der Repräsentation und ihre Legitimation.*

[6] Cfr. ad esempio le indicazioni di F. VON GENTZ, *Seiner Königlichen Majestät Friedrich Wilhelm dem III*, pp. 15 e 23.

diffondersi attraverso il diritto, prodotto dallo Stato. Lo Stato diventa allora il garante della separazione della società dalla politica, dell'autonomia del mercato dalla interferenza del particolarismo feudale. Il suffragio non era quindi un diritto individuale ma espressione dell'unità dello Stato. Il voto serviva a reclutare le elite nella formulazione delle leggi dello Stato, non a produrre una rottura del suo ordine. Pertanto il liberalismo tedesco guardava al suffragio come strumento di selezione dei migliori, individuati da proprietà e istruzione, intesi come segni tangibili della partecipazione individuale alla cosa pubblica. Ciò fondava un concetto di rappresentanza che, come Weber ha sottolineato, aveva ascendenze nella dottrina calvinista della grazia, ed escludeva le classi popolari in nome di un principio morale che sovrapponeva appartenenza e merito.

La terza corrente, basata sul principio democratico, inteso come sovranità popolare basata sull'uguaglianza formale di tutti i cittadini e organizzata in un governo parlamentare, non ebbe mai piena cittadinanza, anche se giocò un ruolo importante a partire dagli anni Quaranta, ma fu in sostanza una forza di opposizione, nella quale si mescolarono elementi cattolici e protestanti che ebbero effetti differenziati sulle culture politiche territoriali. La tradizione repubblicana non fu mai predominante, anche se contaminò parte del pensiero liberale, sia per difficoltà oggettive sia perché si divise sul modello di società, tra quella apolitica proposta dai liberali e quella corporata di matrice conservatrice. Essa svilupperà una concezione ascrittiva della rappresentanza, che da un lato assimila elettore ed eletto, e dall'altro mira a rendere visibile il gruppo sociale che la genera. La richiesta della rappresentanza proporzionale, in quanto favorisce la presa di coscienza delle minoranze, sarà propria della socialdemocrazia e delle minoranze etniche dell'Impero tedesco.

Detto altrimenti, l'influenza di Rousseau in Germania non provocò una 'presa di coscienza' democratica della borghesia come classe separata, ma seguì una faglia interna alla cultura illuminista, tra un'ala monarchica che leggeva Rousseau come teorico della volontà generale della nazione, e una più radicale che faceva della nazione la base per una trasformazione della società. Anche quest'ultima avrebbe risentito della tradizione apolitica, forte soprattutto in Prussia, e una volta raggiunta l'unità nazionale, la socialdemocrazia avrebbe incorporato una visione cetuale inconsapevole. Come segnalato da Günther Roth e Dieter Groh, la socialdemocrazia avrebbe perseguito, dopo l'abolizione delle leggi antisocialiste nel 1890, una «integrazione negativa» del quarto stato, abbandonando nei fatti il progetto di una forma di Stato democratica, previsto dalla ufficiale dottrina kautskiana. La tradizione apolitica pesò nella riluttanza a considerare il suffragio universale come fonte di legittimazione per il governo[7].

Tra le tre correnti andrebbero introdotte molte sfumature, che ne attenuerebbero le differenze, tuttavia questa sommaria caratterizzazione idealtipica agevola la lettura delle possibili alleanze attorno alla questione costituzionale e alla forma della rappresentanza, da cui discende la periodizzazione qui proposta. Se nella Restaurazione sono le prime due a segnare il dibattito, la terza corrente matura dopo la rivoluzione di luglio 1830 a Parigi e si forma attorno a studenti e dissidenti esiliati in Svizzera e Francia. Büchner, Heine, von Wirth, e altri intellettuali si ispirano a Saint-Simon, leggono Babeuf, seguono le vicende

[7] La socialdemocrazia tedesca guardava con estrema diffidenza al trasferimento di potere al parlamento, nella convinzione che i vincoli socioeconomici avrebbero indebolito la socialdemocrazia se avesse preso il potere e preferì una politica dei piccoli passi. Nel 1902, quando i socialisti belgi, ispirandosi alle conquiste della SPD, cercarono di ottenere il suffragio universale con l'uso duplice dello sciopero generale e di un tentativo di accordo con i liberali, Kautsky scrisse a Victor Adler: «I capi dei Belgi non hanno evidentemente idea di ciò che significhi oggi il suffragio universale per il Belgio ... Non immaginano che sarebbe l'inizio della fine, non solo del regime clericale, ma anche del Regno, persino del regime borghese, dato che non avrebbero aiuto dai liberali e dovrebbero ingaggiare la lotta solo se avessero dei forti jolly in mano. Non immaginano che il nostro partito non ha nessuna ragione di accelerare tale decisione senza necessità. Quale sarebbe del resto l'effetto della loro vittoria? Nient'altro che una posizione quasi impossibile, in cui si può fare poco, ma in cui si può facilmente fare naufragio». Kautsky ad Adler, 19 maggio 1902, in V. ADLER, *Briefwechsel*, pp. 397 ss., citato da G.A. RITTER, *Bernsteins Revisionismus und die Flügelbildung in der Sozialdemokratische Partei*, ora in G.A. RITTER (ed), *Die deutschen Parteien*, p. 349. Sul dibattito nella SPD attorno al programma di Erfurt cfr. G. LICHTHEIM, *Il marxismo*, cap. XX.

formative della confederazione svizzera e del risorgimento italiano – in una misura che meriterebbe approfondire – ed elaborano la trama di una concezione democratica della unità nazionale. Dal 1840 in poi la corrente democratica si affaccerà come forza rivoluzionaria che troverà sviluppo nel 1848-1849 e dopo l'unificazione nazionale. A interessarci sono le commistioni che attraversano le tre correnti, e in particolare le prime due, in quanto sorreggono una concezione apolitica del suffragio e del parlamento. Un intero vocabolario politico – termini come rappresentanza, mandato, deputato, società, voto – riflette un percorso storico sensibilmente diverso da quello dei Paesi che attraversarono l'esperienza della rivoluzione.

2. *Il Congresso di Vienna*

La *Repräsentation* è il perno nascosto su cui ruota la concezione assolutista del potere monarchico che emerse dal Congresso di Vienna. Il termine copre un ambito concettuale più ampio dell'equivalente italiano di rappresentanza: allude all'origine divina del potere e designa anche l'apparato simbolico e cerimoniale con cui il potere sovrano si mostra in pubblico[8]. Come Schmitt scriveva, la *Repräsentation* postula un soggetto terzo assente (dio, il popolo) in nome del quale il rappresentante ha il diritto di agire e mostrarsi. Questa rappresentanza simbolica integra i corpi e territori con cui il sovrano è in relazione. Rappresentanza e rappresentazione si fondono in ambito tedesco in quell'unico lemma, derivato dalla teologia cattolica e ripreso dal contrattualismo sei-settecentesco per giustificare l'ascesa delle monarchie. Il concetto, sorto dalla dottrina del *corpus mysticum*, serviva alla giustificazione del potere temporale della Chiesa romana, ed era stato impiegato dalle monarchie in ascesa nel Medioevo per avocare a sé l'ascendenza divina e assicurare il diritto di successione. A Kantorowicz dobbiamo l'indagine più nota sulla tradizione mistica dei due corpi del re in Inghilterra, secondo la quale il re non moriva anche se

[8] Cfr. V. Hartmann, *Repräsentation in der politischen Theorie.*

il suo corpo era mortale. La continuità del potere monarchico era simbolizzata dall'esposizione dell'effigie del sovrano nella transizione tra la morte e l'insediamento del successore:

«L'esercizio del dominio politico si sostiene così con l'esibizione delle forme simboliche che rappresentano il potere del re, che sono date e credibili persino in sua assenza»[9].

Kantorowicz ricostruiva la nascita della nozione di corpo politico come un innesto laico nel tronco del corpo mistico ecclesiale dell'*universitas* medievale. Dalla rottura di quell'*universitas* si sarebbero tratte conseguenze diversificate. In Inghilterra la concezione mistica sarebbe caduta nel dimenticatoio, fino all'infelice tentativo della casata Stuart e del re Carlo di recuperare nel 1642 la concezione divina del potere. Kantorowicz sosteneva – smentendo Schmitt – che invece nelle aree riformate continentali la simbologia mistica della monarchia medievale non trovò accoglienza nella liturgia e non venne mai accolta. Anche se nei Paesi tedeschi il nesso tra trono e altare si saldò in ossequio al principio del *cuius regis eius religio*, con cui nel 1648 si pose fine alle guerre di religione, si deve supporre che la funzione rappresentativa delle monarchie protestanti e specialmente di quella prussiana nella tarda età moderna avesse un contenuto laico[10].

Nella sua esaltazione del potere carismatico dei re, Schmitt sorvolava sul contenuto laicizzato del concetto di *Repräsentation* al momento del suo recupero tardo-settecentesco per giustificare la pretesa del sovrano di incarnare unitariamente il popolo, in contrapposizione alla rappresentanza dei vari corpi intermedi, affidata alle assemblee cetuali. La pretesa del sovrano di svincolarsi dai condizionamenti imposti dagli antichi ordinamenti collettivi andava di pari passo con la costruzione di un apparato statale al suo servizio diretto. La *Repräsentation* diventa allora un istituto giuridico autoritario creato dai giusnaturalisti (Grozio, Pufendorf, Thomasius, Wolff),

9 E. Kantorowicz, *The King's Two Bodies*, pp. 3-7, 500; la citazione è tratta da R. Chartier, *Le sens de la représentation*.

10 R. von Tadden, *Die Geschichte der Kirchen*.

«basato sulla costruzione dogmatica dell'autonomia della volontà e, quindi, sulla netta collocazione in secondo piano dei legami sociali gerarchici per l'ingresso degli effetti giuridici direttamente nella sfera giuridica spettante alla persona del rappresentato»[11].

La codificazione del diritto nel tardo XVIII secolo, cui si diede impulso particolarmente in Prussia con l'*Allgemeines Landrecht* (*ALR*), costruiva volontà soggettive che esautoravano i vecchi ordini (*Stände*) mentre affidava al sovrano una superiore funzione unitaria. Dalla limitazione dei diritti dei corpi emergeva la sfera individuale laica dello *Staatsbürger*, il cittadino dello Stato non più individuato dal territorio, poco compatibile con il contenuto mistico della sovranità postulato da Schmitt, anche se l'aura di sacralità del re restava custodita nella formula «per grazia divina» a cui le monarchie del Sacro Romano Impero continuano a fare riferimento[12].

Dopo che la Rivoluzione aveva strappato ai sovrani la rappresentanza, trasferendola integralmente al popolo, negli Stati monarchici il suo contenuto doveva essere integralmente ripensato. Il compito era così difficile che al Congresso di Vienna (1814-1815) gli eredi del disciolto Sacro Romano Impero non riuscirono a trovare una chiara base giuridica e teorica al loro potere. In un panorama drasticamente semplificato dal passaggio da quasi 400 Stati o principati a 39 Stati e 4 città libere, le dinastie tedesche sopravvissute al terremoto rivoluzionario si trovarono a Vienna nella condizione di un potere monarchico da legittimare *ex novo*. Fortunosamente vincitrici delle guerre napoleoniche, quelle monarchie avevano paradossalmente eroso le basi tradizionali della loro legittimazione.

Il Sacro Romano Impero della nazione tedesca, che aveva fino allora retto l'assetto dei principati, era stato abbandonato dagli stessi sovrani che avrebbero dovuto difenderlo. Nei territori confluiti nel 1806 nella Confederazione renana, sotto protettorato francese, i principi non soltanto avevano tradito il loro patto personale verso l'imperatore ma avevano abrogato molti

[11] P. CAPPELLINI, voce *Rappresentanza (diritto intermedio)*, pp. 450-451.

[12] M. STOLLEIS, *Untertan - Bürger - Staatsbürger*.

antichi privilegi e adottato riforme costituzionali. In quelle aree, l'accelerata secolarizzazione delle proprietà ecclesiastiche imposta dalla pace di Lunéville del 1801, il diritto pubblico e il codice civile napoleonico avevano demolito le basi giuridiche dell'antico regime. A sua volta, la monarchia dello Stato settentrionale più importante, la Prussia, nel tentativo di rimanere autonoma non si era accontentata di sviluppare lo Stato di diritto introdotto alla fine del XVIII secolo ma aveva adottato sullo scorcio del XIX secolo riforme modernizzatrici che includevano la fine del feudalesimo e della servitù della gleba. Il compromesso modernizzatore prussiano tra sovrano, aristocrazia e popolo consentiva la sempre più libera disponibilità della terra mentre la libertà individuale di contratto erodeva le basi ereditarie dell'aristocrazia e l'assetto pattizio dell'antico regime secondo il quale la sovranità era contrattata tra l'imperatore, non a caso elettivo, i principi e gli ordini. La dissoluzione del Sacro Romano Impero con l'abdicazione dell'imperatore Francesco II nel 1806 formalizzò un *trend* già avviato e comportò, assieme alla fine di ogni residuo ruolo politico degli antichi ordini (*Stände*), l'abbattimento degli ultimi ostacoli alle pretese dei sovrani ormai davvero assoluti.

Nonostante le grandi ambizioni restauratrici e i sorprendenti risultati conseguiti, il Congresso di Vienna non riuscì a ricucire quella cesura. Nel ridisegnare completamente la cartina dell'Europa e nel provvedere a una stabile organizzazione territoriale, politica e giuridica del continente, il Congresso non potè cancellare gli effetti della rivoluzione né sciogliere univocamente il nodo della rappresentanza per situazioni tanto eterogenee tra il Regno Unito, la Spagna, la Russia e l'Austria. Metternich dovette accontentarsi di stabilire quattro principi condivisi: oltre alla legittimità, la Restaurazione, l'equilibrio, la sicurezza.

Il nuovo ordine internazionale, garantito da otto grandi potenze (Austria, Francia, Spagna che non ratificò, Russia, Gran Bretagna, Portogallo, Prussia e Svezia), impegnava i firmatari alla tutela della pace e dell'ordine, e comportava contemporaneamente un assetto interno del potere in cui al riconoscimento dell'ormai irreversibile abolizione dei privilegi feudali nelle aree occidentali si affiancava un orientamento conservatore, la cui coloritura dipendeva dalle concrete basi delle monarchie[13].

3. *I tre pilastri del potere neutro*

Per le monarchie assolutiste dell'area tedesca, quelle garanzie erano insufficienti a impedire ogni riconoscimento del potere popolare. Se il principio di legittimità, estratto dal cilindro di Talleyrand, giustificava il ritorno delle dinastie deposte da Bonaparte, esso non poteva da solo restaurare un ordinamento tramontato che se davvero rimesso in auge avrebbe limitato i sovrani vittoriosi e fomentato inquietudini rivoluzionarie. In nome di quale principio si poteva allora assicurare l'obbligazione politica? Venute meno sia la concezione religiosa del potere sia quella solidaristica e negoziata della società per ordini, si apriva il dilemma tra degradare il re a rappresentante di un popolo ormai unico autentico sovrano, oppure rifiutare quella *diminutio* e cercare altrove, nella tradizione e quindi nella religione e nel diritto, nella Ragione (*Vernunft*) di Kant o nella forza (*Gewalt*) un fondamento autonomo del potere monarchico. Tutte queste varianti – che saranno ampiamente esperite dalle monarchie continentali – non escludevano che la fonte ultima del potere potesse risiedere anche nel popolo, purché non accampasse pretese sul governo e affidasse al re la sua rappresentanza esclusiva. A margine del Congresso di Vienna, le monarchie assolutiste avrebbero varato un complesso dispositivo costruito su tre pilastri per mettere sotto controllo il potere del popolo e spoliticizzare la questione della rappresentanza.

1) Il primo pilastro era un inedito potere sovranazionale laico con compiti di sorveglianza sugli instabili Stati che avevano fatto parte del disciolto Sacro Romano Impero della nazione tedesca, dai quali sarebbe dipeso l'equilibrio continentale. Metternich cercò un delicato equilibrio tra l'antico assetto imperiale

[13] H. DUCHHARDT, *Der Wiener Kongress*; V. CRISCUOLO, *Il Congresso di Vienna*.

e l'emergente principio di nazionalità che avrebbero dovuto fungere da collanti dell'ordine continentale sotto la guida austriaca. La *Deutsche Bundesakte* (Atto confederale tedesco) dell'8 giugno 1815, una sorta di trattato costituzionale per i nuovi Stati tedeschi, venne licenziata in contemporanea all'atto finale del Congresso con la garanzia delle grandi potenze. Si creava così una confederazione con un organismo di coordinamento, il Deutscher Bund (Lega tedesca), per la regolazione dei nuovi rapporti interstatali e per le decisioni sulla pace e la guerra. Il Deutscher Bund aveva un'assemblea degli Stati membri e un consiglio ristretto i cui meccanismi di voto assicuravano una maggioranza di blocco a Prussia e Austria con i loro alleati. Come si è detto, si passava da alcune centinaia di territori e principati a trentanove Stati e quattro città libere, con risistemazioni territoriali molto significative a favore della Prussia, mentre l'Austria si era espansa fuori dal Bund, a Est e in Italia[14]. Le grandi potenze Austria e Prussia, assieme alla Danimarca con il suo dominio dell'Holstein, e all'Inghilterra che controlla il Regno di Hannover fino al 1837, non erano integralmente parte del Deutscher Bund e potevano sfuggire alle limitazioni militari imposte dal Bund agli Stati membri. La Baviera, il Baden e la Sassonia, che vedevano seriamente

[14] Più esattamente: a) l'Impero d'Austria, ad esclusione di Galizia, Ungheria, Croazia, Dalmazia e Lombardo-Veneto; dal 1818 la Galizia occidentale (Auschwitz, Saybusch, Zator) viene inclusa nel Bund tedesco; b) lo Stato prussiano senza il Regno di Prussia (ossia senza le Province di Ost- und Westpreußen), il granducato di Posen e il principato di Neuenburg; tra 1848 e 1851 la Provincia Prussia e i territori nord-occidentali del Posen vengono temporaneamente inclusi nel Bund; c) i regni di Baviera, Sassonia, Hannover, Württemberg; d) i principati di Hessen-Kassel, Hohenzollern-Hechingen, Hohenzollern-Sigmaringen, Liechtenstein, Lippe, Reuß ältere Linie, Reuß jüngere Linie, Schaumburg-Lippe, Schwarzburg-Rudolstadt, Schwarzburg-Sondershausen, Waldeck; d) i granducati del Baden, Hessen-Darmstadt, Lussemburgo, Mecklenburg-Schwerin, Mecklenburg-Strelitz, Sassonia-Weimar-Eisenach, Oldenburg; e) i ducati di Holstein und Lauenburg, Nassau, Braunschweig, Sassonia-Gotha, Sassonia-Coburg, Sassonia-Meiningen, Sassonia-Hildburghausen (dal 1826 Sassonia-Altenburg), Anhalt-Dessau, Anhalt-Köthen, Anhalt-Bernburg, Limburg (dal 1839 in *Personalunion* con i Paesi Bassi) e dal 1817 la contea Hessen-Homburg a cui viene riconosciuta una propria sovranità; f) le libere città-Stato di Brema, Francoforte, Amburgo e Lubecca.

limitata la propria autonomia e avevano dovuto accettare a malincuore la propria posizione di inferiorità, in compenso ottennero che gli Stati membri potessero mantenere un minimo di politica estera, purché non contraria a quella collettiva, ed esercitare poteri di veto su materie delicate dei diritti e dei poteri e della religione. La *Deutsche Bundesakte* lasciava spazio all'espansione dei poteri della Lega tedesca, ossia allo sviluppo di poteri sovrastatali e definiva uno spazio politico nuovo[15].

2) Il secondo pilastro sorreggeva l'assetto interno degli Stati, delineato nell'art. 13 (e nell'art. 14) della *Deutsche Bundesakte* dove si statuiva l'impegno dei paesi membri a istituire forme «rappresentative» in continuità con l'antico regime. Quale tipo di rappresentanza non venne però precisato, in quanto si voleva evitare ogni riconoscimento formale del potere popolare senza peraltro negarlo del tutto e lasciare una flessibilità nella regolazione dei poteri tra i sovrani e le aristocrazie. La *Deutsche Bundesakte* prevedeva una soluzione di compromesso e molto ambigua tra il potere dei sovrani, quello degli antichi ordini e quello del popolo. «In nome della Santa Trinità» i primi si proclamavano titolari della sovranità, e quindi unici veri rappresentanti dei loro sudditi. Formule così ambigue lasciavano oscuri i fondamenti ultimi del potere monarchico – il popolo o Dio? – e nell'esercizio di quella doppia rappresentanza si assicuravano ampi margini per il ripristino dell'assolutismo. Al contempo, per ricucire la frattura rivoluzionaria tra passato e presente, si pensava ad uno sviluppo parlamentare degli antichi *Stände*. Si lasciava perciò aperto uno spiraglio al parlamentarismo nell'art. 13 che prevedeva per tutti gli Stati membri dei parlamenti *landständisch* (*lanständische Verfassungen*). Il sostantivo «Verfassung» potrebbe indurre in equivoci, perché presenta una gamma di sfumature variabili dalla carta costituzionale vera e propria a quella che i giuristi odierni chiamano *governance*, ossia l'articolazione del potere legislativo, giurisdizionale e amministrativo. Dopo il 1848 designa in genere la Costituzione in senso moderno, di carta costituzionale; ma viene usato nell'antico regime per indicare qualcosa di simile

[15] I. MIECK, *Preußen von 1807 bis 1850*, pp. 79-80.

alla *governance*, ossia l'assetto politico e giuridico di un territorio[16]. Nella Restaurazione, il suo significato è misto tra quei due concetti: si riferisce a impegni formali in quanto l'assetto politico delle monarchie assolutiste di area tedesca si reggeva su una commistione di patti e trattati internazionali, senza implicare necessariamente una costituzione. È in quel senso che Hegel lo impiega nel saggio *Die Verfassung Deutschlands* (La Costituzione della Germania) del 1803 – rimasto inedito fino al 1893, e poi ripreso con una distorsione interpretativa nazionalistica dalla pubblicistica filo-nazionalsocialista nel 1936 – nel quale si faceva riferimento allo scioglimento del Reich tedesco e alla esigenza di dare una nuova struttura giuridica ai suoi appartenenti, fondata sul concetto di libertà[17]. L'espressione *landständische Verfassung* dell'art. 13 indicava un impegno di principio non a costituzioni scritte ma a un'articolazione giuridica del potere sovrano basata sugli antichi ordini (*Stände*) modernamente reinterpretati dalla loro appartenenza territoriale a un unico Stato (*Land*). Si evitava così di riconoscere un indistinto popolo sovrano fatto di anonimi individui e si rilanciava in chiave moderna il legame organico tra il monarca e gli antichi ordini, mentre si lasciavano liberi i singoli stati tedeschi di determinare le competenze delle costituende delegazioni parlamentari[18].

Si trattava di una mediazione tra le monarchie parlamentari come la Baviera e il Württemberg che avevano precocemente concesso la Costituzione nel 1808, le repubbliche oligarchiche delle città-Stato e la monarchia reazionaria dell'Austria che guardava invece al vecchio ordine aristocratico e alla preminenza dell'imperatore. Il punto d'incontro era stato individuato nell'autonomia assoluta della volontà del sovrano, chc poteva essere auto-limitata anche in via permanente dalla concessione di una Costituzione, ma restava pur sempre a sua piena

16 Sulla distinzione tra «Verfassung» e «Konstitution» cfr. E.W. BÖCKENFÖRDE, *La storiografia costituzionale tedesca del secolo decimonono*, pp. 19-49; P. SCHIERA, *Dall'arte di governo alla scienza dello Stato*; dello stesso autore, *La Prussia fra polizia e «lumi»*.

17 Il saggio è in G.W.F. HEGEL, *Il dominio della politica*, pp. 116-156.

18 Cfr. *infra*, cap. 6 sulle legislazioni elettorali.

disposizione. La novità nascosta tra le pieghe stava nell'idea di Stato unitario che, seppure identificata con la monarchia, cominciava ad autonomizzarsi.

3) Il terzo pilastro fu ideologico. Per escludere ogni ambiguità sulle fonti del potere lo zar Alessandro I si fece promotore di un'interpretazione teocratica del potere monarchico attraverso il patto della Santa Alleanza, firmato a margine del Congresso di Vienna da Russia, Austria e Prussia. La breve dichiarazione impegnava personalmente i tre sovrani al sostegno reciproco in nome di una oscura fratellanza cristiana che in sostanza faceva della religione uno strumento ideologico nelle mani degli unici interpreti autorizzati della volontà divina e dei desideri del popolo. La legittimazione pseudo-religiosa implicava la messa al bando di ogni ideologia politica e una pretesa paternalistica di neutralità sovrana verso i sudditi.

Quell'interpretazione autocratica fu subito sfidata dalle aspirazioni nazionaliste coltivate dai giovani studenti tedeschi che parteciparono alle manifestazioni a Wartburg nel 1817. Invocando la Nazione romantica come fondamento del popolo, essi proclamavano un principio di legittimazione che sfuggiva al controllo dell'assolutismo e potenzialmente minava l'intero dispositivo dei tre pilastri. A ciò si affiancavano le aspettative legittimiste dell'aristocrazia terriera e del clero, in cerca di un recupero dei propri privilegi e delle proprie giurisdizioni, e le inquietudini costituzionali represse in Francia, Italia, Spagna e un po' ovunque in Europa. Sollecitato dai dubbi degli imperatori d'Austria e Russia sulle aperture parlamentariste del 1815, Metternich prese a pretesto l'omicidio dell'ex console russo Kotzebue per imporre una stretta reazionaria alla conferenza segreta di Karlsbad dell'estate 1819, i cui esiti vennero formalizzati in un trattato, la cosiddetta *Wiener Schlußakte* (atto finale di Vienna), del 1820 con il quale si reinterpretò in senso restrittivo e assolutista tutto l'impianto della *Bundesakte*, riducendo drasticamente i margini per lo sviluppo del parlamentarismo. Sebbene vi si ribadisse l'impegno a istituire e attuare in tutti gli Stati membri le rappresentanze territoriali previste dal Congresso di Vienna, si volle escludere ogni ipotesi di affidare loro poteri propri con il dettato dell'art. 57:

«Dato che la Lega Tedesca (*Deutscher Bund*), con l'eccezione delle città libere, è formata da principi sovrani, sulla base dei concetti fondamentali qui esposti l'insieme del potere dello Stato deve restare unificato nelle mani della massima autorità (*Oberhaupte*) dello Stato, e il Sovrano può attraverso una Costituzione territorial-cetuale (*landständische*) essere vincolato soltanto nell'esercizio di specifici diritti alla compartecipazione (*Mitwirkung*) degli *Stände*».

Si introdusse così «una riserva generale a favore dei monarchi» disponendo che le assemblee generali degli *Stände* fossero «divise e stratificate internamente, riducendole a organi secondari derivati dal potere dei principi»[19].

L'art. 57 accoglieva la distinzione barocca e artificiosa, tracciata dal segretario generale del Congresso di Vienna, il giurista conservatore von Gentz, tra «struttura politica rappresentativa» (*repräsentative Verfassung*) e «struttura politica territorial-cetuale» (*landständische Verfassung*) nella convinzione che solo la seconda fosse ammissibile, mentre la prima avrebbe messo in discussione il principio monarchico e instaurato un dualismo di potere che avrebbe alla lunga condotto alla repubblica[20]. Gentz riteneva, sulla base della tradizione giusnaturalista, che la rappresentanza fosse un attributo sovrano e che affidarla ad un'assemblea del popolo implicasse uno scivolamento verso la democrazia. Nessun potere, insomma, poteva discendere dal popolo. Il «principio monarchico» doveva invece basarsi sull'esistenza di una deputazione *ständisch* a carattere essenzialmente consultivo, tesi che avrebbe fatto fortuna, venendo ripresa da Friedrich Julius Stahl e da tutto il pensiero conservatore (e un secolo dopo da Carl Schmitt).

La *Wiener Schlußakte* mostrò apertamente il volto sovrastatale della Confederazione imponendo regole restrittive della sovranità a tutti gli Stati membri. L'art. 58 ad esempio proibiva che «i principi sovrani venissero limitati nelle loro funzioni verso il Bund da costituzioni *landständisch*», escludendo di fatto la politica del Bund dalle competenze delle assemblee territoriali

[19] H. HOFMANN, *Rappresentanza e rappresentazione*, p. 507.

[20] Cfr. F. GENTZ, *Über den Unterschied zwischen den landständischen und repräsentativverfassungen*, pp. 221 ss.; cfr. H. GANGL, *Der deutsche Weg zum Verfassungsstaat im 19. Jahrhundert*, p. 52.

e dando chiare indicazioni ai principi contro possibili sviluppi parlamentari e costituzionali. Non solo si escludeva la politica estera dall'ambito parlamentare, ma si imponeva all'interno l'immobilismo istituzionale dell'Austria anche nei molto più dinamici contesti sociali renani e settentrionali. La successiva legislazione reazionaria del Bund accentuava quelle indicazioni. Le leggi sull'università, che imponevano il disciplinamento di docenti e studenti contro ogni forma di ideologia politica; le leggi censorie sulla stampa, che ripristinavano il controllo preventivo assolutista; le leggi di inchiesta, che davano alla Confederazione un diritto di inchiesta sulle «mene rivoluzionarie» negli Stati; e infine la legge confederale del 9 aprile 1821 che sottraeva ai piccoli principati e alle libere città-Stato il diritto di dichiarare guerra o di rimanere neutrali, impegnando tutti i membri alla guerra giusta di autodifesa o per il ristabilimento di diritti conculcati, concorrevano tutte pesantemente a sottrarre spazi di discussione politica interna agli stati e alle loro assemblee[21]. Ulteriori misure restrittive e molto incisive vennero adottate nel 1832, dopo la rivoluzione di luglio, contro il diritto di associazione e contro la libertà di espressione.

4. *L'aggettivo invece del sostantivo: il parlamento neutro e «rappresentativo» dei liberali*

A partire dal 1820, mentre la Prussia si adeguava alla linea dettata dall'Austria, licenziava Wilhelm von Humboldt e arretrava dalle precedenti riforme per affidarsi allo Stato di polizia, nelle monarchie conservatrici tedesche si prese quindi a parlare esclusivamente di assemblea *landständisch*, ossia di un'assemblea particolaristica, rappresentante degli interessi di un territorio la cui popolazione era articolata in ordini con differenti *status* giuridici ed economici. Viceversa l'aggettivo *repräsentativ* venne ad assumere dagli anni Venti un significato ambivalente, come ci spiegano i dizionari dell'epoca. Mentre tra i giuristi conservatori si intendeva, a maggior ragione dopo la rivoluzione di luglio del 1830 in Francia, una pericolosa

21 H. LUTZ, *Tra Asburgo e Prussia*, pp. 59-73.

assemblea elettiva tipica dei «sistemi costituzionali in cui domina la sovranità popolare», i liberali moderati intendevano invece genericamente una assemblea elettiva che agisse sulla base del mandato assoluto, ossia sciolta dai vincoli e dagli interessi particolaristici degli ordini (*Stände*), ma con funzioni fiscali o legislative limitate che lasciassero intatte le prerogative regie. Per descrivere le concrete caratteristiche delle basi elettorali si introduceva allora nel vocabolario giuridico una ulteriore distinzione, parlando di *ständisch* per assemblee elette dagli *Stände*, e di «landständisch» per le assemblee in cui «i rappresentanti non vengono eletti esattamente in base agli Stände»[22]. Nonostante gli sforzi definitori dei giuristi, nell'uso corrente spesso i termini si sovrapponevano e *landständisch* poteva essere impiegato anche per riferirsi a *ständisch*. In quegli slittamenti semantici si manifestava la permeabilità tra l'antico ordine pattizio e il nuovo Stato di diritto, tra la giurisdizione aristocratica e feudale dei territori e la codificazione statale orientata alla libertà di contratto e al mercato.

Fu nella ricerca di uno spazio per il parlamentarismo dentro il quadro soffocante definito dalle monarchie assolute che nella nascente scienza dello Stato tra gli anni Venti e Trenta l'aggettivo «rappresentativo» si separò stabilmente dal concetto sovrano di *Repräsentation*. Mentre il sostantivo restava prerogativa sovrana, l'aggettivo venne da allora impiegato per regimi monarchico-costituzionali che prevedessero qualche forma di parlamento elettivo, anche se privo di poteri, tanto che *Parlamentarismus* (parlamentarismo) e *Repräsentativverfassung* (costituzione rappresentativa) vennero quasi a confondersi.

In assenza di un popolo unitario a cui appellarsi, il liberalismo tedesco non poteva trovare una chiara giustificazione alla 'finzione' della volontà collettiva tipica della concezione simbolica della rappresentanza sovrana. La rappresentanza liberale diventa allora una rappresentanza «reale» di interessi individuali o di gruppo, limitata negli scopi, tipica del rapporto principale-agente. Il positivismo giuridico tendeva perciò a

22 C.F. KOLB, voce *Repräsentative, constitutionelle und landständische System*, p. 681.

rimuovere la finzione della rappresentanza collettiva e considerare reale la delega, che diventa una delega di volontà. Il principale problema storiografico che ne discende riguarda le modalità in cui tale supposta relazione di delega viene mediata culturalmente e le sue conseguenze sul controllo degli elettori sui governanti. Perché solo se si dà pieno rilievo alla finzione della rappresentanza è possibile introdurre nella prassi politica dei contrappesi a quella spoliazione della volontà popolare che avviene al momento delle elezioni. Quest'ultimo dilemma viene precocemente rimosso da una teoria liberale dello Stato concentrata sul diritto ma esposta al potere sovrano, che mostra le proprie matrici assolutiste nell'attenzione fornita al problema opposto, ossia al controllo di polizia sui cittadini.

Nella teoria politica liberale tedesca *Repräsentativverfassung* e *Parlamentarismus* finiscono così per confondersi. Si consumava allora la separazione, rilevata un secolo dopo da Schmitt, tra il liberalismo e la dimensione carismatica e simbolica della politica. La spoliticizzazione del liberalismo veniva confermata dall'impiego del termine privatistico di *Stellvertretung* (delegazione) per designare le istituzioni parlamentari. Il contrasto tra l'ambito privatistico della *Stellvertretung* e quello pubblico della *Repräsentation*, assente nella tradizione inglese e francese, è specifico della vicenda tedesca[23].

Il vocabolario della scienza dello Stato segnalava così la subalternità consapevole di un liberalismo moderato che rinunciava a ogni seria interferenza nella sfera della *Repräsentation*, ritenendo saggio dividere il potere esecutivo da quello legislativo e lasciare al principe la sovranità esterna e l'interpretazione della volontà generale. In cerca della modernità, il liberalismo moderato tedesco guardava ai parlamenti come interpreti dell'emergente società civile e aggirava la questione del potere. Mentre desiderava imitare il modello inglese, il liberalismo tedesco si muoveva lungo una strada molto diversa.

Ricostruzioni del pensiero politico tese a difendere l'autonomia del liberalismo tedesco e ad assimilarlo a quello inglese

[23] H.-M. DÖRING, *Der Repräsentations-Begriff seit 1800 in Deutschland*, p. 502. Per un approfondimento rinviamo al cap. secondo.

orientano le loro interpretazioni sulla vicenda dei diritti civili, sulla libertà di espressione e di stampa, e incorrono in una inconsapevole tautologia: accolgono l'idea di sé dei soggetti storici. Se si classificano attorno all'asse dei diritti le forze politiche, si considerano secondarie le loro alleanze e i loro punti di contatto su altri ambiti, sociali ed economici. Più in generale, si perde di vista la lotta per l'egemonia culturale dentro il quadro politico della Restaurazione. Il potere dell'assolutismo non viene seriamente contestato dal liberalismo tedesco moderato che cerca invece di cancellarne la discrezionalità e di creare una sfera neutra sotto l'ala del diritto.

Il liberalismo tedesco nasce con e non contro l'assolutismo, conservando una continuità complessiva con il pensiero del secolo precedente seppur riorientando la propria attenzione dallo scomparso Reich agli Stati «assoluti», ossia sciolti dai legami precedenti e in questo senso moderni. Il suo obiettivo principale era liberarsi dei vincoli feudali dell'aristocrazia e garantire maggior autonomia alla società. Tra i suoi esponenti la tendenza prevalente è moderata. Del resto era rischioso andare oltre: un radicale come Wilhelm Joseph Behr (1775-1851), capo dell'opposizione all'assemblea cetuale bavarese, fu imprigionato negli anni Trenta con l'accusa di «alto tradimento» semplicemente per aver organizzato una «festa costituzionale» non autorizzata; sarebbe stato riabilitato solo nel 1848[24].

Che il liberalismo moderato rinunciasse alla lotta per il potere per rinchiudersi stabilmente nel recinto della politica interna e del diritto civile è solo in parte riconducibile ai concreti dati dei rapporti di forza, pur fondamentali, come la debolezza numerica delle borghesie e la durezza delle repressioni contro i giovani intellettuali volute da Austria e Prussia, che portarono entro il 1836 alla condanna di 204 studenti per alto tradimento, di cui 39 a morte normalmente commutata in ergastolo[25]. Oltre al pesante clima imposto dalla censura, pesavano anche altri fattori, quali la legittimazione religiosa del potere sovrano nelle

24 M. Stolleis, *Verwaltungslehre*, pp. 65-66.

25 M. Stolleis, *Geschichte des öffentlichen Rechts*, II, p. 82.

aree protestanti, il fascino esercitato sui giuristi dal progetto di una società immaginata, tedesca, oltre i confini dei singoli territori, unificata dai diritti e dalle opportunità di una società aperta alla libera iniziativa e promotrice dei migliori talenti, e l'idea di una nuova società dell'armonia, annunciata dalle teorie economiche di Adam Smith e ripresa dal liberismo manchesteriano, che sembrava conciliare sviluppo e nazione.

5. *L'intreccio tra pensiero conservatore e pensiero liberale: Kant e Rousseau*

Il liberalismo tedesco non si costituisce tanto come movimento borghese contrapposto all'aristocrazia e alla monarchia quanto come una corrente culturale socialmente trasversale, sensibile al romanticismo, che aspirava all'unità della nazione tedesca. Il suo orientamento pacifico e riformatore vede il dualismo tra monarchie assolute territoriali e parlamenti rappresentativi del popolo superabile in prospettiva da uno Stato di diritto nazionale e unitario. I giuristi di estrazione borghese e aristocratica inseriti nelle nuove amministrazioni centralizzate e nelle magistrature si appoggiarono sul concetto kantiano di *Vernunft* (ragione) come autentico fondamento della legge, e sullo Stato di diritto come spazio politicamente neutrale sottratto alla giurisdizione discrezionale delle aristocrazie. Il ricorso alla «scientificità» caratterizza una magistratura per la quale «la lealtà del *Beamte* e l'essere sopra le parti divennero virtù eminenti»[26].

Sulla base delle indicazioni di Kant, i parlamenti sarebbero stati un'articolazione ulteriore dello Stato di diritto, una sorta di magistratura indipendente che si sarebbe affiancata ai giudici nella sfera della razionalità giuridica. La separazione funzionale del potere legislativo dall'esecutivo non avrebbe interferito con la sfera esterna della monarchia e avrebbe consentito il dispiegamento del parlamentarismo borghese nella

[26] Sulla concezione neutra di una magistratura di estrazione borghese cfr. C. von Hodenberg, *Die Partei der Unparteiischen*, p. 269.

sfera interna. Il diritto costituiva uno spazio neutro sottratto alla sfera discrezionale della sovranità, così come il mercato aperto imponeva delle leggi economiche oggettive alla libertà dell'imprenditore. Su tali premesse, il liberalismo moderato percepiva il suo rapporto con le monarchie in termini di conflitto morale e non di potere, ritenendosi portatore di una Ragione superiore.

Kant aveva offerto la fondazione filosofica più salda alla neutralizzazione del conflitto politico. La sua riflessione ispira e anticipa il compromesso ambiguo della Restaurazione tra Stato di diritto liberale e monarchia assoluta. All'indomani della Rivoluzione francese, nel suo celebre scritto sulla pace perpetua, il grande filosofo di Königsberg giustifica una schizofrenica separazione tra forma di Stato e forma di governo, in cui la prima può essere «despotisch», ossia assolutista, e la seconda «republikanisch» (repubblicana, ossia dotata di una suddivisione dei poteri). Kant teorizza una rivoluzione dall'alto che prevenga il contagio francese e consiglia al sovrano assoluto di essere dispotico nella forma, repubblicano nella sostanza del suo governo. Nel passaggio dalla concezione patrimoniale-personale a quella statale-impersonale, al principe si chiede di ridefinire il proprio potere come adempimento di un ufficio e non più come esercizio di una proprietà[27]. Politicamente è quindi la volontà del sovrano (prussiano) a imporre il passaggio a uno Stato di diritto, uniforme su tutto il territorio, in grado di assicurare la pace interna e, nella misura in cui estende cosmopoliticamente l'accordo tra tutti gli Stati, anche quella universale. Lo Stato di diritto impone la divisione dei poteri tra esecutivo e legislativo (e giudiziario), che diviene il fondamento della «republikanische Verfassung», intesa come organizzazione ottima dei poteri a garanzia della libertà individuale, in opposizione al dispotismo[28]. L'apparente

[27] I. Kant, *Zum ewigen Frieden*, p. 386.

[28] *Ibidem*, 2. Abschnitt, 1. Definitivartikel, p. 351. Per «Verfassung» Kant intende non una carta scritta ma l'organizzazione dei poteri dello Stato; per «republikanisch» una forma di governo orientata all'interesse generale, nel senso latino dell'etimo.

contraddizione tra dispotismo sovrano e suddivisione dei poteri si scioglie in un'ottica funzionale e prepolitica del governo, orientato al perseguimento del bene comune. L'antropologia negativa kantiana del bene comune, fondata non sulla felicità del popolo ma sulla difesa della libertà individuale e sul bene dello Stato, segna «in modo duraturo la concezione giuridica tedesca dello Stato»[29].

L'osservazione coglie il lascito kantiano per un pensiero politico liberale che vede nel parlamento un freno alla democrazia assai più che una premessa per il suo sviluppo. Libertà e democrazia, come noto, risultano inconciliabili nella visione dualistica della sovranità che accompagna il giusnaturalismo. Kant coglie limpidamente la contraddizione in cui era caduto Rousseau quando aveva identificato la *volonté générale* con quella della maggioranza ed escluso la libertà individuale del dissenso[30]. Più in profondità, Kant vede nella teoria di Rousseau una latente amoralità e nel principio di maggioranza una fonte di deresponsabilizzazione e di corruzione. Il suo rifiuto delle implicazioni totalitarie del principio di maggioranza rousseauiano non comporta però un ripiegamento nell'individualismo, ma piuttosto la ricerca di un compromesso tra il soggetto e le strutture sociali degli *Stände* a cui appartiene, un dover essere che compone l'interesse del singolo con quello della stabilità sociale, a partire dai compiti dell'individuo morale più responsabile verso la comunità politica: il monarca. Convinto della preferibilità del regime monarchico, Kant teorizza che il buon governo debba sempre essere accompagnato da un sistema «rappresentativo», inteso come sistema parlamentare dotato di voce nella legislazione, perché solo la separazione del potere legislativo dall'esecutivo tutela il bene comune[31]. Il bene comune, definibile come sviluppo all'infinito della Ragione, comportava una compartecipazione al potere legislativo da parte degli individui che a quel processo storico aderivano.

[29] H. Hofmann, *Verfassungsrechtliche Annäherungen an den Begriff des Gemeinwohls*, p. 27.

[30] I. Kant, *Zum ewigen Frieden*, 2. Abschnitt, 1. Definitivartikel, p. 352.

[31] *Ibidem*, pp. 352-353.

Kant riteneva pertanto ammissibili al voto soltanto gli uomini liberi e autonomi, precisamente i «produttori-imprenditori», ossia i proprietari terrieri, gli artigiani, e i liberi professionisti, escludendo i subordinati e i salariati («operarii non sunt artifices»)[32]. Kant fonda così una variante liberale della tradizione assolutista che si distanzia dalla visione rousseauiana e democratica, e affida alla rappresentanza un ruolo di mediazione tra popolo e sovrano, con poteri di co-determinazione legislativa, ma non la sovranità[33].

Su quella base illuministica si dispiegano sia la tradizione autoritaria che quella liberale moderata. Sebbene profondamente divise dall'interpretazione del ruolo del monarca, dal rilievo dei diritti fondamentali e dalla collocazione costituzionale delle garanzie della divisione dei poteri, esse condividono quell'idea della monarchia, garante del progresso civile e dell'indipendenza politica nazionale, che attraversa sia Kant sia il Fichte dei *Reden an die deutsche Nation* del 1807-1808[34]. Nella misura in cui separa lo Stato dalla monarchia attraverso il diritto e la magistratura, il conservatorismo illuminato si pone su una base teorica non molto distante da quella dei liberali moderati.

Il conflitto tra liberali e conservatori moderati che si acuisce negli anni Venti e Trenta non è tanto di principio quanto prettamente politico. La linea di pensiero conservatrice che, con Gentz e Metternich, attribuisce al sovrano tutto il potere esecutivo e legislativo, aveva il difetto di non poter riconoscere poteri propri ai borghesi in ascesa e di non salvare quelli dei vecchi *Stände*, in quanto ne faceva degli organi del potere

32 I. KANT, *Sul detto comune*, p. 66, citato da U. CERRONI, *Teoria politica e socialismo*.

33 I. KANT, *Der Streit der philosophischen Fakültaten mit den juristischen*, p. 86 nota.

34 J.G. FICHTE, *Le fondement du droit naturel*, affida alla politica una funzione puramente razionale, in quanto essa è una scienza che considera i mezzi migliori per realizzare il diritto, applicando i principi del diritto, a loro volta derivati ma autonomi dalla morale, alla realtà concreta. Fichte sostiene anche che il fine dello Stato è la sua dissoluzione, anticipando la prospettiva di Hegel e poi di Marx, e anticipa il tema del *Notstaat*: cfr. V. LÓPEZ-DOMINGUEZ, *Le réalisme politique*, pp. 16, 26.

esecutivo. Il potere assoluto consumava le basi di potere concreto degli ordini rendendoli complici del centralismo in Prussia, o si condannava all'immobilismo in Austria. A causa della irrisolta definizione della sua legittimazione, la concezione conservatrice segava lentamente il ramo su cui si era seduta. E più le monarchie autoritarie premevano per la modernizzazione economica, più dovevano potenziare i nuovi apparati centrali per governarla. Misurata con il metro del ritorno al passato «la stessa teoria conservatrice statalista di Gentz e dei suoi amici ... non sarebbe più davvero conservatrice, in quanto si alimenta dello Stato»[35].

Il pensiero liberale ha grandi difficoltà, durante la Restaurazione e il *Vormärz*, a elaborare una dottrina politica abbastanza coerente da porsi come autentico contraltare al pensiero monarchico e conservatore. Alla debolezza politica, dovuta alla frammentazione territoriale, va aggiunta la confusione dottrinaria prodotta tra i giusnaturalisti dalle tesi di Rousseau sulla sovranità popolare, che potevano essere interpretate a sostegno del potere monarchico. Come noto, Rousseau riteneva che la volontà generale fosse indivisibile, e perciò non trasferibile. Nel *Contrat Social*, Rousseau condanna perciò l'idea di una delega della volontà dell'elettorato a rappresentanti del popolo, come già avveniva in Inghilterra, e sostiene che le leggi necessitino sempre dell'approvazione popolare:

> «La sovranità non può venir rappresentata, per la medesima ragione per cui non può essere alienata; essa consiste essenzialmente nella volontà generale, e la volontà non si rappresenta»[36]

Rousseau aggiunge che il sovrano può essere rappresentato solo da se stesso, e che la sovranità si applica solamente al popolo. In ultima istanza, Rousseau ritiene coerente con la sovranità popolare solo la democrazia diretta e rifiuta ogni delega della sovranità. Il parlamentarismo diventa allora una espropriazione oligarchica del popolo, anche se giustificabile sul piano storico. Rousseau costruisce una teoria antitetica alla visione

[35] K. VON BEYME, *Konservatismus*, p. 15.

[36] J.J. ROUSSEAU, *Il Contratto Sociale*, p. 429.

dualistica della sovranità, diffusa tra i giusnaturalisti tedeschi del XVIII secolo, affermando che la sovranità è «inalienabile» e «indivisibile». A suo avviso, la teoria della volontà generale rende possibile solo il mandato imperativo. Ciò nonostante, Rousseau sostiene che il popolo sovrano può delegare il potere esecutivo al governo o al re[37]. Rousseau distingueva dunque implicitamente tra volontà generale, espressa dalle leggi, e la sua attuazione, affidata all'esecutivo. Se la prima non era delegabile, la seconda lo era in quanto era puramente attuativa della volontà generale.

Per le aspirazioni nazionali del liberalismo tedesco, la teoria rousseauiana creava delle aporie insolubili. Se non si poteva trasferire, tramite il voto, la volontà generale dal popolo a un'assemblea elettiva, allora o si doveva fare appello rivoluzionario al popolo, strada antitetica al riformismo liberale, o bisognava impiantare un sistema «rappresentativo» privatistico, riconoscendo alla monarchia la delega della volontà generale.

6. *Il mito del parlamento neutro*

Alla luce delle commistioni tra pensiero conservatore e liberale attorno alla concezione neutra del potere, non dovrebbe sorprendere che l'acuta annotazione di Carl Schmitt sull'assenza di studi sulla dimensione simbolica della *Repräsentation* sia stata raccolta con tanto ritardo dagli storici, nonostante le indicazioni di alcuni protagonisti del dibattito weimariano come Rudolf Smend, Walter Benjamin e Aby Warburg[38]. La contrapposizione tra *repräsentativ* e *landständisch* è frutto della stessa cultura che conduce il positivismo giuridico tedesco ottocentesco a trascurare il tema della rappresentazione politica di identità collettive e a concepire il mandato parlamentare come una funzione dello Stato.

Quella tendenza dogmatica rinvia alla peculiare combinazione tra assolutismo e liberalismo che fonda una concezione neutra

[37] *Ibidem*, pp. 163-164.

[38] H.-M. Döring, *Der Repräsentations-Begriff*, p. 503.

della partecipazione politica. Dall'alto, il pensiero conservatore, pur considerando la politica come lotta, ne restringe l'ambito al vertice di una piramide compatta formata da sudditi fedeli e passivi; dal basso, il liberalismo di matrice kantiana ambisce all'armonia e riserva alla funzione parlamentare compiti razionali e ristretti alla sfera civile, separati dalla sfera sovrana, e pensa ai parlamenti come organi di tutela della società civile. Il parlamento è in quella prospettiva un organismo apolitico, cui si affida la autodeterminazione della società, inclusa la tutela della libertà, e della proprietà, dalle interferenze aristocratiche. Il voto è quindi neutro, seleziona i più qualificati a promuovere la sfera della società civile.

L'idea della politica neutra, attuandosi in ambiti diversi, divide i conservatori dai liberali, sul ruolo legislativo del parlamento, sulla divisione dei poteri, sull'urgenza di costituzioni formali, sui diritti civili. Il conflitto tra chi guarda ai parlamenti come organismi legislativi e chi, sotto l'ombrello del monarca, vuole conservare poteri territoriali frammentati sotto la guida dell'aristocrazia, non è meno aspro per la ricerca comune dell'armonia. Tuttavia la concezione neutra del parlamento rinvia a un'idea del diritto come tolleranza, spazio laico sottratto alle passioni e ai valori religiosi, a un'idea astratta del cittadino.

Rispetto a quell'idea di cittadino razionale, la democrazia, come sfera aperta alle passioni popolari e a conflitti ideali e non soltanto materiali, è antitetica. La traccia più esplicita dell'antitesi tra liberalismo tedesco e democrazia si ritrova nell'introduzione programmatica dell'enciclopedico e ambiziosissimo *Staats-Lexikon*, la cosiddetta «Bibbia» del liberalismo tedesco del *Vormärz*, frutto del progetto di una scienza dello Stato ad opera di alcuni dei principali dissidenti e oppositori dell'assolutismo reazionario. Nella premessa dell'opera, affidata alla mano di Rotteck, i due curatori vanno ben oltre una retorica *captatio benevolentiae* volta a evitare la censura preventiva della Confederazione, laddove dichiarano impegnativamente i loro obiettivi. La scienza dello Stato deve mirare a una realistica conciliazione tra monarchia e «diritto di ragione» contro i pericoli della rivoluzione e di una nuova «guerra di religione»:

«I liberali di sani principi possono al contrario guardare alla Repubblica come bene ideale; ma se sono inclini alla comprensione, riconosceranno che l'introduzione della Repubblica nelle presenti circostanze è in parte impossibile, in parte altamente pericolosa, pensabile solo per via di un abbattimento violento ... solo in caso di pericolo imminente per ogni sacro diritto e per i beni più alti della società ... solo come ultimo strumento di salvataggio contro un nemico che minacci un colpo mortale, la Repubblica può diventare un obiettivo degli sforzi per la maggioranza dei liberali»[39].

Il riformismo liberale si nutriva di una coscienza realistica dei rapporti di forza, per la quale nelle circostanze date il potere monarchico pareva inattaccabile. Nello spazio ristretto offerto dalle monarchie assolutiste i riformatori volevano cogliere tutte le opportunità per spostare le basi di legittimazione dal sovrano allo Stato. La praticabilità di un moderno costituzionalismo, in cui i parlamenti fossero dotati di poteri legislativi, quanto dipendeva dalla ragionevolezza dei sovrani? Il rifiuto programmatico della strada repubblicana, e persino del modello monarchico belga del 1832 che istituiva un parlamento dotato di influenza sul potere esecutivo, può sorprendere se si considerano le persecuzioni – esilio, perdita della cattedra universitaria, condanne – a cui Welcker, Rotteck e altri collaboratori alla stesura dello *Staatslexikon* andarono incontro per difendere le loro idee[40].

È noto che l'opposizione contro sovrani reazionari come Ernest August I von Hannover, il quale nel 1837 aboliva la costituzione liberale del 1833, concessa dopo tumulti e proteste contro gli aumenti dei prezzi dei generi alimentari e le discriminazioni fiscali, per ripristinare in sua vece la costituzione vetero-cetuale del 1819, costò la rimozione a sette docenti dell'Università di Göttingen firmatari di una vibrata lettera di protesta, tra loro gli storici Dahlmann e Gervinus e i fratelli Wilhelm e Jacob Grimm. L'argomentazione nobile ma tutta giuridica della loro lettera dimostrava in fondo l'astrattezza della loro concezione neutra del diritto, che si appellava alla Confederazione – rea di non difendere una costituzione vigente come avrebbe imposto

[39] C. Rotteck, voce *Worwort*, 1, p. XXII.

[40] D. Langewiesche, *Liberalismus in Deutschland*, p. 13.

l'art. 56 del suo statuto – e in fondo ai sovrani responsabili di quegli atti. Colmo della contraddizione, quelle voci critiche si esposero all'accusa, mossa dal loro collega Johann Friedrich Herbart, di aver violato la concezione apolitica dell'insegnamento accademico! Anche in questo ambito se ne sarebbe avvantaggiato l'assolutismo della Prussia, quando all'inizio degli anni Quaranta il nuovo re Federico Guglielmo IV per celebrare l'ascesa al trono avrebbe affidato una cattedra a Dahlmann e ai fratelli Grimm e riabilitato il fondatore del movimento per lo sport Jahn, sino ad allora perseguitato perché sospettato di propaganda «nazionale». Mostrandosi conciliante con il dissenso negli altri Stati tedechi e tollerante in materia confessionale il nuovo re di Prussia avrebbe coagulato su di sé le simpatie di molti liberali moderati, che videro in lui il solo possibile baluardo della causa nazionale[41].

Sebbene non vada sottovalutata la profondità del conflitto sui diritti civili e politici che oppone il parlamentarismo liberale all'assolutismo reazionario, il rifiuto di rifarsi a Rousseau e a ogni estensiva concezione della sovranità popolare impone ai liberali moderati tedeschi degli steccati concettuali insormontabili. Nel quadro del Congresso di Vienna, il costituzionalismo liberale separa la rappresentanza parlamentare non soltanto dal potere sovrano ma anche da qualsiasi dimensione simbolica del politico. Il trasferimento della volontà dall'elettore al deputato in parlamento esprime volontà soggettive di singoli, non la volontà del popolo sovrano. E in quanto luogo di sintesi degli interessi concreti della società, esso deve apoliticamente orientarsi all'efficienza dello Stato e alla forza della nazione. L'orientamento della funzione legislativa alla massima efficienza della nazione veniva ribadito nella premessa alla seconda edizione dello *Staatslexikon* del 1845, dove Welcker invitava «i conservatori a dirci cosa noi – ossia i liberali moderati – non vogliamo conservare in modo più efficiente (*zwäcksmäßiger*) di loro stessi»[42].

[41] H. LUTZ, *Tra Asburgo e Prussia*, pp. 252-256, 262.

[42] Cfr K. VON BEYME, *Konservatismus*, p. 19; R. VIERHAUS, voce *Konservativ, Konservatismus*; A. SCHILDT, *Konservatismus in Deutschland*.

All'aporia irrisolta tra la volontà soggettiva e quella collettiva corrisponde la parallela scissione tedesca tra forza e diritto (*Gewalt/Recht*) che si approfondisce nel corso della prima metà del XIX secolo. Entrambe contribuiscono alla concezione neutra della partecipazione politica. Se nella tradizione conservatrice si postula la passività dei sudditi, nel pensiero liberale la partecipazione dei cittadini è integralmente apolitica, rivolta all'efficienza e alla giustizia. Proiettato su una nazione immaginata, il popolo dei liberali resta astratto, privo della dimensione vitale del conflitto ideologico e sociale. Soppressa dalla concezione cosmopolita kantiana, la passione politica «ideologica» verrà formalmente espunta dal positivismo giuridico liberale della seconda metà del XIX secolo. Maturano nella Restaurazione i semi delle contraddizioni che emergeranno nella rivoluzione del 1848-1849, quando le aspirazioni nazionali dei liberali si sarebbero misurate con i concreti interessi dell'assolutismo.

La distinzione tra *Repräsentation* e *repräsentativ* esemplifica i termini generali del nostro tema, ma coglierne in concreto le implicazioni è possibile solo introducendone la dimensione sociale. Le categorie del parlamentarismo tedesco assumono spessore alla luce delle opzioni politiche aperte dalla trasformazione degli *Stände* ereditari in nuove strutture sociali, variabili dalla difesa strenua dei privilegi di casta fino alla loro radicale trasformazione in classi moderne, integrate nell'avanzante società capitalistico-borghese. Si misurava lì, nel cuore del dibattito sul diritto elettorale, l'operatività di quelle categorie giuridiche.

All'aporia irrisolta tra la volontà soggettiva e quella collettiva corrisponde la parallela scissione teorica tra forza e diritto (Carré de Malberg) che si approfondisce nel corso della prima metà del XIX secolo. Entrambe contribuiscono alla concezione neutra della partecipazione politica. Se nelle tradizioni conservatrice si postula la passività dei sudditi, nel pensiero liberale la partecipazione del cittadino integralmente apolitica, rivolta all'efficienza e alla giustizia. Privilegiato da una ragione illuminata, il popolo dei liberali resta astratto, privo della dimensione vitale del conflitto ideologico e sociale. Soppressa dalla concezione cosmopolita kantiana, la passione politica e ideologica verrà formalmente espunta dal positivismo giuridico liberale della seconda metà del XIX secolo. Maturata nella Restaurazione è segno delle contraddizioni che emergeranno nella rivoluzione del 1848-1849, quando le aspirazioni nazionali dei liberali si scontreranno apertamente con i concreti interessi dell'assolutismo.

La distinzione tra *Repräsentation* e *Vertretung* esemplifica i termini generali del nostro tema, ma coglierne in concreto le implicazioni è possibile solo introducendone la dimensione sociale. Le categorie del parlamentarismo tedesco assumono spessore alla luce delle opzioni politiche aperte dalla trasformazione degli *Stände*, che accreditavano nuove strutture sociali, variabili dalla stessa sussistenza dei privilegi di casta fino alla loro radicale trasformazione in classe moderna inserita nell'avanzante società capitalistico borghese. Si misurava la portata del dibattito sul diritto elettorale, l'operatività di quelle categorie giuridiche.

Capitolo secondo

La concezione «ständisch» della rappresentanza

> «Guardati da quel re; tienti lontano
> Dal Nord, o amico; bada
> che ne la scuola storica e ne' birri
> D'inciampar non t'accada»[1].

1. *Il problema della continuità dell'antico regime*

La «lunga durata dell'Ancien Régime», per riprendere una suggestiva definizione di Arno Mayer, individua forse meglio di altre categorie le peculiarità del percorso della rappresentanza negli Stati tedeschi, purché la si intenda in un'accezione culturale, più sfumata della classica impostazione sociologica, adottata anche nelle grandi ricerche comparative di Barrington Moore jr e Theda Skocpol, secondo la quale il peso perdurante dell'aristocrazia terriera in Europa continentale – e in particolare degli *Junker* prussiani – avrebbe frenato il corso della modernizzazione e spiegherebbe le culture scioviniste ed autoritarie dei fascismi europei[2]. Secondo quell'impostazione le dinamiche della rappresentanza ottocentesca non meritano particolare attenzione in quanto costituiscono un orpello di un'immutabile aristocrazia feudale. Se ci si interroga però sul rapporto tra il potere aristocratico e il sistema politico-istituzionale, si può rovesciare l'assunto sociologico e suggerire che il dominio aristocratico fosse l'espressione culturale di una metamorfosi, gestita politicamente. La continuità diventa così la dominante culturale di una società in cambiamento tanto

[1] H. Heine, *La Germania*, p. 282, citato anche da N. Bucharin, *Teoria del materialismo storico*, p. 71.

[2] A. Mayer, *Il potere dell'Ancien Régime*.

rapido da rivaleggiare a fine secolo con la potenza industriale inglese. Come collegare delle dinamiche politiche relativamente lente con una trasformazione sociale ed economica rapida? Se la vicenda della Germania non si lascia risolvere dalla dicotomia sociologica aristocrazia/borghesia, né da quella sottostante di arretratezza/modernità, di che tipo di continuità si tratta?

Consideriamo la continuità dell'antico regime come effetto di un disincanto verso la politica moderna, l'espressione di una cultura critica della rivoluzione sociale e della violenza, che idealizza i legami sociali del passato. La tenuta di una concezione aristocratica della politica, la seduzione da essa esercitata sulla borghesia, l'accesso quasi esclusivo della nobiltà alle alte cariche dell'amministrazione e dell'esercito sono aspetti ben noti alla letteratura, che individuano un campo magnetico generato da due poli, che si respingono ma coesistono: l'apertura alla modernità individualista e la difesa di una irenica società dell'armonia, protetta dalla figura paternalistica del sovrano. Se, come sottolineato da una storiografia recente, la formazione di una società borghese comporta l'esclusione delle donne dallo spazio pubblico, la famiglia è anche il cuore di un progetto di armonia, complementare all'ordine di uno Stato moderno costruito sulla forza. Come si coniugavano la modernizzazione accelerata e la tenuta dell'ideale di antico regime?

Tra i due opposti modelli continentali, quello reazionario e ancora feudale dell'impero zarista e quello individualista francese, espresso dalla legge Le Chapelier, gli stati della Confederazione tedesca ricercano una via intermedia. Guardano all'antico regime come modello di tenuta sociale, che renda possibile aprirsi all'individualismo moderno senza eccessive scosse.

L'aspetto caratteristico della vicenda politica tedesca può essere allora rintracciato nella lunga trasformazione degli antichi ordini in moderni istituti rappresentativi, filtrati ed elaborati da una cultura corporata che permea la società e le forme di mercato. Il termine «ordini» viene qui impiegato per il corrispettivo «Stände», pur non coprendolo perfettamente. In realtà non esiste una traduzione soddisfacente del concetto tedesco di

Stand, che significa «posizione eretta» e in senso politico designa al contempo uno *status* sociale, un'appartenenza storica, un soggetto giuridico, uno stato fisico, ricoprendo significati diversi nel tempo, oscillanti tra ordine, curia, corpo, ceto, stato, Stato, *status*, rango, condizione, grado e così via, non sempre adeguatamente restituiti dalle traduzioni dei testi del pensiero politico tedesco. Nel corso del XIX secolo, nell'ambito di nostra pertinenza, «Stand» contrassegna in prevalenza gruppi dotati di rappresentanza politica, più che ceti sociali, significato che gli si affiancherà nella seconda metà del secolo con la moderna sociologia[3]. La «lunga durata» si applica allora non tanto alla posizione sociologica dell'aristocrazia, che muta e per certi versi declina, quanto alla sua influenza politica e culturale, alla sua capacità di adattamento, di ripensamento delle antiche istituzioni per inglobarle nello Stato moderno. Tra contrasti ideali, divergenze tra Stati e tra classi, non sintetizzabili in una unificante lettura, la cifra prevalente ci pare retrospettivamente individuabile nella salvaguardia della concezione pattizia, gerarchizzata e organicista della società, in cui anche il pensiero liberale finisce per inscriversi.

Questa dinamica si riflette nella singolare caratteristica dell'art. 13 della *Bundesakte* del 1815, l'articolo del trattato che più impone obblighi potenzialmente lesivi dell'autonomia degli Stati, il cui dettato può essere visto come un compromesso tra Prussia e Austria per la organizzazione politica di due sfere di influenza nella Confederazione, centrate su due diverse idee politiche della rappresentanza e degli *Stände*, l'una rivolta al passato imperiale e l'altra al moderno assolutismo. Attraverso le rappresentanze degli *Stände*, entrambe le potenze speravano di poter mobilitare le aristocrazie degli Stati delle loro aree di influenza a proprio vantaggio[4].

La dinamica che si innesca nell'attuazione dell'art. 13 non è soltanto effetto di una imposizione dall'alto, ma di una complessa negoziazione culturale, in cui si incontrano idee

[3] C. Bornhak, *Preußisches Staatsrecht*, I, p. 43.

[4] W. Mager, *Das Problem der landständischen Verfassungen*; H. Brandt, *Landständische Repräsentation im deutschen Vormärz.*

contrastanti di politica. Paradossalmente, nella continuità degli *Stände* e di una struttura organica della società la borghesia e le aristocrazie illuminate vedono la migliore garanzia di poter imitare il modello inglese. L'aspirazione a una società separata dallo Stato, propria del liberalismo costituzionale, sulla scia di Montesquieu, si regge sull'illusione che sia lecita e possibile l'emulazione della aristocratica via inglese alla modernità, almeno nell'ambito specifico e autonomo della società. La rimozione della propria diversità è foriera di uno dei paradossi del parlamentarismo tedesco, che più insegue il modello inglese e più se ne allontana.

A differenza di altri casi nazionali, il liberalismo tedesco deve definire lo spazio dell'individuo all'interno di una società in cui i vecchi *Stände* erano stati appena reinventati politicamente. Specialmente Schiera e Cervelli hanno prodotto importanti studi a sostegno dell'ipotesi che la trasformazione degli *Stände* offra una chiave di accesso alla formazione, oltre che del pensiero conservatore, anche di quello liberale. Cervelli osserva che la scienza sociale tedesca che avanza dagli anni Trenta e Quaranta – ossia il periodo che la storiografia tedesca definisce come *Vormärz* in vista dei moti del 1848 – si proponeva lo studio delle nuove qualifiche 'moderne' dopo la caduta del «tradizionale concetto di *Stand*». La scienza sociale si soffermava sulle nuove qualifiche: il lavoro, l'educazione, la cultura, che avrebbero dovuto costituire i tratti salienti del popolo tedesco. La sistematicità con cui la cultura giuridica sviluppa le categorie dello Stato, la sua straordinaria attenzione verso la scienza sociale è anche effetto di una ricerca incessante attorno alla concezione neutra della politica. Una dimensione alta della legalità, che permetta di superare i confini di una società particolarista, attraversa una concezione moderata acutamente consapevole dei rischi rivoluzionari dell'unificazione. Se la forma *ständisch* potesse contribuire a sanare la frattura tra Stato e società civile prodotta dalla differenziazione delle sfere dell'economia e della politica diventerà un assillo dei pensatori più sensibili alle trasformazioni accelerate avviate dalla modernizzazione agraria. Su questo punto la scienza politica si incontrava con la scienza dello Stato: «Il riformismo dall'alto di stampo bonapartista avrebbe dovuto ricreare l'unità fra Stato e società civile sul terreno della prassi politica effettiva»[5].

I declinanti *Stände* potevano offrire una soluzione al dilemma tra i rischi rivoluzionari della libertà individuale e quelli reazionari del potere discrezionale dei principi? L'interrogativo circola in tutto il dibattito della Restaurazione, anche se le risposte erano incerte e differenziate. Sebbene l'abolizione della gleba e la secolarizzazione avessero spezzato molti vincoli feudali, il senso di appartenenza allo *Stand* definiva ancora l'essere sociale. L'idea di *Stand* resta salda e fornisce una struttura mentale a tutta la società tedesca. Politicamente, l'appartenenza allo *Stand* definiva ancora, lungo le genealogie familiari, gli spazi della responsabilità e della partecipazione agli affari pubblici. Sullo sfondo della tensione apertasi tra nuove libertà individuali e la struttura cetuale, il passaggio alla rappresentanza parlamentare che si avvia nella Restaurazione appare segnato dal tentativo di reinventare gli *Stände* come istituzione politica ovvero, e detto con maggior precisione, di dare forma *ständisch* alle necessarie innovazioni della rappresentanza.

Le rappresentanze *landständisch* previste dalla *Bundesakte* potevano assumere significati molto diversi, a seconda che si orientassero verso il modello francese della divisione dei poteri, quello inglese di un *King-in-parliament*, o più semplicemente verso il vecchio regime austriaco-imperiale con poteri territorialmente autonomi. Lo stesso principio di legittimità poteva essere letto in due sensi, sia come rafforzamento centripeto delle monarchie sia come diritto degli antichi *Stände* a recuperare il terreno perduto nel precedente ventennio. Perché la legittimità valida per i sovrani non poteva estendersi anche alle aristocrazie e persino agli ordini religiosi? Il contenzioso sugli antichi diritti venne in parte affrontato con compensazioni economiche, ma il problema di principio riguardava i poteri centralizzatori che i sovrani venivano a ricoprire grazie alla facoltà di produrre diritto.

[5] P. SCHIERA, *Società per ceti*, ad vocem; I. CERVELLI, *Realismo politico e liberalismo moderato in Prussia*, in particolare p. 205.

Il complesso dibattito politico e giuridico sulle forme politiche della rappresentanza che si articola, nella Restaurazione, in rapporto alle concrete condizioni dei rapporti tra monarchie e *Stände*, può essere solo parzialmente richiamato, attraverso le riflessioni di alcuni protagonisti di un intenso dibattito sul ruolo degli antichi ordini nello Stato moderno. Per contestualizzarle, pertinente è la distinzione, ben conosciuta, tra tre grandi aree: l'Austria, tendenzialmente immobilista nella concezione di antico regime del potere imperiale; la Prussia con il suo accentramento assolutista e statuale; e la dinamica 'Terza Germania', composta dagli Stati piccoli e medi in cerca di una propria autonomia. Quella distinzione allude a una conflittualità tra Austria e Prussia che scaturisce non soltanto dalle ambizioni personali dei loro sovrani ma anche dalle differenti concezioni del potere monarchico e dei compiti dell'aristocrazia. Se è così, la progressiva saldatura tra Prussia e Terza Germania, che costituirà l'asse dell'unificazione politica, può essere intesa anche come una convergenza tra due diverse concezioni degli *Stände*: quella della modernizzazione dall'alto prussiana; e quella monarchico-costituzionale, degli Stati renani e meridionali.

2. *La via prussiana alla politica neutra: le riforme di Stein e Hardenberg*

Un'interrogazione del mito prussiano di una politica neutra non può che partire dalla «modernizzazione dall'alto», ossia dal progetto di modernizzazione accelerata avviato da Stein e Hardenberg in risposta alla catastrofe militare del 1806-1807. Sia la valutazione, tutto sommato positiva, di Thomas Nipperdey, secondo il quale il processo di riforma avviato favorì la libertà individuale e collegò Stato, società e idea di nazione, sia quella più scettica di Hans-Ulrich Wehler, secondo il quale nel lungo termine poco sarebbe sopravvissuto di quelle riforme, oltre all'ordinamento comunale, privilegiano un aspetto di una cultura politica dualista e contraddittoria[6].

[6] T. Nipperdey, *Wehlers «Kaiserreich»*.

Guardare a quel progetto dall'ottica della trasformazione dell'antico regime, evita il rischio di identificare teleologicamente ogni accrescimento dei poteri del parlamento con il progresso della democrazia. Sin dall'inizio, la modernizzazione dall'alto promuove l'individualismo illuminista ma al contempo mira a prevenire e a cancellare il conflitto politico per ricondurlo al potere sovrano. Le caratteristiche del progetto di modernizzazione sono note. Heinrich Friedrich Karl Freiherr von Stein, esponente dell'alta aristocrazia imperiale mediatizzata, e il principe Karl August von Hardenberg individuano come principale ragione della sconfitta contro Napoleone l'assenza di una vera unità statuale e si propongono di costituire una unità politico-giuridica permeata di razionalità attraverso l'amministrazione centrale e l'esercito. Si tratta, come scrive Hardenberg da Riga a Federico Guglielmo III in un celebre *memorandum* «sulla riorganizzazione dello Stato prussiano» del 12 settembre 1807, di una «rivoluzione in senso buono, che conduce direttamente ai superiori fini della nobilitazione dell'umanità, attraverso la saggezza del governo e non attraverso l'impulso violento dall'interno e dall'esterno»[7].

La rivoluzione dall'alto rifiuta lo scontro tra ideologie, concepisce la politica come superamento degli interessi particolaristici al fine di elevazione umana, e affida al governo un compito etico. Si trattava di portare la monarchia assoluta all'altezza della rivoluzione democratica, di incorporare il nuovo *Zeitgeist* e metterlo al servizio di una modernizzazione assolutista[8].

Il progetto di una politica neutra, a guida aristocratica, viene disegnato a tavolino da un gabinetto guidato dalle componenti illuministe dell'alta aristocrazia. Fuorviante è la tradizionale disputa storiografica sul «liberalismo» delle loro riforme. Se vogliamo individuare una peculiarità della cultura politica allora avviata, essa sta nel difficile bilanciamento tra i diritti corporati e i moderni diritti individuali. La chiave del compromesso è di natura istituzionale e consiste nella progressiva

[7] K.A. von Hardenberg, *Über die Reorganisation des Preußischen Staats*, p. 306, trad. mia.

[8] M.P. Paternò, *Individuo, esercito, nazione.*

separazione tra una sfera statuale generale – razionalizzata e centralizzata – e la tutela delle particolarità giuridiche dei territori. La sfera dello Stato amministrativo e militare, che interpreta l'interesse generale, resta durante la Restaurazione esterna ai territori locali, dove gli *Stände* ancora predominano. Nelle province e negli enti locali si lascia invece spazio alla concezione contrattualistica del potere e all'autogoverno della società organizzata in corpi territoriali. Lo Stato amministrativo avrebbe unificato territori eterogenei, grazie alla guida delle migliori menti dell'aristocrazia, in ultima istanza guidate dal sovrano.

Gli *Stände* dovevano essere posti al servizio del nuovo apparato statale, anche se non esisteva una chiara convergenza sui modi e gli spazi dell'integrazione delle varie componenti. Come ha sottolineato Koselleck, ogni *Stand* era diventato attraverso l'*Allgemeines Landrecht* (*ALR*) «un ceto professionale statale» e acquisiva obblighi sociali che gli venivano attribuiti a partire dal concetto di bene comune (*Gemeinwohl*)[9].

Questa funzionalizzazione degli *Stände* allo Stato aveva bisogno di una integrazione politica? Se a livello statuale fosse necessaria una rappresentanza del popolo prussiano e se essa dovesse avere un qualche titolo alla condivisione del potere era un tema aperto e notoriamente non univoco tra Stein e Hardenberg. La discussione tra i due, a partire dalla vaga promessa costituzionale di Friedrich Wilhelm III nel 1815, è segnata da una divergenza tra un'ipotesi *ständisch* e una *repräsentativ*, ossia tra una rappresentanza che salvaguardasse i vecchi *Stände* e una di concezione più moderna e individualista, su basi censitarie. L'ipotesi parlamentare-rappresentativa non sarebbe mai decollata e sarebbe stata liquidata definitivamente nel 1821, in ossequio all'accordo strategico con l'Austria dentro la Confederazione[10]. In fondo il «principio monarchico», su cui si era costruita la Santa Alleanza, garantiva la grande aristocrazia terriera prussiana (e austriaca), alla quale l'assenza

[9] R. Koselleck, *Preußen zwischen Reform und Revolution*, p. 74.

[10] E.R. Huber, *Deutsche Verfassungsgeschichte*, pp. 290 ss., in particolare p. 313; H.-U. Wehler, *Deutsche Gesellschaftsgeschichte*, I, pp. 347, 531.

di un forte parlamento centrale assicurava la non interferenza dello Stato negli affari e nella giurisdizione dei loro territori. La difesa degli interessi della proprietà feudale non era solo una questione economica. Al fondo era una radicata concezione sui diritti e i doveri dell'aristocrazia, una concezione etica delle sue responsabilità nei confronti dei subordinati, l'idea che l'astrazione borghese del terzo stato negasse i doveri sociali in nome di diritti populistici, che alla cultura tedesca spettasse una sintesi progressiva tra il rampante radicalismo bonapartista e la tradizione monarchica. Il rifiuto delle divisioni, l'appello alla ragione e alla sua unità, si saldavano con un riscatto dei valori aristocratici, non disgiunto dall'Illuminismo kantiano.

Il rinnovamento della *altständische Verfassung*, contro l'ipotesi parlamentarista di Hardenberg, trovò in Friedrich August von der Marwitz, rampollo di una antichissima famiglia Junker, uno dei più coerenti sostenitori. Sulla scia di Kant, Marwitz rimproverava alla monarchia prussiana di essersi trasformata sotto il diritto romano dal 1534 in poi in una «Despotie», contro una tradizione più antica che lui chiamava «repubblicana» ma che in linguaggio odierno, seguendo Dahl, diremmo «poliarchica»[11]. Marwitz reagiva contro le riforme centralizzatrici di Stein e Hardenberg, che dal suo punto di vista equivalevano quasi a una nuova costituzione. Marwitz – che guarda al modello dell'Impero austriaco e ai precedenti assetti dei territori polacchi da poco acquisiti alla Prussia – mira a prevenire la spoliticizzazione degli *Stände* ad opera dello Stato, e pertanto respinge la pretesa illuminista di creare uno *Stand* generale aristocratico-borghese, che alla lunga avrebbe abolito gli ordini esistenti.

Si capiscono, su questa scia, sia le resistenze degli *Junker* contro il centralismo prussiano, e l'attrazione dei veri reazionari per il modello austriaco, sia le differenze di accento tra i riformatori Stein e Hardenberg che animeranno il dibattito costituzionale successivo: si tratta di due varianti di un unico progetto aristocratico di modernizzazione della monarchia.

[11] F.A.L. von der Marwitz, *Über Hardenbergs vier Reden*, qui citato da G. Haverkate, voce *Staat und Souveränität*.

Stein collocava la politica nell'amministrazione, nei cui vari gradini, locali, regionali e nazionali, gli *Stände* avrebbero dovuto venire coinvolti. Gli *Stände* – ossia una sintesi delle varie componenti sociali – erano i soggetti politici a cui fare ricorso per unificare vecchi e nuovi diritti. La debolezza del disegno di Stein derivava dal tentativo di persuadere i vecchi ordini ad approvare riforme liberali, fiscali e amministrative, che ne minavano i privilegi. Hardenberg invece separa politica ed amministrazione, ossia rinuncia a integrare gli *Stände* nell'amministrazione e ritiene necessario un sistema di rappresentanza nazionale cui affidare, sul modello inglese, l'autorizzazione di nuove imposte. Fino al 1848 reggerà un compromesso parziale e provvisorio tra le loro visioni. Mentre i dogmi della Santa Alleanza comportavano la rinuncia al modello di Hardenberg di una *Nationalrepräsentation*, ossia a una istituzione parlamentare che unificasse tutte le sparpagliate province prussiane; al contempo non si attuò il disegno di Stein e si ritenne preferibile lasciare agli *Stände* una funzione locale. Compensare i vecchi *Stände* con un accresciuto ruolo statale avrebbe messo a repentaglio le riforme centralizzatrici, ovvero avrebbe dato agli Ordini un potere di veto sulle pretese fiscali e militari dello Stato[12]. Emerge così un'amministrazione assolutista, uno Stato di polizia a orientamento reazionario.

Alla neutralità dell'amministrazione statale, fa specchio l'autonomia puramente amministrativa degli enti locali, nei quali si apre a nuovi equilibri tra notabilato e vecchie corporazioni. La legge sull'ordinamento dei Comuni del novembre 1808 afferma il principio della auto-amministrazione e allarga i criteri della cittadinanza urbana, superando le barriere delle corporazioni e fondandola su proprietà e censo. Per la rappresentanza prevede dei consiglieri comunali eletti non più per l'appartenenza a qualche corporazione ma per circoscrizioni territoriali e affida loro un mandato assoluto. Si afferma un principio di eguaglianza giuridica per testa, temperato da una selezione economica per la concessione dei diritti pieni di cittadinanza urbana, incluso il diritto di voto attivo e passivo. L'autonomia comunale, che

[12] R. KOSELLECK, *Preußen zwischen Reform und Revolution*, pp. 178-179.

sarà sottoposta a restrizioni centralistiche e censitarie nel 1831, può essere eletta a «premessa storica della democrazia locale di oggi», a patto di intenderne la distanza da ogni ipotesi di potere popolare, e la scommessa su una autonomia apolitica[13].

Nel ridare voce agli *Stände*, in parziale contrasto con le riforme di Hardenberg, nel giugno 1823 si affiancano ai Comuni dei parlamenti provinciali istituiti, su basi corporate, in tutte le province prussiane (ad eccezione di West- e Ost-Preussen), come la Westfalia, la Sassonia, la Renania. La legge prussiana del 1823 istituiva in tutta la confederazione dei parlamenti provinciali «nello spirito della antica costituzione tedesca», ossia dello Stato patrimoniale. I parlamenti provinciali erano costituiti da un popolo articolato in *Stände*, i quali diventavano il canale necessario della partecipazione politica. Si negava però agli *Stände* qualsiasi limitazione al potere sovrano e si attribuivano loro solo funzioni consultive, cancellando la sostanza storica dell'antico patto in nome di uno Stato ormai spersonalizzato. Così con la legge del 5 giugno 1823 lo Stato prussiano reinventava gli *Stände*, prescrivendo che la proprietà fondiaria fosse «la condizione per l'appartenenza ad uno Stand». La proprietà fondiaria divenne la condizione necessaria per la rappresentanza politica[14].

Federico Guglielmo III poteva così sostenere di aver dato seguito alle raccomandazioni della *Bundesakte*, anche in assenza di una costituzione formale. Rispetto all'amministrazione statale il parlamento provinciale ha funzioni consultive, esprime raccomandazioni, petizioni, richieste di trasparenza e controllo amministrativo, mentre rispetto ai Comuni ha poteri decisionali su alcune materie. Esso consente di riorganizzare gli *Stände* su basi territoriali per imbastire un dialogo con le nuove articolazioni dello Stato amministrativo, entro una complessiva razionalizzazione del governo del territorio, che guarda ai modelli dell'Inghilterra, della Francia e dal Belgio,

[13] La citazione è tratta da P. Burg, *Die Steinsche Städteordnung*. Cfr. H. Brandt, *Landständische Repräsentation*, pp. 280 ss.; D. Müller, *Adliges Eigentumsrecht und Landesverfassung*, pp. 170-171.

[14] C. Bornhak, *Preußisches Staatsrecht*, p. 46.

considerate universalmente come Paesi più avanzati[15]. La rappresentanza provinciale prevedeva grosso modo, con differenze tra le province, la parità tra i mandati dell'aristocrazia e quelli del secondo e terzo ordine, così che nessuna decisione si prendesse senza il consenso della nobiltà. Il diritto di voto attivo e passivo era fondato soprattutto sulla proprietà terriera e immobiliare, ridimensionando il potere delle città[16].

Si venne a creare in questo modo un equivoco sulla natura della rappresentanza che derivava dalla sottostante concezione «romantica» che, richiamandosi al medioevo, identificava terra e proprietà. Si escludeva infatti in questo modo la forma moderna della proprietà, il capitale, che non trovava posto nel modello a tre *Stände* scelto per i parlamenti provinciali (grande aristocrazia; piccola e media nobiltà; città e comunità rurali). Si penalizzava inoltre la proprietà immobiliare urbana a favore di quella fondiaria mentre si privavano degli antichi privilegi derivanti dal sangue i cadetti dell'aristocrazia e i nobili economicamente decaduti[17]. Si introduceva così un serio inquinamento nella logica della rappresentanza anche rispetto a una società definita su basi meramente patrimoniali.

Attraverso la separazione rigida tra i proprietari terrieri e il resto della società, tra i residui degli antichi ordini e le emergenti classi borghesi e proletarie, la normativa mirava a frenare politicamente la trasformazione degli ordini che era stata permessa sul piano giuridico e sociale dall'*ALR*. Ma le barriere sociali abbattute con il crollo del sistema signorile non venivano ricostituite, né si creava un ordine politico davvero soddisfacente per chi guardasse all'indietro o in avanti. Parte della antica aristocrazia ne usciva penalizzata (i cadetti privi di terra, i rami femminili) in quanto non era più sulla sola nascita che si fondava la sua legittimazione politica; i letterati borghesi e i capitalisti senza proprietà terriera restavano privi

15 *Ibidem*, pp. 384-385.

16 Cfr. H. Obenaus, *Die Immediatkommission für die ständischen Angelegenheiten*; I. Mieck, *Preußen von 1807 bis 1850*, II, pp. 112-113 e tab. 14 con i dettagli.

17 R. Koselleck, *Preussen zwischen Reform und Revolution*, pp. 338-340.

di rappresentanza politica; il capitale mercantile e finanziario non era riconosciuto in quanto tale, ma solo nella misura in cui si fosse integrato con la proprietà terriera e ne avesse accettato le priorità. La tensione latente che ne risultava tra proprietà fondiaria, mobiliare e immobiliare da un lato e tra nuova proprietà e antichi privilegi del sangue dall'altro avrebbe influenzato lo sviluppo costituzionale tedesco per tutto il *Vormärz*, fino a esplodere nel 1848.

Le contraddizioni del sistema di rappresentanza non si risolvono nel conflitto ideologico tra indirizzi liberali e conservatori (che pure si sarebbero via via manifestati e avrebbero influito in modo decisivo sulla sua percezione e trasmissione), ma in un conflitto trasversale al loro interno – ossia tra i sostenitori di un coerente e più largo concetto di rappresentanza su base patrimoniale contro i fautori dell'antico sistema cetuale[18]. Si profilava un conflitto articolato tra gli *Stände* attraverso le nuove determinazioni delle classi fiscali. Per salvaguardare il nuovo assetto degli *Stände* provinciali e evitare la politicizzazione della sfera pubblica, il governo separava nettamente Stato e società, distinguendo tra la rappresentanza politica – affidata agli *Stände* e frammentata a livello provinciale – e l'ordine economico, nel quale invece si difendeva l'assetto liberale del mercato e la organizzazione in ceti e classi contro i ripetuti tentativi di rivitalizzazione delle funzioni economiche degli *Stände* e di altri organismi corporativi (chiese, università, istituti di credito). Mentre gli *Stände* perdevano così il carattere di generalità attribuito loro dall'*ALR*, e le professioni e le organizzazioni corporative si ridefinivano come articolazioni socio-economiche, i *Beamten* e i militari si configuravano come sola classe generale[19].

[18] I. Cervelli, *Realismo politico e liberalismo moderato in Prussia*, p. 205 osserva, e mi pare una questione centrale, che la scienza sociale tedesca si proponeva lo studio delle nuove qualifiche «moderne» dopo la caduta del «tradizionale concetto di Stand». La scienza sociale si soffermava sulle nuove qualifiche: il lavoro, l'educazione, la cultura. Alla base vi era una concezione solidarista, spiritualista etica, interclassista, peculiare a una concezione organicistica e *ständisch* della società: ricomposizione politica dall'alto della frattura tra stato e società civile.

[19] R. Koselleck, *Preußen zwischen Reform und Revolution*, pp. 342-343.

Coerente con il compromesso tra vecchia e nuova ricchezza è l'imposta fiscale (*Klassensteuer*) del 1820, ideata da uno dei protagonisti della scienza statistica in Prussia, Johann Gottfried Hoffmann, che introduce quattro classi fiscali che riprendono la gerarchia tradizionale degli *Stände* (in città, *Patrizien*, *Großbürger*, *Kleinbürger* e *Beisassen*; in campagna, *Ritter*, *Freie*, *Bauern* e *Einlieger* o *Losleute*)[20]. Il sistema impositivo, pur lontano dall'imposta sui redditi che verrà introdotta nel 1851, riflette gli equilibri tra vecchi e nuovi ceti a livello locale e affianca alla proprietà un nuovo soggetto, il capitale, riveniente in parte dal riscatto dei diritti feudali.

La *Klassensteuer* era una via di mezzo tra le antiche imposte individuali e quelle moderne sui redditi. I più poveri – ossia i lavoratori manuali e i braccianti privi di proprietà – pagavano imposte per testa, gli altri in base a criteri presuntivi sulla ricchezza attribuita allo *Stand*, alla proprietà, all'istruzione e alla professione di appartenenza. L'imposta abbracciava i 6/7 della popolazione, inclusi i *Beamten*, e ne erano esentati solo gli *Standesherren*, il clero (*Geistlichen*), gli insegnanti e i militari. La prima classe contribuiva per il 4%, la seconda per il 16%, la terza e la quarta rispettivamente per il 34% e 46% del totale. L'imposta era disegnata per integrare le classi inferiori nello Stato e pesava soprattutto su di loro[21].

[20] *Ibidem*, pp. 531-534; B. GROSSFELD, *Die Einkommensteuer*, pp. 35 ss.

[21] L'imposta aveva cadenza mensile. Si prevedeva un massimo di prelievo, variabile a seconda della classe, per non pesare eccessivamente sui redditi. Tuttavia il massimo era proporzionalmente superiore per i redditi inferiori, determinando un prelievo regressivo. La grande proprietà pagava un massimo di 144 talleri all'anno, 12 al mese, mentre il bracciante giornaliero e i lavoratori salariati un massimo di 15 *Pfennig* al mese, cioè 1½ talleri all'anno. I più poveri – ossia coloro che percepivano assistenza pubblica – erano esentati, ma questo significava che in alcuni Stati in cui le casse erano vuote o l'assistenza veniva negata, anche i nullatenenti erano soggetti all'imposta e potevano essere soggetti a pesanti conseguenze in caso di mancato versamento. Negli anni Venti e Trenta la scarsità di valuta rese la tassa molto odiata, e negli anni Quaranta contribuì in alcune aree a forte presenza dell'industria tessile ad alimentare la protesta pre-quarantottesca in relazione a crisi cicliche che producevano disoccupazione ma non l'immediata esenzione dall'imposta per gli operai. R. KOSELLECK, *Preußen zwischen Reform und Revolution*, fornisce importanti indicazioni sulle reazioni delle varie province, pp. 535-539.

Alla prima classe appartenevano i grandi proprietari terrieri, i grossisti e i grandi commercianti, in breve, tutti coloro che godessero di ampi mezzi e di una «esistenza confortevole e indipendente». Nella seconda classe rientravano proprietari terrieri e fabbricanti che avessero dei dipendenti, nella cui supervisione potevano essere impegnati personalmente, ma non fossero impegnati in lavori manuali. Le classi fiscali anticipavano quell'integrazione sociale tra proprietà terriera e denaro che gran parte dell'aristocrazia ancora rifiutava sul piano dello *status* sociale e politico. Hoffmann, l'ideatore della riforma, scrisse nel 1840 che: «per quanto modificabili e multiformi possano essere i nomi di queste ripartizioni, le categorie su cui si basano sono invece durature e uniformi»[22]. Tra gli anni Venti e gli anni Quaranta, infatti, la composizione delle classi economiche diventa fluida, a causa della libera disponibilità della proprietà terriera e dei cicli depressivi dei prezzi agricoli che permettono alla borghesia di acquisire proprietà signorili immobiliari e terriere. Gli stessi *Stände* entrano quindi in una dinamica che li polarizza dall'interno, tra i nuovi ricchi, intenti a reclamare i privilegi e i diritti politici connessi all'acquisita proprietà, e le antiche famiglie che difendono la tradizione e la cultura politica dell'aristocrazia.

Tali dinamiche funzionano in forme differenziate localmente non solo per le varie tradizioni giuridiche ma anche perché in Prussia il prelievo incideva diversamente a seconda delle province, in quanto lo sviluppo economico delle aree occidentali in particolare comportò una maggiore differenziazione delle classi rispetto alle province orientali. Nella Renania furono riconosciute ufficialmente 18 sottoclassi fiscali, così che l'imposta di classe «si avvicinò sempre più a un'imposta sui redditi»[23].

Le dinamiche economiche si intrecciavano con le autonomie politiche perché, come già detto, l'assetto dei parlamenti provinciali degli stati prussiani fu lasciato alle singole pro-

[22] J.G. Hoffmann, *Die Lehre von den Steuern*, p. 164, citato da R. Koselleck, *Preußen zwischen Reform und Revolution*, p. 532.

[23] R. Koselleck, *Preußen zwischen Reform und Revolution*, p. 533.

vince[24]. Sulla varietà dei sistemi adottati al loro interno, e sulla prevalenza, in diversi dosaggi, del sistema cetuale (*ständisch*) non si è ritenuto di ripetere in questa sede quanto già noto[25].

Il successo forse più cospicuo del processo di modernizzazione sarà raggiunto nel 1834 con l'adesione degli Stati renani e meridionali allo Zollverein, l'unione doganale che – pur escludendo l'Austria, Hannover, lo Schleswig-Holstein e alcuni Stati che aderiranno in seguito – proiettava la Prussia al comando economico della Confederazione. Varata nel 1818, la liberalizzazione commerciale puntò ad eliminare le barriere interne e a creare una tariffa esterna contenuta, esigendo al contempo alti dazi per il transito dagli altri Stati del Bund.

Il *Deutscher Zollverein*, per quanto indebolisse i poteri fiscali dei vecchi corpi, non comportava una tale prospettiva economica di crescita da indurre le borghesie ad aderirvi appieno, e i suoi benefici si sarebbero fatti sentire piuttosto dopo gli anni Trenta e nella seconda metà del secolo. Lo Zollverein, con 30 milioni di consumatori, offriva soprattutto entrate suppletive automatiche alle finanze degli Stati membri e si dimostrò un'istituzione conveniente per i sovrani che non volevano ricorrere ai *Landstände* per ottenere la loro autorizzazione a nuove imposte. Lo Zollverein introduceva una sorta di cittadinanza economica che precedeva quella politica, ma al tempo stesso accresceva le tensioni entro gli Stati, divaricando l'ordine giuridico da quello economico, tanto che secondo Langewiesche «liberalismo politico ed economico erano incongruenti»[26].

24 Per province si intendono gli Stati e regioni della Confederazione. I parlamenti provinciali si costituirono in quest'ordine: I. 3 leggi del 1° luglio 1823 per a) marca del Brandenburg e la marca-ducato Niederlausitz; b) regno di Prussia; c) principato di Rügen e ducato della Pomerania; II. leggi del 27 marzo 1824 per a) il ducato della Slesia, la contea di Glatz e per la marca-ducato prussiana di Oberlausitz; b) Provincia della Sassonia esclusa la zona della marca Brandenburg; c) le province del Reno (Niederrhein, Kleve, Jülich e Berg), d) la Provincia della Westphalia ed e) il granducato Posen.

25 Cfr. C. Paolucci, *Between Körperschaft and Census. Political Representation in the German Vormärz.*

26 Cfr. H.-W. Hahn, *Geschichte des Zollvereins*; I. Cervelli, *La Germania dell'Ottocento*, p. 242.

3. *La modernizzazione «ständisch» della Terza Germania*

La maggiore fluidità dei rapporti tra monarchie, *Stände* e borghesie attraversava la cosiddetta «Terza Germania». I regni sopravvissuti all'effimera Confederazione renana (Baviera, Württemberg e Sassonia; la Westfalia venne annessa alla Prussia), sorta come protettorato francese con il trattato di Presburgo del 26 dicembre 1805 e abolita dal Congresso di Vienna, avevano in genere abolito i principali privilegi e le tutele feudali della proprietà, e introdotto il codice napoleonico accompagnandolo con riforme costituzionali che miravano a trasformare dei territori con ordinamenti differenziati in Stati unitari. Dopo il 1815, nonostante le indicazioni della Santa Alleanza, in area renana e meridionale le monarchie non poterono accogliere pienamente l'orientamento restauratore persino quando emanarono nuove costituzioni *octroyées*, che non prevedevano la divisione dei poteri e lasciavano al sovrano la facoltà di ritirarle[27].

Si pensi alle contraddizioni che emersero in Baviera dove, in linea con le indicazioni di Gentz e Metternich, la nuova Costituzione del 1818, più restrittiva di quella del 1808, faceva del parlamento un organo meramente consultivo del sovrano «per rafforzarne la saggezza» e prevedeva una base elettorale organizzata in *Stände*, con rappresentanti dei vari ordini non più eletti con il suffragio ristretto ma nominati dal re. Era un passo indietro rispetto alla Costituzione francesizzante del 1808 che aveva introdotto un'assemblea «nazionale» bavarese eletta con un rigido sistema censitario secondo cui gli aventi diritto al voto attivo e passivo erano i più benestanti del collegio, per l'esattezza i duecento maggior contribuenti all'imposta fondiaria tra i proprietari terrieri, commercianti e fabbricanti. Eppure, se la costituzione bavarese del 1818 reintroduceva un sistema *ständisch*, al contempo attribuiva ai deputati il mandato assoluto, ossia sciolto dai vincoli di appartenenza cetuale! L'innovazione, di sentore francese, doveva rendere l'assemblea rappresentativa coerente con lo Stato unitario che il re di Baviera

[27] E.R. HUBER (ed), *Dokumente*, I, p. 142.

aveva avviato. In quel modo si voleva modernizzare lo Stato bavarese, imparando dalla Francia, dalla sua amministrazione e dalle idee rousseauiane sulla volontà generale. Non ultimo, con il mandato assoluto si volevano confermare i diritti civili, la secolarizzazione dei beni ecclesiastici e la fine dell'identità territoriale separata dei vecchi ordini.

Furono una ventina i piccoli Stati che si dotarono di costituzioni, adottando sistemi mono o bicamerali di forma abitualmente *ständisch*, a cominciare dal ducato di Nassau nel 1814, poi Schwarzburg-Rudolstat, Schaumburg-Lippe, Sassonia-Weimar-Eisenach, Waldeck (1816), Sassonia-Hildburghausen, Baviera, Baden (1818), Lippe-Detmold, Württemberg (1819) e Hessen-Darmstadt, e vari altri fino al Lussemburgo nel 1841. Le Camere avevano funzioni consultive, e solo in Württemberg – considerato perciò come caso avanzato di liberalismo – ebbero poteri sul bilancio.

Il ritorno agli antichi ordini allargava la partecipazione politica anche se la racchiudeva in schemi nominalmente desueti. In quel quadro ambivalente, il richiamo contenuto nell'art. 13 della *Bundesakte* ad una rappresentanza parlamentare continuò ad operare e generare incertezze. Mentre i liberali vi vedevano l'opportunità di richiedere un proprio spazio nella formazione delle leggi e del bilancio, per limitare i privilegi fiscali signorili, la grande aristocrazia poteva coltivare l'illusione di restaurare, se non proprio il regime politico imperiale, almeno l'antica concezione in base alla quale gli ordini sociali privilegiati contrattavano con il monarca la sovranità e godevano di proprie giurisdizioni. Quell'illusione contrattualistica, più tenace nei territori orientali prussiani, albergò anche negli Stati renani e meridionali. Lì si crearono gli spazi maggiori per la lotta politica, sia per il dinamismo prodotto dai nuovi assetti costituzionali sia perché la concezione teocratica della Santa Alleanza poneva i sovrani della Baviera, del Baden, del Württemberg e del Palatinato davanti al dilemma tra subordinarsi agli interessi delle due grandi potenze o aprirsi alle riforme locali in alleanza con i gruppi dinamici della borghesia e dell'aristocrazia, mobilizzati dai nuovi diritti di cittadinanza e di libera impresa nelle città, introdotti in età napoleonica, specialmente sulla riva sinistra del Reno. Arretrate sul piano dei principi, le loro costituzioni erano spesso eccezionalmente avanzate sul piano delle autonomie territoriali e della libertà di impresa. In Baden e in Württemberg si passa da un diritto ereditario a uno economico nell'acquisizione della cittadinanza, mentre grazie a parametri censitari relativamente bassi (circa 200 talleri) si integra nei diritti politici un *Mittelstand*, un ceto medio interno alle città, che aspira rapidamente a scalzare i vecchi patriziati[28].

In questo senso la questione *ständisch* si presenta in termini più acuti nelle aree renane e meridionali, laddove le condizioni politiche e le tradizioni universitarie (Göttingen, Heidelberg), fornivano un *humus* idoneo all'evoluzione costituzionale dell'assolutismo illuminato, e dove la contesa per l'influenza dominante tra Austria e Prussia era più sentita. Sono le stesse aree in cui si forma un pensiero radicale e antiassolutista, seppure minoritario, tra i gruppi di recente ascesa, come gli ebrei emancipati o gli artigiani immigrati, anche in aree cattoliche. Proprio in Baviera, dopo l'esilio di Görres, si sviluppa un nucleo di liberalismo cattolico, in posizione critica rispetto all'assolutismo prussiano, ma tollerato dal locale sovrano.

Se si volesse approfondire l'analisi, si dovrebbe insistere sui conflitti generati dai residui privilegi di un'aristocrazia frammentata. L'aristocrazia 'mediatizzata', ossia non più direttamente legata all'imperatore ma incorporata nei nuovi Stati e soggetta ai rispettivi sovrani, i cosiddetti *Standesherren*, si distingueva tra le diciotto grandi famiglie aristocratiche che avevano lo *status* di principi, ossia di pari dei sovrani, e le altre grandi famiglie che facevano parte delle curie elettorali dell'antico Reich, le cui immense proprietà costituivano degli «stati negli Stati». L'art. 14 della *Bundesakte*, dedicato al posto dell'aristocrazia nella Confederazione, interferiva pesantemente con l'autonomia dei sovrani della Terza Germania, e mirava a garantire la loro subalternità all'Austria e alla Prussia, che diventavano i garanti delle vecchie aristocrazie degli Stati minori. Esso

[28] Un panorama della trasformazione della posizione giuridica delle borghesie in M. SOBANIA, *Rechtliche Konstituierungsfaktoren*.

attribuiva ai principali *Standesherren* di ogni Stato speciali privilegi civili, politici e giurisdizionali, qualificandoli come «la classe più privilegiata dello Stato». Per compensare le aristocrazie 'mediatizzate' – ossia private del rapporto diretto con l'imperatore e costrette ad un rapporto «mediato» con lo Stato dal 1806, a seguito della pace di Presburgo, e soggette alla sovranità dei principi di Baden, Baviera e Württemberg, l'art. 14 della *Bundesakte* riconosceva alla vecchia aristocrazia imperiale diritti di giurisdizione autonoma e anche una rappresentanza corporativa nei futuri parlamenti, nelle sue qualità di «vorderster Stand von einem jeden Souveränitätsbezirk», di «natürliches und gesetzliches Organ des Volkes» (organo naturale e legittimo del popolo!) e di massimo interessato al mantenimento della cosa pubblica in quanto «meistbegüterter» (massimo proprietario)[29].

La classe, concetto già sperimentato in Francia, si affacciava per definire un sottoinsieme fiscale dello *Stand*. Particolarmente odioso era il residuo potere signorile di prelievo, che comportava, nei territori mediatizzati, un carico fiscale duplice sui contadini, aggiuntivo a quello delle monarchie. Ne sarebbero conseguite serie tensioni agrarie negli anni di cattivi raccolti, e critiche ai residui feudali provenienti da una borghesia interessata ai bassi prezzi delle derrate alimentari per calmierare i salari. Koselleck illustra come nei tribunali, mentre la grande aristocrazia terriera reclamava le sue giurisdizioni particolariste contro il codice napoleonico, si avvertisse l'esigenza di un diritto più uniforme e razionale, che amalgamasse le differenze nel Bund[30].

L'art. 14 illumina il significato politico dell'art. 13 sulle rappresentanze *landständisch*. Il combinato disposto dei due articoli garantiva la subalternità della Terza Germania alle due grandi potenze, le quali si facevano garanti dei privilegi aristocratici, che dovevano essere difesi dalle rappresentanze territoriali, contro l'autonomia dei sovrani di quei territori. Se nell'ottica

[29] H. Rosin, *Das Wahlrecht der Grundherren*, pp. 6-8.

[30] Cfr. E.R. Huber, *Dokumente*, I, pp. 84-90; H. Lutz, *Tra Asburgo e Prussia*, pp. 38-50.

del *Sonderweg* una storiografia liberale ha potuto vedervi le basi giuridiche di un moderno parlamentarismo borghese, è più per un'astuzia successiva della storia che per gli obiettivi coevi delle aristocrazie, le quali guardavano al passato assai più che al futuro[31].

Una corrente costituzionale si formò invece in contrasto con le previsioni della *Bundesakte*, contro le resistenze di una fetta, ristretta ma influente, dell'aristocrazia e del clero, da parte di ceti intellettuali e alti esponenti dell'amministrazione interessati a un allargamento del perimetro delle monarchie, che seppero reinterpretare i parlamenti generali previsti dalla *Bundesakte*. Quella eterogenea corrente liberal-moderata si sarebbe saldata negli anni Trenta e Quaranta con le idealistiche aspirazioni nazionali delle giovani generazioni prussiane nate all'inizio del XIX secolo, magari nei territori della Westfalia o in altri principati acquisiti dalla Prussia a Vienna. L'orientamento nazionale, variamente alimentato nei vari Stati del Bund, avrebbe gradualmente cercato di modificare il contenuto politico del concetto di *Repräsentation*, riducendo la sfera discrezionale dei principi – o dei grandi Stati – attraverso una riforma del Bund. Il popolo tedesco a cui ci si richiamava era virtuale, diverso da quello territoriale, frammentato e soggetto a vari regimi politici: era quello immaginato dalla cultura letteraria di Goethe e poi dei Grimm, da Kant e da Schiller, dai *Reden an die deutsche Nation* di Fichte[32].

Come passare dagli ordini territoriali, ognuno con propri privilegi e *status* locali, ad un unico popolo era del tutto oscuro. Esclusa la via rivoluzionaria francese, e con essa anche la guerra interna, restava in fondo solo la via federalista e utopistica proposta da Kant. Nel suo progetto di pace cosmopolita Kant sembrava aver anticipato la situazione del Bund. Apprendendo la sua lezione, un'intera generazione, dagli anni Venti agli anni Quaranta, dedicò i propri sforzi a conciliare l'idea di nazione con gli equilibri sovranazionali del Bundestag, l'organo decisionale degli stati membri. Da quell'idea espansiva derivava

31 V. MAGER, *Das Problem der landständischen Verfassungen*.

32 V. LÓPEZ-DOMINGUEZ, *Le réalisme politique*, pp. 16, 26.

la forza di attrazione della unificazione economica, sottostante al noto progetto del giovane economista Friedrich List (1789-1846). Per contrastare l'aggressiva politica commerciale della Prussia, che approfittava della propria enorme estensione per esigere alti dazi per il transito delle merci degli altri Stati, List animò nel 1818-1819 una forte associazione di imprenditori della cosiddetta Terza Germania, che raccolse rapidamente circa 30.000 membri, attorno al programma di una unione doganale del Bund. In quel modo gli imprenditori dei piccoli Stati occidentali avrebbero potuto bilanciare il peso crescente della Prussia grazie ai mercati austriaci e influenzare le decisioni sulle tariffe. List sperò inizialmente di trovare ascolto dai sovrani dei piccoli principati, ed ebbe udienza a Karlsbad persino da Metternich e dall'imperatore d'Austria, prima di ritrovarsi isolato, perseguitato ed esule dalla sua patria, il 'liberale' Stato del Württemberg. Le grandi monarchie tedesche ritennero che la via economica all'unificazione nazionale avrebbe avuto ripercussioni indesiderate per i loro equilibri agrari, e imposero anche in Württemberg la repressione generalizzata del dissenso, mentre i liberali insistevano sulla componibilità tra diritti civili, mercato unico nazionale e potere monarchico.

Se nonostante le censure e le repressioni il liberalismo tedesco della Restaurazione mantenne un orientamento filomonarchico, ciò fu frutto non soltanto del peso della repressione, ma anche della volontà intellettuale della borghesia e di parte dell'aristocrazia di raccogliere la sfida della modernizzazione e dimostrare ai sovrani che il paradosso di un'unità nazionale senza effetti rivoluzionari e guidata dal moderno capitale aristocratico-borghese era possibile. Proprio List dette fondamento teorico alla «economia nazionale» o «popolare» (*Volkswirtschaft*), espressione con cui si impostava il problema impegnativo dell'economia politica affidando alla scienza economica l'ufficio di portare alla massima efficienza un mercato nazionale. Quest'ultimo richiedeva una borghesia dinamica, una estensione territoriale sufficiente allo sviluppo industriale, e attive politiche statali.

È uno dei molti paradossi della storia tedesca: la concezione scientifica e oggettiva del mercato promossa dai liberali depoliticizzava una questione nazionale controversa. Le difficoltà registrate tra 1820 e 1827 per un accordo doganale degli stati meridionali, che sarebbe stato infine ristretto a Baviera e Württemberg, avrebbe favorito l'unificazione economica entro lo Zollverein, la lega doganale che tra 1828 e 1834 unificò Prussia, Württemberg, Baviera, Sassonia e Turingia, e un po' alla volta la gran parte del Bund. Lo sviluppo economico non richiede un impegno politico in senso liberista, al contrario List si batté per convincere i sovrani ad adottare una politica di moderata protezione per la nascente industria, che dal 1841 sarebbe stata in parte accolta. Inserito nel solco della Riforma e dello Stato di diritto, il liberalismo tedesco – ad eccezione dell'Austria e di qualche stato della Terza Germania – non deve combattere troppo a lungo contro le monarchie per affermare il principio della libertà di iniziativa e la liberalizzazione del commercio. Al contrario, deve rispondere sul piano morale all'accusa di fomentare la rivoluzione. La responsabilità morale verso l'autorità si traduce nell'accettazione della sovranità monarchica, nel rifiuto della dottrina della sovranità popolare e in una inquieta riflessione sull'integrazione dell'individuo nella società civile in formazione.

4. *Le matrici «ständisch» del pensiero politico conservatore*

Una originale proposta aristocratica di soluzione della questione nazionale sarebbe passata attraverso un progetto intellettuale di rinnovamento del diritto, che sviluppava le premesse kantiane, e faceva perno sugli *Stände.* L'appello alla tradizione storica nazionale diventa il tratto caratteristico di un pensiero conservatore modernizzante, e attento al pensiero illuminista, il cui principale riferimento si ritrova nel pamphlet *Vom Beruf unserer Zeit für Gesetzgebung und Rechtswissenschaft* (Sulla vocazione della nostra epoca per la legislazione e la scienza del diritto) del 1814, di Friedrich Carl von Savigny. Chiamato all'università di Berlino da Humboldt a ricoprire la cattedra di Diritto romano nel 1810, con lo scritto del 1814 Savigny lanciava una proposta di riforma che potesse fare della Corona prussiana il riferimento di tutta l'aristocrazia tedesca. Nato a

Francoforte nel 1778 e scomparso nel 1861, discendente di un antico casato 'mediatizzato' della Lotaringia, Savigny si qualifica come il protagonista intellettuale di un programma di riscatto aristocratico e nazionale che in ultima istanza si propone di ricostruire in forme del tutto nuove la nazione germanica dalle ceneri dell'antico Impero. Egli inaugura la cosiddetta scuola storica del diritto, il cui punto di partenza è la critica all'ispirazione giusnaturalista e astratta dell'*ALR* il codice civile con cui Suarez, Carmer e Klein avevano unificato il diritto civile prussiano (ad eccezione delle province renane)[33]. Ispirato alle *pandette* di Giustiniano, l'*ALR* – che regolò i rapporti giuridici tra i cittadini degli Stati prussiani dal 1791 al 1848 – aveva razionalizzato la variegata giurisprudenza e le diverse fonti del diritto prussiano in una minuziosa casistica, che mirava a comporre su basi razionali l'intera tradizione giuridica, e aveva attribuito dei diritti codificati sia ai corpi di antico regime sia agli individui. La concezione contrattualistica dell'*ALR* metteva così sullo stesso piano diritto pubblico e diritto privato, astraendo dai concreti rapporti sociali e dalle mutevoli gerarchie che richiedevano adattamenti delle norme.

Alla codificazione illuminista prussiana e a quella napoleonica Savigny oppone l'argomento di voler resistere al cammino della storia, di ingabbiare l'evoluzione del diritto e di trascurare la sua complessità. La sua critica puntava dritta all'implicita aspirazione dell'*ALR* di surrogare la mancante costituzione prussiana, risolvendo nel diritto privato questioni di potere. L'*ALR* ingabbiava infatti gli *Stände* che avevano sino allora un potere autonomo, trattandoli come soggetti privati. Savigny osservava che indebolendo il diritto pubblico incarnato dagli antichi ordini anche l'autonomia e la sacralità del sovrano venivano limitate, e si costringeva la giurisprudenza in schemi prefissati che non potevano tener conto delle future dinamiche sociali e politiche. Savigny mira invece a riscattare l'individualità della nazione tedesca attraverso l'invenzione di una sua autonoma tradizione giuridica.

[33] R. VIERHAUS, *Das Allgemeine Landrecht*, pp. 15-17.

Il suo disegno di fare della storia giuridica una fonte di legittimazione nazionale imponeva di ricostruire e persino esagerare la continuità del diritto tedesco sin dalle sue origini individuate nel medioevo. Quel diritto tedesco consuetudinario viene interpretato da Savigny alla luce del diritto codificato dell'Impero romano, ossia di un diritto nel quale pesava la struttura aristocratica del potere. Al punto, come gli è stato in seguito rimproverato, di guardare soltanto al diritto imperiale di Giustiniano e di trascurare il diritto romano antico, di età repubblicana. Il suo programma era di ravvivare la qualità sistematica e la chiarezza dei principi del diritto romano, che lasciavano spazio alla interpretazione dei tribunali in base all'evoluzione sociale, e di costruire una scienza giuridica per concetti. Ciò significava respingere l'impiego astorico e dottrinario delle singole fattispecie del diritto romano reperibile nella codificazione illuministica, cui imputavano delle responsabilità nell'agonia dell'Impero e dannose associazioni con la dottrina rivoluzionaria e bonapartista.

Savigny vede quindi un pericolo sia nell'impostazione egualitaria della codificazione napoleonica sia nei tratti para-costituzionali dell'*ALR*. Al contempo egli individua una convergenza politica tra gli obiettivi assolutisti della codificazione prussiana e quelli delle disperse aristocrazie tedesche nel recupero della tradizione nazionale: «Siamo uniti nell'obiettivo, vogliamo un diritto certo, certo contro l'attacco dell'arbitrio e dell'ingiusta inclinazione; la stessa comunità della nazione e concentrazione dei suoi sforzi scientifici sullo stesso oggetto». A suo avviso la codificazione illuminista aggravava la frammentazione della Germania, perché si sarebbe applicata solo ad una metà della nazione, «die andere Hälfte hingegen schärfer als vorher absondern würde» (invece separerebbe l'altra metà ancor più nettamente di prima). La sua soluzione era «in einer organisch fortschreitenden Rechtswissenschaft, die der ganze Nation gemein seyn kann» (una scienza giuridica organica in sviluppo, che può essere comune a tutta la nazione)[34]. Il compito del

[34] F.C. von Savigny, *Vom Beruf unserer Zeit für Gesetzgebung und Rechtswissenschaft*, p. 161.

diritto di unificare la nazione era «tra i più difficili» e ognuno doveva perciò valutare «con calma e spirito apartitico» su quali forze si potesse disporre per realizzarlo[35]. Savigny dette corpo al suo programma attraverso la costruzione di un collegio giuridico, consultivo della Corona, in cui l'Università si offriva come istanza suprema del diritto privato.

Quella impostazione aristocratica, che sembra quasi voler fondere la *common law* inglese con la codificazione francese, consente un innesto delle nuove leggi e dei nuovi diritti dentro il tronco del diritto tradizionale. Ne consegue un interesse rinnovato per la storia del diritto nazionale a partire dal medioevo, attorno a quale si costruisce il grande progetto dei *Monumenta Germaniae Historicae*, pubblicato dal 1826 dalla Gesellschaft für Deutschlands ältere Geschichtskunde fondata dal barone Heinrich Friedrich Karl von Stein, non casualmente affine a Savigny nell'impostazione politica, che alimenterà la medievistica europea per oltre un secolo. La scuola storica, poi sviluppata da Gerlach negli anni Trenta, respinge la pretesa illuministica e kantiana di fare dello Stato un ente astratto e del re un funzionario dello Stato. Essa vede in quell'opera una desacralizzazione del potere e teme il contenuto rivoluzionario della codificazione, che essicca le molte fonti e ispirazioni del diritto consuetudinario su cui si basava il potere aristocratico[36]. In nome della sacralità del potere sovrano, appoggia invece una rigorosa distinzione tra un diritto pubblico assolutista e un diritto privato individualista[37]. Savigny fonderà nella sua opera successiva – dal 1839 al 1847 apparirà il suo complessivo *System des heutigen römischen Rechts* – una scienza dogmatica del diritto costruita sul concetto di istituto giuridico e su una rigorosa analisi storica. Nel rifiutare il dualismo Stato-individuo proprio della tradizione italiana del diritto romano, egli individua nella «corporazione» (*Korporation*, *Genossenschaft*) la specifica tradizione tedesca dei corpi intermedi. Già discusso da

[35] *Ibidem*, p. 156.

[36] R. VIERHAUS, *Das Allgemeine Landrecht*, p. 16.

[37] M. FIORAVANTI, *La scienza del diritto pubblico*, pp. 26-35. Cfr. A. MAZZACANE, *Pandettistica*. Cfr. sui suoi rapporti con l'Italia L. MOSCATI, *Italienische Reise*.

Hegel, il concetto di *Korporation* circola nel dibattito tedesco come forma primaria di organizzazione sociale, più stabile e meno impegnativo del declinante *Stand*, più adeguato a fondare le identità sociali. Mentre Hegel impiegava il termine come concetto ampio, applicabile ad ambiti civili e religiosi, Savigny apre ad una analisi delle *Genossenschaften*, distinguendo tra forme «artificiali» e «naturali», tra associazioni di mestiere (*Innungen*, *Zünfte*) e comunità territoriali (*Gemeinde*)[38].

Savigny va così oltre la riaffermazione dell'antico diritto romano e dei diritti consuetudinari, per costruire una scienza giuridica positiva in grado di assorbire le spinte modernizzatrici e ricondurre sia l'arbitrio del sovrano sia l'autonomia individuale entro un diritto organico alla società. Collocando nello Stato il potere di attribuzione della personalità giuridica ai corpi collettivi, Savigny dà loro rilievo pubblicistico e li mette in grado di agire come soggetti di diritto pubblico. Così la scuola storica costruirà le basi concettuali per conciliare l'antico «ordine» con la moderna società di mercato. Distinguendo i corpi intermedi tra *Universitas*, dotata di personalità giuridica propria, e *Societas*, frutto di un contratto privato tra individui, Savigny separa Stato e società e affronta un problema teorico cruciale per l'affermazione di una sfera statale, separata da quella del monarca, nella quale ci sia spazio per la società organizzata.

Attraverso il costrutto della «personalità giuridica», Savigny avvia il superamento della dicotomia tra individuo e sfera pubblica in campo economico e trova la chiave per recuperare i frammenti degli antichi *Stände* all'azione collettiva imprenditoriale. Assimilando le nuove società di capitali agli antichi Corpi, si getta un ponte tra gli antichi e i nuovi privilegi. Non è senza ragione se con lo sviluppo delle società anonime, la tedesca *Gesellschaft* mostrerà una «tendenza ad evolvere in organizzazione corporata»[39].

Rispetto alle aperture di Hegel allo sviluppo parlamentare della società borghese, la posizione di Savigny appare più conserva-

[38] G. HEIMAN, *The Sources and Significance*, in particolare p. 125.

[39] W.F. MAITLAND, *Introduzione*.

trice, più attenta al ruolo del clero e delle aristocrazie. La sua strategia di difesa dei privilegi dell'aristocrazia passava dalla trasformazione degli *Stände* in organi consultivi della Corona, confinando i parlamenti all'ambito privatistico e prevenendo eventuali loro aspirazioni al potere politico. Ne conseguiva ad opera della scuola storica del diritto un'esaltazione della contrapposizione tra il concetto privatistico del mandato parlamentare (*Stellvertretung)* e quello pubblicistico della *Repräsentation*. Entrambi i termini indicavano la delega, ma per la scuola storica il primo designava la delega privatistica, per esempio di un cliente a un avvocato che agisce in suo nome, e il secondo la delega-sussunzione della volontà collettiva propria della sfera sovrana. Le implicazioni politiche si possono intuire. Se si considerano i deputati come dei rappresentanti privatistici degli interessi organizzati della società, con un mandato ristretto e ben definito, anche i parlamenti elettivi diventano organismi semi-privatistici, non legittimati a competere con la volontà sovrana. Il concetto di *Stellvertretung* neutralizzava la dimensione politica delle assemblee cetuali e non.

La storiografia veniva chiamata ad assolvere un ruolo di legittimazione politica. Le radici della distinzione tra mandato e rappresentanza venivano fatte risalire all'origine medievale degli *Stände*, esagerando i reali termini storici della questione. Applicata al medioevo, la rigida formula contrattualistica della *Stellvertretung* negava il carattere di rappresentanza politica alle antiche assemblee cetuali lasciando loro solo un significato materialistico che non corrispondeva alle funzioni esercitate da queste ultime in rapporto ai corpi sociali e ai sovrani. Mentre si espungeva così dalla storia medievale la dimensione simbolica e collettiva della rappresentanza in nome di una concezione puramente contrattualistica, di diritto privato, dei rapporti tra il signore e i corpi del suo territorio, in questa ricostruzione ideologica si rimuoveva dalla sfera pubblica ottocentesca la dimensione dell'interesse particolare, completamente sussunto nella sovrana *Repräsentation*.

5. *Stato e società civile in Hegel*

Il tentativo più ambizioso di spersonalizzare il conflitto tra popolo e re passa attraverso la nuova costruzione astratta dello Stato, di cui, dopo Fichte, Hegel fornisce le basi teoriche. Hegel tenta di portare a sintesi liberalismo borghese e conservatorismo aristocratico, di creare un ponte tra Terza Germania e Prussia, individuando nello Stato il nuovo soggetto storico che risolve la tensione tra potere assoluto e libertà individuale.

Hegel (1770-1831) nega la dualità tra sovranità popolare e sovranità del principe e parla della sovranità popolare (*Volkssouveränität*) come sintesi dell'autonomia dello Stato. Come molti autori coevi, e chiosando Rousseau, Hegel respinge la concezione atomistica del popolo come somma di individui, che spezzerebbe l'unità della comunità politica, composta invece dall'unione di governati e governanti[40].

Tratto rilevante nella riflessione di Hegel, comune al liberalismo tedesco della Restaurazione, è il coerente rifiuto della contrapposizione tra Stato e società proprio delle teorie giusnaturaliste della monarchia costituzionale. Hegel è il primo e più lucido sostenitore di una composizione dialettica tra società civile e Stato. Per Hegel la società civile è *in nuce* già lo Stato. Tra i suoi interpreti, in Italia ma anche altrove, è diffusa l'idea che la *bürgerliche Gesellschaft* di Hegel sia l'equivalente tedesco di *civil society.* È un equivoco che oscura la comprensione della posizione di Hegel sullo Stato. Mentre la *civil society* anglosassone è concepita come luogo di dispiegamento della libera iniziativa, della soggettività e della pubblica opinione, ossia come sfera separata dall'organizzazione statuale, la *bürgerliche Gesellschaft* è la struttura organizzata e articolata della comunità sociale, è l'altra faccia dell'organizzazione politica. Hegel sostiene che il «popolo, preso senza il suo monarca e la articolazione [*Gliederung*] appunto necessariamente collegata ad essa dell'insieme, è la massa informe che non è più uno Stato e a cui non si applica più nessuna delle specificazioni

[40] G.W.F. HEGEL, *Lineamenti di filosofia del diritto*, § 279, p. 226; cfr. H. BOLDT, voce *Staat und Souveränität*, p. 131.

che sono date soltanto all'insieme formato in sé, sovranità, governo, tribunali, autorità, Stände e così via»[41].

Si coglie qui la critica a Rousseau, che aveva concepito il popolo come unità di individui singoli indistinti, lasciando del tutto oscuro come si passasse dalla volontà individuale a quella generale. Al problema della dittatura della maggioranza, mascherata da «volontà generale», Hegel offre una risposta, applicabile agli Stati assolutisti di area germanica. La rappresentanza politica della società civile non può essere «dissolta atomisticamente nei singoli ... bensì articolata com'è nelle sue corporazioni, comunità e associazioni ... le quali in questo modo acquistano una connessione politica». I corpi intermedi (*Korporationen* e *Stände*), formano la volontà del popolo, il quale altrimenti «non sa quel che vuole»[42]. Si tratta di uno sviluppo di quella concezione dello Stato come un continuum dall'alto verso il basso che si ritrova anche in Suarez, il principale estensore dell'*ALR*, il quale definiva la «società borghese» come un'insieme di «società e *Stände*» tra loro collegati «per natura o per legge»[43]. Questa visione organica di una società frammista di liberalismo borghese e tradizione *ständisch* era coerente con il progetto di uno Stato non separato dal corpo sociale e capace di esprimere illuministicamente una volontà unitaria.

Hegel – ha osservato Gramsci – esprime una concezione «propria di un periodo in cui lo sviluppo in estensione della borghesia poteva apparire illimitato, quindi l'eticità o universalità di esso poteva essere affermata: tutto il genere umano sarà borghese»[44]. L'universalismo della società borghese, per Hegel, avrebbe comportato un superamento del costituzionalismo assolutista e la formazione dello Stato costituzionale e parlamentare come

41 G.W.F. Hegel, *Lineamenti di filosofia del diritto*, § 279, p. 226.

42 *Ibidem*, § 308, p. 246, e § 301, p. 241. L'edizione italiana traduce «Stand» con «stato». A ragione il curatore sostiene l'inadeguatezza di «ceto», ma anche «stato» risulta infelice, perché in italiano è anche un participio e può assumere anche altri significati. Per questo si è scelto qui di mantenere «Stand».

43 *ALR*, § 2, I, 1, citato da R. Koselleck, *Preußen zwischen Reform und Revolution*, p. 53.

44 A. Gramsci, *Quaderni dal carcere*, Q. 8, § 179, pp. 1049-1050; cfr. G. Vacca, *Gramsci e Togliatti*, p. 19.

forma organica della nuova società. Il parlamento di Hegel è perciò la forma che incorpora il passaggio dal vecchio al nuovo, il luogo della rappresentanza dei molteplici ceti e ordini che devono essere integrati nello Stato moderno. Esso deve avere due Camere, una alta per l'aristocrazia terriera che incorpori il vecchio mondo dell'antico regime, l'altra bassa per la nuova società civile in ascesa. Il modello delle due Camere razionalizzava sviluppi avviati in Inghilterra, nella Terza Germania e in Francia, sintetizzava le aspirazioni dei liberali moderati e anticipava l'assetto dei poteri che si sarebbe realizzato in molti Stati della Confederazione dopo il 1848. La sua teoria politica astraeva a partire dalle concrete condizioni della Confederazione e proponeva una sintesi storica in sviluppo, che indicava una strada già percorribile.

La società moderna per Hegel si sviluppa separandosi dallo Stato assoluto, quindi la divisione Stato/società corrisponde a quella politica/mercato. Tuttavia lo Stato come unità politica deve ricomporre questa frattura. La sintesi tra il legislativo e l'esecutivo è così assicurata dalla burocrazia (al cui interno va ricompreso l'esercito), unica vera classe generale. Al sovrano spetta il compito di incarnare l'unità dello Stato e dare con la firma forza esecutiva alle leggi. Il parlamento di Hegel non è solo la voce dei rappresentanti del popolo, ma il coro di una grande orchestra composta da molti strumenti, ognuno con il proprio spartito; la volontà dello Stato è una sinfonia eseguita dai *Beamten* (funzionari statali) in quanto incarnano l'universalità della società civile. Ai *Beamten* si affida il compito di realizzare la sintesi tra gli interessi particolari dei vecchi corpi feudali e contadini e dei moderni ceti borghesi. Nonostante la complessità del disegno, resta nella sua teoria un dualismo tra il *Macht-Staat* e il *Recht-Staat*, che si dovrebbe risolvere nel lungo periodo, ossia con l'atteso sviluppo della società e del diritto borghese come forma unificante dello Stato. Questo processo di sviluppo dialettico dovrebbe comportare l'egemonia del *Recht-Staat* sul *Macht-Staat*, ossia l'unificazione del diritto e delle gerarchie sociali[45].

[45] Secondo A. Gramsci, *Quaderni dal carcere*, Q. 8, § 2, p. 937, quello hegeliano è un progetto che avrà fiato fino a che si universalizza nelle

Coerentemente con il proprio progetto di sussunzione della società nello Stato, Hegel teorizza come già avvenuta la trasformazione dei vecchi *Stände* in nuovi corpi intermedi, associazioni semiprivate, o meglio con differenti gradi di rapporto tra pubblico e privato, che trovano la loro legittimazione nel contributo dato alla costruzione dello Stato. Perciò egli riconduce gli *Stände* a tre idealtipi: quello *generale* (i *Beamten*, l'esercito e tutti coloro che sono al servizio del governo); quello naturale (fondato sulla terra e la famiglia), ossia la società agraria, e quello artificiale, ossia l'industria[46]. In questa astrazione, si riflette bene il senso del passaggio alla nuova società della ragione così come viene recepita dalla cultura protestante aristocratico-borghese, e la forte inclinazione del liberalismo tedesco verso concezioni organiche del sociale.

È quella prospettiva *ständisch* della società politica a indurlo a una posizione ferocemente critica del giusnaturalismo – che asseriva una nozione contrattuale del rapporto tra popolo e monarca – in quanto apriva la strada a rivendicazioni di uguaglianza politica tra gli individui e al suffragio universale indiscriminato. Hegel polemizza con Fichte che aveva considerato indifferente sul piano teorico, ai fini della forma di Stato, la scelta tra monarchia, aristocrazia e democrazia, in quanto ritiene debole la fondazione giusnaturalistica del potere. Nella sua filosofia del diritto si ritrova un durissimo attacco, rivolto non tanto all'istituto del suffragio, come alcuni interpreti ritengono, quanto alla pretesa della società borghese di risol-

relazioni economiche e sociali il modello di una società borghese dinamica e in grado di assorbire gli altri soggetti; ripiegherà invece sulla forza quando si satura, ossia quando non è più in grado di agire da calamita. Questa visione delle ragioni di crisi dell'universalismo borghese è stimolante, sebbene non esauriente per il caso tedesco nel quale l'emancipazione borghese si subordina alla funzione nazionale assegnata alla monarchia. Gramsci, che si interroga sull'appoggio della borghesia novecentesca ai fascismi, insiste sul valore di lungo periodo del progetto statuale borghese di Hegel e sull'internazionalismo della borghesia ottocentesca, evidentemente sulla scorta del *Manifesto* di Marx ed Engels. Il corollario di quel ragionamento stava nella discontinuità della Prima guerra mondiale come effetto di una saturazione del potere borghese.

[46] G.W.F. HEGEL, *Lineamenti di filosofia del diritto*, §§ 303-307, pp. 243-245.

vere attraverso l'«impero elettorale» (*Wahlreich*) il problema dell'interesse generale:

«Che l'Impero elettorale sia la peggiore delle istituzioni, lo si ricava dal ragionamento sulle conseguenze che per esso stesso appaiono soltanto come qualcosa di possibile e probabile, ma in realtà giacciono nell'essenza di questa istituzione. La costituzione diventa infatti un impero elettorale attraverso la natura delle relazioni, per le quali al suo interno la volontà particolare diventa quella ultima decisiva, di essa fa una capitolazione elettorale, ossia una resa del potere statale alla discrezione della volontà particolare, da cui derivano la trasformazione dei poteri speciali dello Stato in proprietà privata, l'indebolimento e la perdita della sovranità dello Stato e con essa la sua dissoluzione interna e la frantumazione esterna»[47].

Il voto esprime cioè gli interessi materiali e contingenti, mentre l'interesse generale dello Stato deve saperli eccedere e orientare verso valori etici universali, basati sulla tolleranza religiosa. Hegel anticipa, sulla scia di Kant, un tema centrale nella teoria della democrazia contemporanea, ossia la sua irriducibilità all'interesse dei singoli, la sua permanente esposizione agli interessi privati dominanti. Hegel non è un nazionalista, non usa il termine nazione ma parla di Stato, ossia guarda alla comunità politica come un costrutto artificiale e ne rifiuta ogni astratta naturalità, postulata dal romanticismo. Consapevole della fine del Reich tedesco, e della sua irrecuperabilità, intende favorire anche in area tedesca uno Stato moderno che apprenda la lezione della Francia napoleonica.

Quello di Hegel è anche un tentativo di sintesi tra il costituzionalismo della Terza Germania e l'assolutismo prussiano, nel corso di una carriera accademica che si dipana tra Jena, Heidelberg e Berlino. Figlio del capo della cancelleria del re del Württemberg, all'indomani del Congresso di Vienna egli guardava alla costituzione proposta dal re del Württemberg nel 1815, e paradossalmente respinta dalla Dieta in nome degli antichi privilegi, come modello di monarchia costituzionale da impiantare nella cultura politica prussiana[48].

47 G.W.F. Hegel, *Grundlinien der Philosophie des Rechts*, § 281, pp. 374-375, trad. mia.

48 G.W.F. Hegel, *Gli Atti della Dieta del Württemberg*, articolo apparso in forma anonima negli «Heidelberger Jahrbücher der Literatur», 1817,

Chi riduce il pensiero di Hegel allo Stato etico prussiano, a uno Stato che schiaccia la società, non coglie appieno la natura programmatica e storica della sua posizione, che attribuisce enorme rilievo alla tolleranza religiosa e alla laicità dello Stato, in quanto l'eticità è per Hegel un prodotto della dialettica tra diversi valori che lo Stato tutela. Il governo deve invece essere un esercizio razionale e illuminato della ragione, e da quella trovare la propria legittimità. La ragione consiste quindi nella valutazione razionale della complessità e dell'articolazione della società, retta dal diritto, ed espressa anche dalle istituzioni rappresentative. La divisione dei poteri prevista dalle varie costituzioni francesi trova in Hegel una formalizzazione filosofica attraverso la neutralità dell'amministrazione statale. Hegel affida al sovrano il potere militare e la difesa esterna, alla burocrazia il compito di produrre la sintesi e consentire alla società civile di svilupparsi[49].

Lo Stato moderno di Hegel, ereditando le pretese dell'assolutismo, si trova quindi a oscillare tra la tutela dell'autonomia della società civile e la sintesi dell'interesse generale concepibile soltanto entro la cornice di una monarchia illuminata. Lo Stato è il soggetto giuridico e filosofico di una mediazione storica. Hegel, acutamente consapevole della complessità del processo di trasformazione sociale avviato dal mercato, e della sua tendenza a produrre una polarizzazione tra ricchezza e povertà, propone lo Stato come mediatore dei conflitti e quindi lo postula come neutro socialmente e nei valori religiosi. Al tempo stesso ritiene indispensabile che lo Stato incarni la tradizione universalistica della monarchia e sia esso stesso portatore di valori assoluti di tolleranza e progresso. Su come i soggetti politici dovessero ordinarsi nello Stato, Hegel è meno limpido, oscillando tra identità e rapporto dialettico. Poggiando sul consenso della borghesia e degli antichi ordini, la sua proposta

n. 66-68 (novembre) e 73-77 (dicembre). Il saggio illustra, assai meglio della più nota e successiva *Filosofia del diritto*, la sua iniziale propensione per il modello inglese, che traspare come obiettivo di lungo termine, ma anche la consapevolezza delle enormi differenze con il caso tedesco che richiedevano delle soluzioni specifiche.

[49] S. Avineri, *La teoria hegeliana dello Stato*.

di costruzione dello Stato costituzionale postulava una plebe incolta e passiva (impiega appunto il dispregiativo *Pöbel*), esclusa dalla sfera del potere e della ragione, che costituiva però una minaccia permanente all'integrità della società civile.

Nella *Filosofia del Diritto*, trapela il rovello di offrire una soluzione al conflitto sociale, ma la conclusione è che esso non sia disinnescabile, e che il mercato possa solamente approfondirlo. Perciò egli affida allo Stato il compito di temperare il conflitto con forme di interventi calmieratori sui prezzi. Preoccupato degli eccessi di interferenza degli antichi ordini sulla borghesia, Hegel non risolverà la dicotomia tra dominio politico e società di classe, affidandone la composizione in ultima istanza alla lungimiranza del sovrano e della burocrazia. Per difendere la propria unità lo Stato deve postulare il consenso e tutelare i suoi valori come assoluti; non può ammettere un'opposizione politica. Hegel lascia quindi aperto il problema politico di come risolvere il conflitto quando esso attiene alla sfera dei valori: non esclude l'impiego unilaterale della forza da parte del monarca pur ritenendo legittimo il conflitto. Dalle oscillazioni del suo pensiero politico nascono una 'destra' e una 'sinistra' hegeliana, e diversi modi di intendere lo Stato.

6. *La polarizzazione politica attorno agli anni Quaranta: principio monarchico e questione sociale*

Se Hegel insiste sullo Stato come luogo di una nuova sintesi tra società *ständisch* e società borghese, dopo la rivoluzione di luglio del 1830 – e ancor più dopo lo Zollverein – il liberalismo della Terza Germania si interroga sulle costituzioni e più concretamente si occupa dei poteri della borghesia moderna. Le carte *octroyées* nel 1818 in Baden, Baviera, Württemberg e Assia sebbene arretrate sul piano del parlamentarismo, erano eccezionalmente avanzate sul piano delle autonomie e ciò offrì ai liberali della Terza Germania maggiori margini di pressione per riforme costituzionali e per riforme del Bund a partire dagli enti locali. Anche in Prussia dal 1840 «la riforma degli Stände e la questione costituzionale diventa un tema rilevante» per il gabinetto del monarca[50]. Nel 1841 Hoffmann vom Fallersleben – sostenitore di un'idea nazionale con tinte sciovinistiche e autore nel 1846 del testo del futuro inno nazionale *Deutschland über alles* – pubblicava una raccolta di successo dal titolo ironico *Poesie impolitiche*. Nella poesia *Stand und Stände* constatava l'impossibilità di fermare il tempo e di salvare le vecchie distinzioni tra gli *Stände*, invitando a un compromesso sociale solidale in nome del patriottismo:

«Ha! eure Mauern, eure Wände,
Hat sie nicht längst die Zeit zerstört?
Wo blieb der Unterschied der Stände?
Hat jeder Stand nicht aufgehört?
Wir haben keine Zeit zum Stehen,
Nichts hat noch seinen alten Stand;
Jetzt will die ganze Welt nur gehen,
Wie kann da stehen noch ein Land?

Was soll der Stand? was sollen Stände?
Sie hemmen nicht der Zeiten Lauf.
O, reicht euch alle gern die Hände!
Euch alle nimmt Ein Haus nur auf»[51].

Se l'impatto dell'unificazione economica produce conflitti inediti tra le componenti vincenti e quelle perdenti dei vecchi *Stände*, aumentano i dubbi sulla sostenibilità del compromesso tra *Stände* e nuovo ordine illuministico borghese. Su quei segnali di crisi si interrogava lo storico F.C. Dahlmann (1785-1860), il promotore della lettera dei sette saggi contro Ernst August I von Hannover del 1837. Considerato «liberale dai conservatori e un illiberale» dal liberale Welcker, parteciperà ai lavori dell'Assemblea di Francoforte dando un contributo decisivo al progetto di una nuova costituzione[52]. Sin dai tardi anni Venti lavorava su questioni di *ständische Verfassung* e maturò su questi temi la sua monografia *Die Politik* del 1835, in cui si parla di trasformazione degli *Stände*

50 J. KOCKA - W. NEUGEBAUER, *Vorwort*, p. IV.

51 A.H. HOFFMANN VON FALLERSLEBEN, *Unpolitische Lieder*.

52 M. STOLLEIS, *Verwaltungslehre und Verwaltungswissenschaft 1806-1866*, p. 68.

in ceti professionali (*Berufstände*)[53]. In Dahlmann il concetto di pubblica opinione (*öffentliche Meinung*) innovava una concezione della rappresentanza che voleva offrire una sintesi tra quella assolutista, quella aristocratica e quella borghese. Dahlmann, che ripropone la divisione tra *Zweikammersystem* e *Dreikuriensystem* peculiare alle costituzioni per ceti in Occidente[54], favoriva un sistema costituzionale misto (monarchia, aristocrazia, democrazia) ritenendolo prossimo al modello inglese, e vedeva nella trasformazione dei *Landstände* in rappresentanze del popolo (*Volksvertretungen*) un passo nella direzione auspicata. In realtà, la sua ideale forma di governo relegava la democrazia a modalità tecnica di partecipazione degli *Stände* inferiori, mentre la sostanza del potere stava in una aristocrazia allargata, che unifica quella terriera di antico lignaggio con l'alta borghesia, e nella monarchia.

Dahlmann, in cerca di una mediazione tra individualismo liberale e organicismo cetuale, attribuiva ai *Landstände* il ruolo moderno di difensori della libertà individuale e dell'autonomia dei territori. Per la Camera bassa, Dahlmann propugnava un sistema elettorale che costruisse i collegi come espressione degli enti locali (*Gemeinde*). Il voto attivo sarebbe stato ristretto a chi ricopriva funzioni pubbliche negli enti locali. Si sarebbe così adattato al caso tedesco il modello inglese del deputato che rappresenta gli interessi naturali della comunità[55]. Dahlmann ambisce a costituire una sfera sociale libera e guidata dal notabilato, attraverso gli enti locali, dove vigevano sistemi elettorali restrittivi che assicuravano alle elite locali la guida politica. La sovranità popolare di Rousseau viene coerentemente respinta, in quanto romperebbe l'unità dello Stato (*Politik*, § 233). Se il suo progetto cancella il conflitto, e costringe al

[53] F.C. DAHLMANN, *Die Politik*, §§ 139-142, pp. 145-173; A. SPRINGER, *Friedrich Christoph Dahlmann*, I, pp. 148 ss., 284-361.

[54] Cfr. la classica impostazione datane da O. HINTZE, *Tipologia delle costituzioni cetuali*.

[55] V. HARTMANN, *Repräsentation*, pp. 50-51 (cfr. sul *Wahlrecht* e sulla rappresentazione dell'intelligenza e sui collegi F.C. DAHLMANN, *Politik*, §§ 153, pp. 156, 177).

silenzio le voci popolari e quelle femminili, pure non risolve un dilemma che accompagna la storia del liberalismo tedesco per tutto l'Ottocento: la libertà della Ragione può dispiegarsi in una società civile privatizzata senza assumere una prospettiva politica e sociale?

Una risposta negativa viene formulata da alcuni intellettuali critici, sensibili per formazione o per biografia agli sviluppi in Francia, Irlanda e Inghilterra, influenzati da Saint-Simon e da correnti riformatrici cristiane, i quali guardano con preveggenza alla emergente questione sociale, alla perdita di potere delle corporazioni di mestiere sul mercato del lavoro e alla formazione di un proletariato senza diritti. Se la voce critica di Heine, nella poesia *in exergo*, attacca la scuola storica, cui imputa una sorta di tradimento intellettuale a servizio dell'aristocrazia, uno scienziato come Franz von Baader incomincia a scrivere di diritti dei lavoratori, già nel 1835. Von Baader vede una «Argyrocratie», una aristocrazia del denaro, in ascesa in Inghilterra e Francia, promotrice di una nuova barbarie sociale, cui contrappone l'esigenza del diritto di associazione sindacale e della concessione della cittadinanza nei comuni. In nome di un principio di civiltà, dettato dal suo cristianesimo ecumenico, Baader chiede che ai proletari si assicuri la «rappresentanza politica negli Stati costituzionali ... al di fuori degli Stände», attraverso un prelato, una sorta di difensore civico e di consulente spirituale, che dialoghi direttamente con le amministrazioni[56].

Rispetto all'afflato religioso di questo riformismo conservatore, le pagine dedicate al concetto di società da Lorenz von Stein nel suo *Sozialismus und Kommunismus des heutigen Frankreichs* (1842) esprimono allora una novità politica e teorica. Stein apre il saggio con un paragone tra il terzo stato e il proletariato, ritenendoli due soggetti storici rivoluzionari, il primo del XVIII secolo, il secondo del XIX secolo. Dalla formazione del quarto stato come frazione del terzo, Stein trae la previsione che: «die nächste Revolution kann schon jetzt nur eine sociale sein» (La prossima rivoluzione può essere sin d'ora soltanto una di tipo

[56] Cfr. F. von Baader, *Über das dermalige Mißverhältnis.*

sociale)[57]. Stein vedeva profeticamente nella Francia un modello di rivoluzione sociale che si sarebbe affacciato, che anzi era già in corso, anche in Germania – secondo Paese continentale con un consistente proletariato industriale – e affidava alla scienza tedesca «l'alto compito di conciliare [*versöhnen*] tutte le contraddizioni del mondo europeo»[58]. Stein invocava a tal fine una «Wissenschaft der Gesellschaft», una scienza della società, ad appena un anno di distanza dalla analoga invocazione di una «nuova scienza politica», formulata da Tocqueville nella seconda edizione della *Démocratie en Amérique*. Come la Francia guardava all'America, così la Germania guardava alla Francia per leggervi il proprio futuro. Con questa opera di Stein si avvia la separazione tra la scienza della società e la scienza dello Stato. Nel passaggio dagli *Stände* alla classe si realizza per Stein il movimento dialettico annunciato da Hegel. La «classe» è definita come una categoria dello «Staatsbürger», del cittadino dello Stato, soggetto al diritto civile e non a quello feudale. Stein riconosce nella sopravvivenza degli *Stände* un ostacolo a una società autonoma, separata dallo Stato, ne preconizza l'inevitabile scomparsa e rivendica alle costituende scienze sociali l'indagine sull'industria e sul commercio, come aspetti centrali del mondo nuovo.

Schiera ha scritto che Lorenz von Stein, al quale si deve nel 1856 una *Gesellschaftslehre*, che costituiva la seconda parte del complessivo disegno di un *System der Staatswissenschaften*, è il primo a fissare la «realtà sociale» come ambito autonomo di ricerca. Stein sostituisce lo *Stand* con l'associazione (*Verein*), nuovo soggetto intermedio tra lo Stato e i singoli individui, cui dedica una dimensione specialistica del diritto, il «diritto sociale», che comprende ambiti liberamente determinati da collettività di singoli[59]. La sua idea di una scienza sociale ogget-

57 L. von Stein, *Der Socialismus und Communismus des heutigen Frankreichs*. Cfr. E.W. Böckenförde, *Lorenz von Stein*; F. De Sanctis, *Crisi e scienza*, pp. 199-202.

58 L. von Stein, *Der Socialismus und Communismus des heutigen Frankreichs*, p. IV.

59 P. Schiera, *Il laboratorio borghese*, pp. 55-57.

tiva – contro cui polemizzerà Heinrich von Treitschke, nella *Gesellschaftswissenschaft* del 1858 – se conferma il carattere apolitico del liberalismo tedesco della prima metà del secolo, è anche un modo per poter maneggiare freddamente un tema eluso dalla scienza giuridica liberale.

Riprendendo le categorie di Hegel, Stein si interroga sui compiti del liberalismo in rapporto alla nuova società emersa dalla Rivoluzione francese, a suo avviso non risolubile nell'idea di libertà ma segnata dalla idea dell'eguaglianza. Rispetto alla tendenza egualitaria che vede, come Tocqueville, all'orizzonte, Stein si chiede «se il compito più alto e assoluto del nostro tempo sia l'elevazione (*Erhebung*) delle classi inferiori ad una migliore condizione materiale e di costumi» e risponde che la priorità del liberalismo dovrebbe essere nella cittadinanza economica, criticando come frutto di un nascosto egoismo il percorso politico proposto dai teorici liberali[60].

Nell'impiego delle categorie di proletariato e di socialismo, nel rilievo attribuito all'industria, e nel tono profetico Stein anticipa Marx. È da Stein che il proletariato viene identificato come classe, e proprio nel suo libro il comunismo viene definito «ein finsteres drohendes Gespenst» un terribile minaccioso spettro, da cui è plausibile che Marx ed Engels traessero ispirazione per l'incipit del Manifesto del 1848.

Con Stein, comincia l'interrogativo sulla intangibilità della proprietà come base della società borghese. È sul crinale tra i vecchi *Stände* e le nuove classi sociali definite dall'accesso alla proprietà e al reddito che una scuola di pensiero progressista si distanzia dal liberalismo moderato e recepisce le teorizzazioni francesi; Stein è debitore di Victor Considerant, Louis Reybaud, Louis Blanc e Cabet. La critica è alla rigidità della nuova distinzione sociale data da proprietà ed istruzione: essendo l'una condizione dell'altra, la loro combinazione rende impossibile la mobilità sociale del proletariato, condannato ad una perenne servitù. *Besitz* (possesso) e *Selbständigkeit* (indipendenza)

[60] L. von Stein, *Der Socialismus*, p. 445.

definiscono la partecipazione ai diritti politici, e si delineano come i nuovi recinti della società contemporanea[61].

Stein precorre i suoi tempi, individua un problema eluso da gran parte del liberalismo tedesco, ma come Marx ed Engels sembra dare quasi per scontata la liquidazione degli *Stände*, mentre questi erano in Prussia ancora capaci di esprimere vitalità grazie al controllo delle leve del potere amministrativo e militare. La sconfitta del 1848-1849 lo porta, forse anche per questo, a un pessimismo politico. Stein diventa infatti il teorico della impossibilità di una «rappresentanza popolare» in Prussia. La grande varietà e le ineguaglianze regionali, sociali ed economiche della popolazione avrebbero a suo avviso condannato la Prussia all'assenza di un parlamento vitale e capace di svolgere la propria funzione di organo intermediario tra lo Stato e la società borghese[62].

Se il pensiero conservatore, negli anni Quaranta, si mostra vitale è perché era capace di risposte flessibili alla questione sociale e di evitare chiusure assolute su quella costituzionale. Un conservatore come Friedrich Julius Stahl (1802-1862) conveniva con i liberali sulla «necessità interiore» di adeguare gli *Stände* ai compiti imposti dalla «neuere Staatenbildung», la moderna costruzione dello Stato. Teorico del «monarchische Princip» e ispiratore del partito prussiano di corte della «Kamarilla», che sosteneva la saldatura tra trono e altare, Stahl si era convertito dall'ebraismo alla confessione luterana ed era stato chiamato nel 1840 alla cattedra di diritto ecclesiastico a Berlino, dopo aver insegnato a Monaco e a Würzburg. Stahl contestava che la trasformazione molecolare dei vecchi corpi implicasse un adeguamento della Prussia al «sistema politico dell'Occidente» del quale rifiutava la «Volksouveranität» e l'«aggregazione» di una «mera rappresentazione popolare numerica»[63]. Per Stahl gli *Stände* dovevano rimanere organismi con propri ambiti giuridici e amministrativi, con funzioni consultive e non legislative,

61 *Ibidem*, pp. 23-25.

62 L. von Stein, *Zur preussischen Verfassungsfrage*, pp. 36 ss.

63 F.J. Stahl, *Das monarchische Princip*, p. 5.

per non intaccare la sovranità monarchica. Nell'ipotesi di una costituzione prussiana, la rappresentanza parlamentare non avrebbe dovuto avere poteri in campo fiscale, ma dare pareri consultivi vincolanti sulle nuove tasse. Secondo il principio monarchico, il bilancio doveva restare competenza esclusiva del sovrano, e la rappresentanza dei ceti non avrebbe dovuto mai interferire sulle singole spese dell'amministrazione, ma prenderne visione nel suo complesso[64]. I principi di trasparenza e responsabilità dell'amministrazione avrebbero permesso al parlamento funzioni ispettive, e un'influenza sull'esecutivo attraverso la cassazione di singole imposte. Nell'impostazione di Stahl trapela la difesa della monarchia cristiana e il rifiuto della separazione tra Stato e Chiese auspicata dai protestanti liberali durante i lavori dell'assemblea costituzionale di Francoforte, ma avversata dai conservatori calvinisti e dai cattolici in nome dei principi di autogestione nelle autonomie locali, nelle scuole, nella formazione dei giovani, nella tutela della famiglia. Alla chiusura della rivoluzione del 1848-1849, Stahl interverrà alla Camera alta prussiana contro la *Vernunft-Religion* dei liberali, in difesa dell'unità tra Stato e Chiese, opponendosi al progetto di riforma dell'art. 11 della Costituzione appena concessa nel dicembre 1848[65].

La sua impostazione religiosa lo portava ad una idea di integrazione politica molto diversa dal modello liberale. Intervenendo nel dibattito apertosi dopo la patente sovrana del 1847, con cui Federico Guglielmo IV prometteva finalmente una costituzione prussiana, Stahl si pronunciò prima sul noto quotidiano conservatore «Kreuzzeitung» e poi nel pamphlet *Die Revolution und die constitutionelle Monarchie*, apparso a fine 1848 dopo lo scoppio della rivoluzione, per una riforma della rappresentanza che contemplasse un quarto *Stand*, un quarto stato, in rappresentanza dei «privi di proprietà»: il proletariato. Egli credeva che il re avrebbe potuto placare gli animi rivoluzionari riducendo il peso della grande proprietà terriera e aprendo all'integrazione dei contadini. Stahl intendeva

[64] D. GROSSER, *Grundlagen*, pp. 115-116.

[65] F.J. STAHL, *Rede des Abgeordneten Stahl.*

contemperare la conservazione degli *Stände* provinciali con una loro nuova struttura nazionale, che unificasse il criterio professionale con quello cetuale[66].

Pur essendosi opposto ad una federazione tedesca, davanti alle richieste parlamentari di Francoforte Stahl avrebbe proposto una rappresentanza generale degli *Stände*, non più su base provinciale ma nazionale, superando sia l'individualismo liberale sia le vecchie concezioni territoriali. Persino per un conservatore come lui, «l'antica essenza degli *Stände* (*Ständewesen*) non era più «ricreabile»: il nuovo sistema della rappresentanza doveva essere costruito «contro il sistema delle Camere francesi, ma in non minor misura anche contro il sistema territoriale tedesco»: non più «das Land» ma «das Volk» doveva essere rappresentato, nella sua «situazione reale e posizione professionale». «Ogni sana rappresentazione nella nostra epoca deve rappresentare l'unità nazionale e l'articolazione *ständisch*»[67].

Con Stahl, si affaccia una concezione della rappresentanza tanto conservatrice quanto espansiva. Abbracciare i contadini come contrappeso alla pressione della borghesia, e ripensare gli *Stände* in chiave ormai del tutto professionale, secondo qualifiche di istruzione, competenza e appartenenza, poteva suonare sgradito a parte della grande aristocrazia. Aveva però il pregio di consolidare la legittimazione confessionale del potere assolutista e l'egemonia aristocratica sull'amministrazione, e sarebbe diventata la nuova frontiera della risposta monarchica alla rivoluzione del 1848-1849. Secondo alcuni studiosi, si deve proprio alla concezione dinamica di Stahl se la costituzione prussiana dopo il 1848 non fu cancellata ma soltanto sottoposta a revisione, e si può sostenere che «il principio monarchico di Stahl plasma la costituzione prussiana fino al 1918»[68].

[66] R. Augst, *Bismarcks Stellung*, pp. 9-10.

[67] F.J. Stahl, *Das monarchische Princip*, p. 8.

[68] D. Grosser, *Grundlagen*, p. 125.

7. *Contraddizioni del moderatismo costituzionale*

Per i liberali tedeschi, affascinati dal concetto di nazione «una e indivisibile» sancito dalla costituzione francese del 1791, la volontà generale teorizzata da Rousseau non si sarebbe potuta formare senza una cooperazione organica tra potere e sudditi. Ma come passare dalla stratificazione della società per ordini a un *Volk* unificato? Non i plebisciti ma la forza dei mercati e dell'istruzione avrebbero risolto il dilemma, con l'ausilio di qualche sovrano illuminato, attraverso la riforma parlamentare del Bund richiesta dai «democratici» promotori della festa nazionale di Hambach nel 1832; e se la soluzione tardava era perché «al popolo diviso e frammentato era mancata la fortuna di trovare un capo (*Führer*)»[69]. La scissione dell'economico dal politico si sarebbe compiuta nel quadro di uno Stato di diritto nazionale, guidato da un monarca illuminato.

Il passaggio sembrò realizzarsi improvvisamente nel 1848, quando nel pieno della rivoluzione europea, sulla scia dei moti popolari nelle grandi capitali, le forze liberali appoggiate da qualche sovrano e trainate dalla concessione di costituzioni in quasi tutti i grandi Stati (la Prussia arrivò con qualche ritardo, nel dicembre 1848), ebbero l'occasione di discutere la riforma del Bund. La richiesta di Federico Guglielmo IV di una costituzione tedesca e la sua convocazione del *Vereinigter Landtag* prussiano (l'assemblea generale di tutti i parlamenti provinciali) a Berlino, il 2 aprile 1848, aprirono le porte per convocare a Francoforte una apposita assemblea costituente.

Lì, sotto la presidenza di Heinrich von Gagern prima e di Eduard von Simson poi, si rivelarono le difficoltà del compito a cui fu chiamata una classe politica eterogenea, radicalizzata dalle circostanze, e incline a trasformarsi in potere costituente per la riforma del Bund, ma già in estate divisa per le insorgenze rivoluzionarie e l'appoggio dei moderati prussiani e austriaci alla repressione a Praga, in Lombardia e in Francia. La durata dell'assemblea di Francoforte, che sopravvisse ai moti

[69] P.A. Pfizer, *Gedanken über das Ziel*, qui citato da H. Brandt (ed), *Restauration und Frühliberalismus*, pp. 317-318.

rivoluzionari, fu pagata dal liberalismo, incapace di superare la propria concezione neutra del potere in una situazione di crescente polarizzazione. Legato all'idea del parlamentarismo come progresso di per sé, il liberalismo moderato, maggioritario in assemblea, evitò di scegliere sotto quale potere collocarlo.

Un principio di legalità senza legittimità prevalse, con la scelta di un reggente (*Reichsverweser*) e di un governo provvisorio, designati nel giugno 1848 da un'assemblea che si muoveva in senso rivoluzionario mentre attendeva sostegno dalle monarchie assolutiste. I moderati cercarono di evitare una soluzione repubblicana ma non vollero neanche proclamare un sovrano elettivo, nel timore di uno scontro con le monarchie. Evitare lo scontro politico, tenere aperte tutte le opzioni, neutralizzare sia la rivoluzione che il potere discrezionale dei principi avrebbe comportato un disegno costituzionale astratto, che non faceva i conti con le fratture politiche del Bund. Così, mentre l'assemblea nazionale di Francoforte trovò subito un accordo sui diritti fondamentali, si aggirò, nella redazione costituzionale, la decisiva questione del soggetto portatore della volontà generale. Per superare il dilemma tra il dominio personale (*Herrschaft*) di un principe e il potere del popolo, i liberali moderati si sarebbero appoggiati al concetto di Stato e avrebbero attribuito a quest'ultimo il controllo della forza (*Staatsgewalt*). L'astrazione hegeliana dello Stato apolitico avrebbe risolto il conflitto di potere tra sovrano, aristocrazie, e popolo. Quella di *Reichsgewalt* sarebbe stata appunto l'espressione impersonale adottata dall'Assemblea di Francoforte nella Costituzione del Reich tedesco del 28 marzo 1849 per riferirsi alla titolarità del potere nel Reich. La *Reichsgewalt* veniva condivisa tra l'imperatore, che veniva definito Capo del Reich (*Reichsoberhaupt*), cui si attribuivano il potere esecutivo, il controllo militare e la politica estera, e il Reichstag consistente di due Camere, di cui una bassa, a suffragio universale (concessione strappata dall'ala sinistra del parlamento) e una degli Stati, con potere legislativo e fiscale in condivisione con l'iniziativa dell'imperatore[70].

[70] Testo in E.R. HUBER, *Dokumente*, I, pp. 375 ss.; cfr. W. SIEMANN, *Die deutsche Revolution*, pp. 58-217.

La pecca di quella concezione neutra delle istituzioni era nella impossibilità di scegliere, di agire politicamente, non solo tra l'idea democratica e quella assolutista, ma tra la Prussia e l'Austria. L'alternativa tra grande e piccola Germania, che aveva intuibili ripercussioni sull'assetto degli *Stände*, sui poteri locali e sull'assetto sociale e confessionale, fu lasciata ai sovrani più che alla volontà dell'assemblea. Quando Simson e Dahlmann si recarono a Berlino il 3 aprile 1849 per offrire, invano, a Federico Guglielmo IV la corona della Germania, avevano in tasca una delega ampia, quasi fosse indifferente a quale sovrano affidarsi. Dopo aver giurato fedeltà alla costituzione di Francoforte, i liberali prussiani si aprirono a compromessi proprio con la Corona che la aveva affondata, e accettarono come male minore il tentativo di unificazione degli Stati settentrionali proposto da Prussia, Sassonia e Hannover con la costituzione federale dell'Unione di Erfurt (1849-1850)[71].

In sintesi, se la questione *ständisch* segna la cultura politica tedesca, è nel fornire una alternativa all'egualitarismo francese. Dalla difesa delle identità storiche dei corpi intermedi scaturiscono letture differenziate di un politico neutro. Mentre il pensiero conservatore pensa a un potere assoluto, pieno, positivo, che fa degli *Stände* uno strumento neutro al suo servizio, il pensiero liberale postula una concezione negativa del potere, vede un potere amorale e discrezionale (*willkürlich*) da neutralizzare attraverso una società apolitica. Gli *Stände* diventano fattori di pluralità e radicamento storico, mentre i privilegi connessi dovrebbero essere superati in prospettiva dalla nuova cittadinanza politica. Il liberalismo moderato propone a Francoforte due requisiti minimi del suffragio, l'istruzione e l'indipendenza economica, due criteri abbastanza vaghi da creare, insieme a difficoltà interpretative, un quarto stato di esclusi, nel quale potevano trovare posto piccola borghesia, lavoratori specializzati, artigiani, piccoli contadini, e i perdenti della unificazione del mercato. Manca a molti liberali l'idea della propria parzialità, come problema da gestire politicamente. La concezione negativa del politico e i tratti emancipatori e

71 G. Mai (ed), *Die Erfurter Union.*

individualisti del pensiero liberale, che sono parte costitutiva di autentici sforzi di unificazione nazionale e di sviluppo dei diritti civili, con punte avanzate nell'autogoverno locale, comportano una complessiva subalternità alla concezione *ständisch* dei conservatori, da cui i liberali non riescono ad affrancarsi, pur contrapponendovisi sul piano teorico.

La concezione apolitica della nuova società illuminista avrebbe impedito al pensiero liberale di percepirsi come parte e quindi di elaborare una teoria del partito politico. Se la base sociale eterogenea del liberalismo tedesco, urbana all'Ovest, agraria all'Est, di per sé avrebbe ostacolato la formazione di un forte cartello nazionale, la presunzione di incorporare l'interesse generale avrebbe reso a lungo superflua l'organizzazione di un partito articolato. La questione del partito liberale, a lungo discussa dalla storiografia, non è certo risolvibile in questa sede, ma è di interesse che essa si ponga davvero soltanto nel pieno della rivoluzione del 1848-1849 e resti nell'ambito di associazioni tra notabili[72]. Privo di strumenti di integrazione della media e piccola borghesia e dei lavoratori qualificati – e anzi contribuendo a escludere quella fascia dalla rappresentanza attraverso soglie censitarie – il liberalismo moderato si rivela nel 1848-1849 disarmato nei confronti della rivoluzione sociale che si innesta su quella nazionale. Se l'idea unitaria di nazione tedesca non poteva realizzarsi né su base rivoluzionaria né con il particolarismo delle aristocrazie, come assicurare l'espansione della cultura liberale? La lezione tratta dalla sconfitta sarebbe stata quella di una scissione tra la sfera etica, coincidente con la società civile, e la sfera della politica, dove decide la forza. La cultura della partecipazione neutra sfocia nell'adesione liberale al modello prussiano. La missione della Prussia diventa, anche per la storiografia di Ranke e Droysen (quest'ultimo aveva presieduto il comitato costituzionale dell'Assemblea di Francoforte), la concentrazione della forza per unificare la Germania[73]. Se il sistema *ständisch* poteva ancora sopravvivere, esso doveva essere posto al servizio degli Stati e della nazione tedesca.

[72] Cfr. C. SPAGNOLO, *Le campagne elettorali*, pp. 40-65.

[73] K.E. BORN, *Preußen im deutschen Kaiserreich*, III, pp. 39-40.

Capitolo terzo

Il criterio dell'esclusione: la «Selbständigkeit» (1848-1849)

Nel venticinquennale del 1848, che cadeva a ridosso dell'unificazione dell'Impero tedesco, Georg Herwegh, che aveva guidato in una lotta impari le truppe dei volontari rivoluzionari del Baden, rammentava nel componimento *Diciotto marzo* l'esclusione del proletariato dalla memoria pubblica e l'incompiutezza della rivoluzione:

«Milleottocento quarantotto / quando si ruppe il ghiaccio in primavera / Giorni di febbraio, giorni del marzo / Non erano cuori proletari / che pieni di speranza risvegliati / Milleottocento quarantotto? … / Milleottocento settantatre / Impero dei ricchi, ecco ci sei, evviva / Ma noi poveri, venduti e traditi / pensiamo alle gesta dei proletari / ancora non sono passati tutti i marzo / mille ottocento settantatre»[1].

Se il titolo della poesia richiamava le barricate berlinesi del 18 marzo 1848 – in contemporanea alle Cinque giornate milanesi – e le promesse costituzionali del re di Prussia, più allusivo era l'interrogativo sul tradimento delle speranze rivoluzionarie. Herwegh forse pensava all'intreccio tra la questione nazionale e quella costituzionale, che fece del suffragio universale proclamato dall'assemblea nazionale di Francoforte uno strumento di esclusione del potere democratico.

[1] G. Herwegh, *Achtzehnter März* 1873 (trad. mia): «Achtzehnhundert vierzig und acht / Als im Lenze das Eis gekracht / Tage des Februar, Tage des Märzen / Waren es nicht Proletarierherzen / Die voll Hoffnung zuerst erwacht / Achtzehnhundert vierzig und acht? … / Achtzehnhundert siebzig und drei / Reich der Reichen, da stehst du, juchhei! / Aber wir Armen, verkauft und verraten / Denken der Proletariertaten – / Noch sind nicht alle Märze vorbei / Achtzehnhundert siebzig und drei».

1. *Il criterio dell'esclusione*

La fedeltà delle truppe ai sovrani – con l'eccezione delle truppe viennesi, che dall'estate del 1848 fecero tremare la Corona asburgica, e di quelle di Rastatt che sostennero l'effimera Repubblica del Baden nel maggio 1849 – rese fragile sin dall'inizio una rivolta, che sotto l'impulso dei liberali e delle stesse monarchie, prese la strada di una riforma dall'interno del Bund. Anche se istanze democratiche e persino repubblicane si palesarono a Vienna, Francoforte e Berlino, più che una rivoluzione democratica si manifesta il collasso del potere neutro, esautorato da sommovimenti molecolari che non avevano voce negli *Stände*. Come scrive Barrington Moore, «per gli strati inferiori tedeschi, sempre che si possa chiamare rivoluzione quella crisi, si trattò di una rivoluzione per ottenere la rispettabilità»[2]. Se di rivoluzione si può parlare è allora nei termini restrittivi della auto-percezione di un eterogeneo e ancora fragile liberalismo in ascesa, che nella crisi crea nuovi spazi di azione attraverso un movimento costituzionale federalista. Al suo interno si affaccia una precipitosa politicizzazione di un Bund diviso sui poteri del parlamento, sui soggetti titolati a farne parte, sull'idea del cittadino in armi o pacifico, di un esercito di popolo o professionale, che giurasse o no sulla costituzione. Mentre si contesta ovunque la legittimità del potere assoluto, avanza la richiesta di una sua responsabilità davanti al «popolo» e alla «nazione».

Di collasso del potere neutro assolutista ci sembra si possa parlare in considerazione dell'erosione di tutti e tre i suoi pilastri. Il primo, il potere sovrastatale, si era allentato per la polarizzazione tra l'espansivo impero dell'Inghilterra, sempre più orientata al libero mercato, il protezionismo asburgico che dominava il continente europeo e la rivalità anglo-russa in Asia. Le forze liberali delle aree continentali in via di industrializzazione si appoggiano al modello inglese anche in tema di politica economica e chiedono di introdurre modelli

[2] J. Barrington Moore jr, *Le basi sociali*, pp. 195-208; I. Cervelli, *La Germania dell'Ottocento*, pp. 245-250.

istituzionali ispirati dal parlamentarismo inglese. Il secondo, la legittimità divina, era stato intaccato dalla secolarizzazione e dalle politiche assolutiste di centralizzazione statale, di separazione tra Chiese e Stato e di parificazione delle confessioni cattolica e evangelica, che aveva favorito percorsi già avviati di individualizzazione della coscienza religiosa[3]. Se per nazione intendiamo una determinazione individuale del vecchio concetto di popolo, un «popolo individualizzato da una speciale coscienza politica», si può stabilire un collegamento tra la ascesa dell'idea di nazione e la presa di coscienza etico-morale di una società civile individualizzata anche sul piano delle confessioni[4]. Esisteva un collegamento tra quel processo di individualizzazione e l'apertura di qualche breccia nelle barriere tra i vecchi *Stände*, che costituivano il terzo pilastro? Tra gli anni Venti e Trenta, mentre tra i ceti «economici», definiti dalle nuove classi fiscali, i vecchi poteri locali agrari e le nuove burocrazie comunali e statali sorgono conflitti attorno alle questioni sociali aperte dall'espulsione di forza lavoro dall'agricoltura – che l'industria nascente non riesce sempre ad assorbire, e che insieme ai bottegai, agli artigiani e agli apprendisti forma la base materiale dei moti popolari degli anni Quaranta[5] – matura in Svizzera, nei Paesi Bassi, in Belgio e un po' in tutta la Germania occidentale un processo di separazione tra un politico 'neutrale', rispetto ai valori religiosi, e le confessioni, confinate nella sfera privata. L'assolutismo monarchico contagia l'individuo sovrano del moderno stato liberale, il quale comincia a pretendere spazi di responsabilità personale anche a livello locale e politico.

L'afflato fortemente morale con cui avviene in Germania il processo di assorbimento dell'Illuminismo e del Romanticismo, generava un interrogativo politico. Se il principio dell'eguaglianza dei diritti individuali non trovava più ostacoli, come si

[3] W. BECKER, *Neueste Zeit*, p. 478.

[4] Citazione da C. SCHMITT, *Verfassungslehre*, § 17 d, p. 231.

[5] Un panorama delle richieste del proletariato e del «Mittelstand» del 1848-1849, oscillanti tra vecchie forme corporative e nuove forme associative, si trova in I. CERVELLI, *La Germania dell'Ottocento,* pp. 13-78; J. KOCKA, *Arbeitsverhältnisse und Arbeiterexistenzen*.

poteva evitare l'anomia rivoluzionaria dell'esperienza francese e fondare una autonoma, superiore razionalità del nuovo ambito sociale liberale e borghese? A chi sarebbe spettato il compito? Alla vigilia della rivoluzione, nel già menzionato *Staatslexikon*, quasi una summa della teoria liberale tedesca, più volte edito anche dopo il 1848, Rotteck e Welcker ammettevano che la proprietà, su cui si basava l'ordine moderno, non poteva bastare a fondare la rappresentanza. Quest'ultima era una questione politica per eccellenza, che rinviava al nesso tra politica e morale:

«Un diritto di precedenza giuridico [della proprietà] conduce facilmente al diritto di precedenza sociale e umano. A questa osservazione ... se ne contrappone un'altra immediata e urgente, che si riferisce al dominio dei privi di patrimonio ... la massa senza patrimonio ... è dappertutto piena di invidia contro i ricchi e desiderosa delle loro proprietà. Essa non riconosce o dimentica che senza il rafforzamento della proprietà e del diritto ereditario da parte dello Stato, tutti sarebbero più poveri dei bisognosi di oggi ... Pertanto sono sempre inclini e pronti all'abbattimento dell'ordine costituito ... Anche senza una propria richiesta di una rivoluzione sono, appunto perché poveri, più facilmente seducibili ... Ne consegue che non si può dare loro un dominio politico, quindi anche nessun eguale diritto di voto coi ricchi, perché, essendo di regola il loro numero preponderante, il voto uguale concederebbe loro il peso maggiore e quindi il dominio»[6].

Dalla constatazione dei pericoli dell'integrazione delle masse nello Stato ai fini di una volontà generale, razionale e meritatamente titolare del potere legislativo, sorgeva in Rotteck l'interrogativo essenziale: «Quale deve essere allora il criterio dell'esclusione?»[7]. L'interrogativo non è politico ma morale, o meglio cerca di fondare la politica sulla morale, e richiede perciò il consenso degli esclusi: «Non si può parlare di ingiustizia, se una classe viene esclusa dal diritto elettorale per ragioni davvero appropriate (*triftigen*)». L'individuo probo non viene toccato nella sua sostanza morale se un criterio estrinseco esclude un gruppo socialmente irresponsabile e quindi pericoloso. La concezione liberale si propone come universale e apolitica,

[6] K. von Rotteck, voce *Census*, citazione p. 149 (cfr. anche l'edizione di Leipzig 1864^3, 3, pp. 415-427, in particolare pp. 419-422).

[7] *Ibidem*, p. 153.

neutra rispetto alle determinazioni concrete. Esaurito, e non più attuale, il criterio genealogico degli *Stände*, il pensiero liberale cerca un altro criterio di selezione per la nuova aristocrazia dello spirito, la nuova classe generale capace di formare la spina dorsale della nazione tedesca. Ritorna l'interrogativo di Hegel sulla società politica, in forma più scottante, nel cuore stesso della lotta politica di Francoforte, Berlino, Vienna.

Il censo, il criterio di massima impiegato in tutta Europa, in quella impostazione etico-morale non può essere applicato indiscriminatamente, va soppesato e assunto con cautela. Rotteck rileva l'impossibilità di escludere i proletari sulla base del censo, senza assolverli contemporaneamente dal servizio di leva, ormai generalizzato. Si trattava piuttosto di trovare un compromesso costituzionale tra principio democratico, aristocratico e monarchico, distinguere gli ambiti di applicazione del suffragio, tra decisioni plebiscitarie su singole questioni oggettive, nelle quali si poteva presumere che anche persone semplici potessero esprimersi consapevolmente, e la selezione della classe dirigente, la cui valutazione richiedeva maggiori elementi di giudizio, conoscenza diretta delle persone e delle loro idee per non affidarsi alla cieca «fortuna» che governa le masse: «Invece della autentica, ragionevole volontà generale, portare al dominio di un partito fanatico e gretto»[8].

Sul piano teorico, il criterio non poteva quindi essere il censo di per sé quanto l'autonomia individuale, la cosiddetta *Selbständigkeit*, intesa come capacità autonoma di sostenersi, di non dipendere da un padrone, di non essere condizionati da una autorità nell'autonomia di giudizio, come accade per i servitori, ma anche per chi non abbia un solo padrone ma dipenda permanentemente da altri, come i braccianti, i lavoratori a giornata, i piccolissimi artigiani precari. Si tratta allora di «fissare un censo abbastanza basso da escludere soltanto le classi suddette», pericolose perché esposte alla corruzione, al ricatto, all'impiego della violenza[9].

8 *Ibidem*, p. 155.

9 *Ibidem*, pp. 155-156.

L'esclusione delle masse, povere, materialiste e irrazionali, definisce la sfera della società civile, autonoma, istruita, e politicamente neutra. Una forte dimensione morale permea l'idea liberale dell'individuo astratto, incorrotto e responsabile. Il cittadino si qualifica allora per il contributo allo Stato, di cui la contribuzione fiscale diventa condizione necessaria. Quel criterio censitario comincia a funzionare nei due sensi, verso l'alto, per definire i ruoli dentro lo Stato, e verso il basso, per separare il cittadino dalle masse proletarie esposte alla corruzione morale. Già adottato per la Camera bassa del Württemberg dal 1815 in poi, il pagamento di tasse statali era servito a garantire alle nuove e vecchie aristocrazie urbane una difesa del loro *status* davanti al re[10]. Rotteck lo ritiene sostenibile se definito da soglie moderate, in quanto non sanzionava moralmente tutti gli esclusi, non li giudicava incapaci individualmente ma soltanto esposti come classe ad influenze perniciose. Sull'esempio di quanto avveniva «nella maggioranza delle costituzioni europee recenti e recentissime», in Inghilterra con il *Reform Bill* del 1832, in molti Stati del Nord America, o in Francia dove dal 1791 valeva la soglia dei 3 franchi di imposta diretta statale, pari a tre giornate lavorative, o nei Paesi Bassi e in Polonia dal 1815, una soglia variabile per il voto attivo, tale da escludere le classi pericolose, poteva rendere superfluo anche il diffuso sistema del voto indiretto che offriva una odiosa cautela aggiuntiva, assieme alle restrizioni ulteriori per il diritto elettorale passivo. Un censo moderato per il diritto attivo appare a Rotteck un male minore rispetto al voto indiretto e alla restrizione del diritto passivo. Il voto indiretto svuota l'elezione del suo contenuto, dichiara incapaci gli elettori di scegliere, affida tutto al notabilato, limita il confronto tra idee e individui. Invece l'eleggibilità per censo esclude proprio i migliori e i più virtuosi individui dei ceti inferiori che andrebbero acquisiti alla nazione.

Se l'indipendenza individuale regge la *conventio ad excludendum* che fonda una larga parte della teoria liberale tedesca, e rende conto di alcune peculiarità della costruzione storica

[10] H. Brandt, *Parlamentarismus in Württemberg 1819-1870*, pp. 33-45.

della rappresentanza elettorale nel 1848 e oltre, fino alla grande guerra, non può tuttavia essere assunta come univoco criterio di classe. Non sembra sostenibile, per esempio, che il sistema di rappresentanza invocato dai liberali avesse una funzione esclusiva di dominio di una borghesia già pienamente egemone, come assolutizzato da interpretazioni rigide del *Manifesto* di Marx ed Engels, e non solamente per la difficoltà a definire una borghesia tedesca ancora *in fieri*: esso è anche strumento di contestazione dei privilegi feudali e di mentalità paternaliste, di costruzione di una nuova classe dirigente aperta verso il basso, radicalmente diversa dal sistema cetuale precedente, e anzi in conflitto con esso. È nelle crepe prodotte nel sistema della Restaurazione dal conflitto tra monarchie, aristocrazie e borghesie che si creano gli spazi per una partecipazione delle masse proletarie ed operaie, per una intromissione della politica dentro il potere neutro.

2. *La difesa del potere neutro*

La crisi degli *Stände* si apre in modo formale già nel febbraio 1847, quando Federico Guglielmo IV, in cerca di nuove imposte e garanzie su un largo prestito dello Stato per lo sviluppo delle ferrovie, convoca una assemblea di rappresentanti degli *Stände* provinciali[11]. Il progetto era attraente per la borghesia imprenditrice, uno stato garante dello sviluppo di un settore cruciale avrebbe dato spazio all'industria siderurgica e meccanica ormai in via di espansione nella Ruhr e nella Prussia. In cambio delle risorse finanziarie, il re offrì ai rappresentanti dei parlamenti delle province, convocati a Berlino, un diritto di veto e modifica sulle imposizioni fiscali[12].

[11] La rappresentanza generale del territorio, secondo la *Verordnung* del 22 maggio, § 3, doveva essere «scelta dalle rappresentanze provinciali». Cfr. L.M.P. von Rönne, *Das Staatsrecht*, p. 17.

[12] La convocazione fu preceduta da una bolla reale del 3 febbraio 1847 in cui si annunciava la convocazione a Berlino dei rappresentanti dei parlamenti provinciali in una assemblea generale per le necessità finanziarie del Regno, e si prometteva la loro convocazione periodica. All'assemblea generale si garantiva la competenza sulla legislazione e il diritto di petizione

La convocazione non era frutto di una scelta del tutto libera. Federico Guglielmo IV, asceso al trono nel 1840, era vincolato da un editto del 17 gennaio 1820, in cui suo padre Federico Guglielmo III aveva imposto la fine dell'autonomia legislativa degli *Stände* e promesso in cambio una limitazione del debito dello Stato a 180 milioni di talleri. In caso di superamento di quella soglia, il re si era impegnato a chiedere una garanzia degli *Stände* e la consultazione di una futura «assemblea degli *Stände* del Reich» (*Reichsständische Versammlung*). Per i liberali, la riunione degli *Stände* provinciali era cosa ben diversa dalla attesa «rappresentanza del popolo» (*Repräsentation des Volkes*), stabile e generale, promessa dal re di Prussia con un editto del 22 maggio 1815, e mai attuata. Nel convocare un'assemblea di tutta la Prussia, Federico Guglielmo IV rischiava di dare adito a quella rivendicazione, di minare l'equilibrio provinciale *ständisch* e dare il cattivo esempio a tutte le monarchie assolute continentali ancora in piedi. Metternich e lo zar Nicola, appoggiati dal principe ereditario prussiano Wilhelm, fautore dell'autonomia dell'aristocrazia, esercitarono pressioni contro la convocazione dell'assemblea rappresentativa prussiana, temendone le ripercussioni sul sistema assolutista[13].

Nelle aspirazioni del re di Prussia il pericolo non avrebbe dovuto sorgere, l'assemblea nazionale del 1847 doveva essere un organo consultivo e non politico. Il sovrano stesso si preoccupò di enunciare la sua interpretazione autentica della dottrina del potere neutro agli *Stände* provinciali e ai numerosi rappresentanti delle monarchie alleate, accorsi alla cerimonia di apertura dell'assemblea, tenuta l'11 aprile. Federico Guglielmo IV escluse che la sua iniziativa trasformasse il «legame tra principe e popolo» in uno «convenzionale» e «costituzionale», che frapponesse tra Dio e la Prussia un «foglio scritto». La riforma avveniva «nello spirito tedesco», compito dell'assemblea era di rappresentare «i diritti degli *Stände* … Ma non è vostro compito: rappresentare opinioni, di scuola o del tempo …

su questioni interne di carattere supra-provinciale (Gesetz Sammlung = G.S., 1847, pp. 33-34).

[13] W. BUSSMANN, *Zwischen Preußen und Deutschland*, pp. 191-217.

Ciò non è affatto tedesco e inoltre per niente pratico per il bene generale»[14].

Lo «spirito tedesco» coincideva con l'univoca volontà generale espressa dal sovrano. Il *Vereinigter Landtag* doveva soltanto raccogliere l'opinione delle varie articolazioni del suo popolo, organizzarle in forma di petizioni e trovare la mediazione che consentisse al sovrano di attuare le politiche di modernizzazione infrastrutturale. Nella sua composizione, l'assemblea conciliava la rappresentanza organicista degli *Stände* nella Camera alta con quella, di stampo fisiocratico e mercantile, della proprietà terriera nella Camera bassa. Secondo l'ordinanza del 3 febbraio 1847 la Dieta unificata (*Vereinigter Landtag*) consisteva in due curie, la prima detta «dei signori» (*Herrenkurie*), formata da principi, conti e signori, con 80 voti, la seconda «dei tre *Stände*» (*Kurie der drei Stände*), composta da proprietari dei feudi imperiali (*Rittergüter*) con 231 voti, città con 182 voti e campagna con 124 voti. Le due curie avrebbero deliberato in parte in seduta comune, in parte separatamente. Facendo i conti, il parlamento lasciava così la maggioranza ai nobili, con 307 voti, contro i 306 voti degli *Stände* urbani e di campagna[15]. Tuttavia poche defezioni sarebbero bastate a spostare gli equilibri interni a favore della seconda, e mettere in difficoltà i grandi proprietari. La frequenza delle sedute non era stabilita. Un comitato permanente avrebbe sostituito le Camere tra una convocazione e l'altra[16].

Sommando le due Camere, la rappresentanza generale riprendeva quel rapporto fisso tra i tre *Stände,* stabilito dalla Berliner Kommission per le costituzioni provinciali con quote di 1/2, 1/3, 1/6, rispettivamente per grande proprietà, città, contadini, che aveva irrigidito la rappresentanza locale sganciandola dalla

[14] Il testo è riprodotto nella «Allgemeine Preußische Zeitung», 11 aprile 1847.

[15] Sulla rappresentanza degli *Stände* nel *Vereinigter Landtag* regione per regione si veda E.R. HUBER, *Deutsche Verfassungsgeschichte*, II, p. 492. Altre fonti di riferimento generale sulla storia costituzionale sono *Quellen zum Staatsrecht*; E.R. HUBER, *Dokumente*.

[16] L.M.P. VON RÖNNE, *Das Staatsrecht*, p. 32, con ampia nota bibliografica; K. RAUER, *Die ständische Gesetzgebung*, pp. 179-180.

dinamica socio-economica[17]. La pretesa di continuità del potere cetuale, dopo un ventennio di trasformazioni sociali, fu respinta dall'assemblea che vide una saldatura tra città e campagna attorno alla richiesta di un parlamento nazionale dotato di poteri fiscali sul modello inglese. Tra i fautori del rifiuto e quelli dell'adesione ai lavori dell'assemblea prevalse l'ala moderata renana, guidata da personalità come gli influenti banchieri David Hansemann, Ludolf Camphausen, che sarebbe stato chiamato al governo prussiano nel marzo 1848, e Gustav Mevissen, il fondatore e finanziatore della «Rheinische Zeitung», sulle cui colonne scrisse Karl Marx. Questi liberali moderati, vicini alle idee di Rotteck, e promotori l'anno seguente della frazione «Casino» dell'assemblea nazionale, sostenevano che l'avvento dell'industria aveva creato una società nuova, e aspiravano a costituire basi di potere borghesi, autonome dall'aristocrazia terriera prussiana, e uno Stato in grado di intervenire, secondo le teorie di List, per promuovere l'industrializzazione dei settori ad alta intensità di capitale con adeguate tutele doganali e fiscali[18]. Le loro richieste di profonda innovazione delle funzioni dell'assemblea contribuirono a rompere la separazione tra gli *Stände*, per linee in parte economiche e in parte ideologiche, tanto che nonostante il favore di molti deputati per la nuova tratta ferroviaria a Est di Berlino, l'esperimento degli Stati Generali fallì clamorosamente, e il re lo chiuse nel giugno 1847. Sia per la rigidità del re e dei suoi consiglieri, come il ministro degli esteri Ancillon, i quali su pressione dello zar e di Metternich respingevano una «parlamentarizzazione» del governo, e rifiutavano persino di promettere una convocazione periodica del *Vereinigter Landtag*, sia perché i liberali e i rappresentanti delle campagne non intendevano rinunciare al principio «no taxation without representation», gli *Stände* si mostrarono irremovibili ad autorizzare il prestito senza concessioni[19].

[17] R. KOSELLECK, *Preußen zwischen Reform und Revolution,* pp. 344-345.

[18] H.U. WEHLER, *Deutsche Gesellschaftsgeschichte*, II, pp. 426, 677 ss.; H. BEST - W. WEEGE, *Biographisches Handbuch*.

[19] W. BUSSMANN, *Zwischen Preußen und Deutschland*, pp. 201-210; J. GERHARDT, *Der Erste Vereinigte Landtag in Preußen von 1847*.

La lotta con la Corona, che attraversò i lavori del *Vereinigter Landtag*, avrebbe accreditato i moderati agli occhi dei rivoluzionari del 1848, spostando per così dire verso il liberalismo gli equilibri prussiani. Sarebbe però forzato idealizzare i liberali come sostenitori della democrazia, quando è noto che una parte di loro non esitò ad unirsi ai grandi proprietari terrieri, nelle cui file sedeva il giovane Bismarck, e ai rappresentanti delle città dell'Est, per bocciare con 380 voti contro 141 una proposta dello *Staatsministerium* prussiano di trasformare la tassa per classi del 1820 in una moderna imposta generale sul reddito, con un prelievo del 3% sui redditi superiori a 400 talleri, uniforme per città e campagna. La richiesta, che avrebbe perequato il prelievo sulle classi inferiori e permesso una maggiore omogeneità tra i territori, provocò una saldatura trasversale in difesa della vigente tassa di classe, che era più conveniente per i ceti superiori: «Votarono contro nove decimi dei Ritter, tre quarti dei Bürger e appena meno della metà dei Bauern»[20].

Il *Vereinigter Landtag* sarebbe stato riconvocato di urgenza, tra il 7 gennaio e il 6 marzo 1848, alla fine di un lungo braccio di ferro della Corona con il «Comitato permanente sulla convocazione periodica degli Stände». Se tra *Stände* e classi si era aperta una lacerazione, era perché i primi erano stati svuotati dall'interno per l'inserimento della borghesia nella classe dei Rittergüter, con l'acquisto della proprietà terriera nobiliare, mentre parte dell'aristocrazia era ormai imparentata con famiglie borghesi[21]. Un nuovo soggetto era entrato in gioco, il capitale, e dietro di esso un diverso concetto del cittadino.

3. *Le riforme del 1848-1849 e il diritto al voto*

Sull'onda della concessione del suffragio universale in Francia, entro metà febbraio una mozione del deputato liberale Friedrich

20 R. Koselleck, *Preußen zwischen Reform und Revolution*, p. 539; E. von Beckerath, *Die preußische Klassensteuer*, *passim*.

21 Per i dati relativi cfr. R. Koselleck, *Preußen zwischen Reform und Revolution*, *passim*.

Bassermann (1811-1855), accolta dalla Camera bassa del Baden, chiedeva una riforma costituzionale del Bund con la creazione di una Camera elettiva, su base *ständisch*, incaricata di stenderne le linee. Non era esattamente una Assemblea costituente, in quanto avrebbe dovuto sottomettere il progetto al consiglio degli Stati, ma essa trasferiva l'iniziativa politica alle forze parlamentari e metteva le Corone in imbarazzo. Il 28 febbraio Heinrich von Gagern, futuro presidente dell'assemblea di Francoforte, presentava allo stesso consesso uno schema di riforma costituzionale, mentre il 21 marzo persino Federico Guglielmo IV di Prussia, per calmare i moti berlinesi, collegava la promessa di una costituzione prussiana, e la convocazione di una apposita assemblea generale, alla riforma federale del Bund. A Heidelberg su proposta di Karl Theodor Welcker, chiamato clamorosamente come neo ministro delle Finanze del Baden, nasceva il cosiddetto «comitato dei sette» che in tempi brevi presentava una proposta di convocazione di un'assemblea nazionale elettiva.

Per prevenire derive rivoluzionarie il Bundestag, dove nel frattempo era cresciuta la presenza dei liberali chiamati immediatamente dai sovrani al governo degli Stati, accolse le richieste di riforma provenienti dagli Stati, tracciò le direttive per la redazione di una costituzione federale e invitò, il 10 marzo, tutti i governi a istituire una assemblea generale elettiva per la preparazione del testo costituzionale. Il 30 marzo il Bund emanava la legge elettorale della assemblea federale (*Bundesversammlung*). Si sarebbe eletto un rappresentante ogni 70.000 anime, concedendo comunque un rappresentante anche agli Stati che non raggiungessero quella soglia di popolazione. Si lasciava ai singoli stati la decisione sulle modalità di elezione, se con le leggi vigenti o con un'apposita legge elettorale, suggerendo però in tal caso il modello del Baden, che era l'unico a non avere una rappresentanza per *Stände* ma una «generale» di tutto il popolo[22].

22 Si trattava peraltro di una costruzione ideologica, che sarebbe stata ripresa dalla teoria giuridica liberale di fine secolo, nella misura in cui il popolo a cui si faceva riferimento in Baden era in sostanza la borghesia: G. MEYER, *Das parlamentarische Wahlrecht*, p. 174; J. HATSCHEK, *Das Parlamentsrecht des Deutschen Reiches*.

La legge elettorale fu però modificata dal cosiddetto *Vorparlament* (pre-parlamento) che si riunì a Francoforte tra 31 marzo e 4 aprile 1848. Convocato dal comitato dei sette, il *Vorparlament* oscillò tra un consesso rivoluzionario e una riunione di notabili fautori di una riforma monarchico-costituzionale di stampo renano. I suoi 574 membri non erano eletti, ma invitati d'urgenza in rappresentanza degli *Stände* delle Camere basse e dei Comuni, per contestare ai sovrani l'iniziativa, e incanalare la mobilitazione dei contadini e della piccola borghesia; vi predominavano numericamente i 72 notabili del Baden e gli 84 dell'Assia, contro i 2 dell'Austria. Il *Vorparlament* colse immediatamente il significato di una proposta di legge elettorale eterogenea tra i vari Stati, che avrebbe impedito una vera funzione nazionale alla nuova assemblea, ed elaborò una propria audace proposta di legge elettorale, che ridusse a 50.000 le anime per collegio, e richiese l'abolizione del sistema censitario e in generale di ogni discriminazione dell'elettorato attivo e passivo dovuta a reddito, ceto o religione. Si estendeva il suffragio, giungendo quasi alla soglia del suffragio universale maschile, anche se non si escludevano, anzi si sottintendevano, possibili discriminazioni nella sua applicazione. Non a caso l'assemblea approvò il diritto di voto attivo e passivo per tutti i maschi maggiorenni e dichiarò di favorire il sistema diretto rispetto a quello indiretto, ma lasciò liberi gli Stati membri di scegliere per proprio conto la legge elettorale per l'assemblea nazionale. Nella stesura definitiva del testo, affidata ad una commissione ristretta, fu introdotta la clausola della «indipendenza» degli aventi diritto, su cui l'assemblea non si era pronunciata[23].

Il Bundestag accolse le indicazioni del *Vorparlament*, pur senza menzionarlo per non legittimare la rivoluzione dal basso, c licenziò la legge elettorale (7 aprile 1848) che fornì le basi per l'assemblea nazionale di Francoforte alla quale affidava un compito di proposta costituzionale da sottoporre al Bund. La seconda «Bundeswahlgesetz» regolava la rappresentanza confederale degli Stati membri. Il parlamento avrebbe contato 605 deputati. Si prevedeva minimo un deputato per ogni Stato

23 W. Siemann, *Die deutsche Revolution*, pp. 23 ss.

(Land) della Confederazione, con una soglia minima di 50.000 «anime» (ossia abitanti censiti, indipendentemente dalla durata della loro residenza sul posto e da differenze di censo, età o sesso) per collegio, e una clausola di salvaguardia che assicurava comunque un deputato agli stati con popolazione inferiore a quella soglia; per i Länder con più di 50.000 anime, si sarebbe aggiunto un deputato in più ogni 25.000 anime addizionali. Aventi diritto erano tutti i cittadini maschi, maggiorenni e indipendenti (*selbständig*). L'accesso al voto passivo era regolato dagli stessi criteri.

4. *L'ambiguità della «Selbständigkeit» come principio di esclusione politica*

È evidente che il perno della legge elettorale era la qualifica di *selbständig*, ossia di indipendente. Il criterio della «Selbständigkeit» era oscuro e ambivalente, significava letteralmente «stare in piedi da sé» ma l'incorporazione nel termine della parola *Stand* alludeva alla capacità di reggersi nella propria posizione sociale, nel proprio *status*. Esso mutuava una nozione di diritto privato trasformandola in requisito positivo per i diritti politici. Kant aveva collegato la libertà e l'autodeterminazione, e individuato nella *Selbständigkeit* un prerequisito della cittadinanza politica, che richiedeva una proprietà o un lavoro non servile, e aveva ritenuto ammissibili al voto solo i «produttori-imprenditori», escludendo i subordinati («operarii non sunt artifices»)[24]. Kant aveva riconosciuto che la definizione dell'autonomia non era semplice, e se Rotteck la intendeva come indipendenza economica e «l'autonomia del tenore di vita (*Lebensunterhalt*), ossia l'indipendenza dalla discrezionalità di altre persone»[25], non era chiaro quali fossero i requisiti giuridici per tale status. Con quell'espressione ci si riferiva all'emancipazione da servitù giuridiche e all'accesso alla sfera del contratto, ossia a quell'ambito sociale esterno al controllo

[24] I. Kant, *Sul detto comune*, in particolare il paragrafo «Del rapporto della teoria con la pratica del diritto pubblico».

[25] K. von Rotteck, *Census*, p. 155.

degli *Stände*, che si era costituito a partire dall'*Allgemeines preussisches Landrecht* (*ARL*) e dal diritto civile dei vari Stati.

Era stato precisamente Savigny ad individuare nella capacità individuale di formare una volontà propria il requisito per l'accesso alla potestà giuridica. Con una ricerca sistematica del 1803 sulle pandette giustinianee, che gli aveva assicurato la precoce celebrità internazionale, egli aveva sistematicamente depurato le fonti latine dalle successive concrezioni medievali e recuperato il diritto romano imperiale per precisi fini pratici. Savigny aveva voluto dare alla proprietà un fondamento giuridico profondo e duraturo, sottratto al diritto rivoluzionario e alla discrezionalità sovrana. Lì aveva individuato l'istituto del possesso come condizione essenziale alla proprietà. L'«animus possessionis», ossia la volontà di possesso, si costituiva assieme alla capacità di far valere i propri diritti. Forza, volontà e diritto si legavano in una concezione unificante, base di una nuova soggettività individuale incardinata nella tradizione. Così le differenze di *status* venivano salvaguardate dal diritto consuetudinario, mentre il rapporto tra antichi ordini e individuo si ridefiniva a partire dalla capacità individuale. Su un piano generale il problema diventava come fondare il nesso possesso-volontà. Savigny aveva formulato limpidamente l'interrogativo: «quali sono le persone che non possono acquistare il possesso, per la ragione ch'esse non possono, in generale, volere?»[26]. La sua risposta era che nel diritto romano le persone giuridiche fittizie come le Corporazioni non potevano avere una volontà, così come non potevano averne una i malati di mente e i bambini, mentre concedeva che un tutore potesse esprimere la volontà di un ragazzo.

Savigny aveva così voluto affrontare il problema di una nozione di proprietà che tenesse conto sia della libertà di mercato sia della spinosa questione dei contadini, che nel 1803 erano ancora

[26] Tali criteri erano definiti ad esempio sulla base dell'interpretazione della storia del diritto romano da F.C. von Savigny, *Il diritto del possesso*, pp. 226-228. Apparso nel 1803, tradotto in più lingue e considerato dal francese Lerminier «il più bel libro di diritto romano apparso dal secolo sedicesimo», ebbe varie edizioni fino alla sesta del 1836 che servì di riferimento per la versione italiana.

gravati dei legami feudali, da cui avrebbero potuto riscattarsi pochi anni dopo. Mentre «il diritto comune tedesco aveva considerato i contadini alla stregua degli antichi coloni», nel diritto medievale «i coloni venivano visti come fittavoli legati alla terra». La sua «approfondita riflessione» servì a chiarire che «il 'vero' diritto romano aveva concepito i coloni come affittuari di *status* libero; a tale configurazione la moderna scienza giuridica si sarebbe potuta ispirare liberamente»[27]. L'integrazione politica dei contadini avrebbe stabilizzato un assetto conservatore nelle campagne, contro le dinamiche instabili del mercato auspicate dai liberali. Tuttavia, ancora nel 1848, quell'ispirazione di principio non era stata accolta in quanto, nonostante l'abolizione della servitù della gleba in Prussia risalisse al 1806, la feudalità ancora resisteva attraverso l'*ALR*, per cui l'indipendenza economica e quella giuridica dei contadini restarono materia controversa fino all'abrogazione dei privilegi aristocratici prevista dalla Costituzione prussiana del dicembre 1848.

Una questione connessa, che avrebbe lungamente preoccupato le amministrazioni locali e gli operatori del diritto, era se i «pazzi» che disponevano di un'indipendenza economica andassero o meno esclusi dal suffragio. Intendendo la *Selbständigkeit* come capacità contrattuale, nel senso del diritto privato, li si sarebbe esclusi, ma nel linguaggio corrente di cui la legge faceva volutamente impiego, il termine si riferiva piuttosto alla capacità economica in senso stretto. La finalità implicita della norma era infatti di escludere una fascia di persone assai più ampia dei malati mentali, ossia tutti coloro che non disponessero pienamente della loro proprietà o di se stessi. In questo modo si elevava una barriera contro coloro che godevano di un reddito ma non della piena disponibilità di se stessi e dei loro beni, come i domestici, e molte categorie di contadini, braccianti, garzoni e lavoratori subordinati a un padrone. Al limite, nel linguaggio corrente la *Selbständigkeit* si poteva riferire alla piena autonomia economica, all'autosufficienza alimentare delle grandi proprietà terriere o alla conduzione di un'attività

[27] Citazioni tratte da L. SOLIDORO MARUOTTI, *La tradizione romanistica*, p. 156.

autonoma, il che avrebbe potuto permettere di escludere dal voto una fascia enorme di elettori quali i lavoratori dipendenti. Ad esempio in Württemberg, negli anni Venti, i conservatori avevano inizialmente contestato il diritto di eleggibilità dei dipendenti statali, finendo tuttavia per cedere davanti all'argomento secondo il quale erano i più competenti a deliberare, e accordandosi sulla richiesta di autorizzazione allo Stato della «aspettativa» dall'impiego. Nella prassi, pertanto, si faceva riferimento al concetto in modo flessibile in base al diritto privato, ma la precisione giuridica difettava[28].

Il codice civile prussiano aveva creato un ambito linguistico neutro e assai ampio – fondato su sinonimi come abitante, cittadino – in cui impiantare i diritti individuali, la cui fruizione si fondava però ancora sui privilegi e sugli obblighi derivanti dall'appartenenza di ciascuno al proprio *Stand*. L'indipendenza perciò lasciava enormi margini di interpretazione sul suo autentico significato sociale. Essa traeva il proprio significato dalle scelte dell'assolutismo illuminato su temi quali famiglia, paternità, successione, diritti di proprietà, e dall'evoluzione della diffusa etica romantica in materia di rapporti tra i sessi, che si misurava con la formazione di una inedita società borghese. L'*ALR*, ad esempio, aveva codificato per la prima volta che la famiglia si restringesse alla parentela del marito e che la donna, sposandosi, uscisse dalla propria. L'estensione di una definizione di diritto privato a un terreno pubblico faceva perdere così alle donne il voto, e dava al capo famiglia maschio anche la rappresentanza della servitù[29].

Tra gli «indipendenti» rientravano invece senz'altro i membri della società civile che avessero dimostrato di saper esercitare delle responsabilità sociali, che avessero cioè acquisito la maturità derivante dall'esperienza. Si sarebbe considerato un duplice criterio di «indipendenza», affiancando a quello economico uno di anzianità, in modo da rafforzare il mero filtro materialista costituito dal reddito o dalla proprietà con

[28] C. Bornhak, *Preußisches Staatsrecht*, p. 411.

[29] R. Koselleck, *Preußen zwischen Reform und Revolution*, pp. 54-65.

uno supposto qualitativo. Da qui il requisito della maggiore età, fissato in genere a 24 o 25 anni, cioè dopo circa otto-dieci anni di autonomia economica, o dopo la prestazione del servizio militare, inteso come servizio allo Stato e non più soltanto al sovrano. La compresenza di un diritto individuale e di una concezione *ständisch* portava inoltre ad estendere la responsabilità dell'elettore rispetto ai membri della famiglia che si supponeva egli rappresentasse, tanto da escluderlo dal voto in caso di loro comportamenti confliggenti con i requisiti per il suffragio. Si escludevano così dal voto i genitori di figli minorenni che percepissero assistenza sociale. La norma si applicava però solo ai figli in età lavorativa, e secondo la prassi successiva del «Bundesamt für Heimatswesen» (Ufficio federale per le questioni della cittadinanza), nell'Impero tedesco sorto dal 1870, accanto alla *Armenmündigkeit* stabilita a 16 anni, dall'inizio del secolo XX la regolamentazione amministrativa fissava a 14 anni l'età in cui si supponeva che l'individuo fosse in grado di lavorare per sostentarsi[30].

All'ambiguità della *Selbständigkeit* possiamo ricondurre alcune aporie del compromesso sul diritto di voto per la costituente confederale del 1848. Nel *Vorparlament* – a giudizio di G. Meyer – non risulterebbe agli atti una discussione specifica ma emerse una concezione della *Selbständigkeit* nel senso della capacità contrattuale del diritto privato. Dal diritto di voto sarebbero stati esclusi solo gli incapaci, ma non i lavoratori dipendenti, nè gli operai o gli apprendisti[31]. La questione, deli-

[30] In pratica, a vantaggio del genitore di un figlio povero, riconoscendo alcune istanze della socialdemocrazia, dai primi del Novecento si distingueva l'indipendenza psicologica da quella economica, e non si considerava più un aiuto alla famiglia il sussidio percepito dal quattordicenne. J. HATSCHEK, *Kommentar zum Wahlgesetz*, p. 46.

[31] Come richiamava G. MEYER, *Das parlamentarische Wahrrecht*, pp. 171 ss., nella relazione ufficiale di sintesi delle decisioni del *Vorparlament* curata da F.S. JUCHO, *Verhandlungen des deutschen Parlaments*, I, pp. 57, 172, tra i requisiti del voto attivo e passivo risulta il requisito della *Selbständigkeit*, mentre nell'emendamento approvato durante i lavori dell'Assemblea si escludevano discriminazioni di censo e si richiedevano solo la maggiore età e la cittadinanza. Nel testo finale, contraddittoriamente si escludevano così discriminazioni censitarie mentre si richiedeva la *Selbständigkeit*. Dal

catissima, attraversava le variegate aziende agricole e le imprese artigiane in cui gli apprendisti abitualmente vivevano nella bottega del maestro, e si incrociava con le proteste contro la libertà di impresa da parte del *Mittelstand* (ceto medio, ovvero piccola e media borghesia), in Baden, in Prussia, in Slesia. Le richieste difensive e corporative degli artigiani tedeschi, riuniti a congresso a Francoforte tra luglio e agosto 1848 contro il principio della libera concorrenza e della libera circolazione dei lavoratori e dei capitali, suscitarono la reazione dei lavoratori subordinati tanto da indurli a organizzarsi in sindacato generale dei lavoratori a Berlino, con un programma politico radicale. Le pressioni dei liberali progressisti e dei democratici meridionali per imbrigliare quelle istanze nelle istituzioni superarono le riserve dei liberali moderati, e alla fine, il *Vorparlament* escluse soltanto quattro categorie di persone: 1. chi fosse sotto tutela o in curatela; 2. chi fosse sottoposto a procedura di fallimento, per la durata della procedura; 3. chi avesse perso i diritti civili per effetto di una condanna penale, ma soltanto per la durata della pena; 4. chi avesse ricevuto assistenza ai poveri nell'anno in corso o in quello precedente. Una definizione «negativa» e minimalista quindi, anche se l'interpretazione di quei criteri poteva variare[32].

Viceversa il Bund – appoggiandosi sulle inclinazioni dei liberali moderati per un sistema censitario – fece della *Selbständigkeit* un requisito giuridico positivo, e ben più restrittivo, seppur lasciando agli Stati membri la libertà di definirlo. Così, nelle elezioni del 1848 per l'assemblea nazionale di Francoforte, ogni Stato tedesco interpretò il criterio dell'indipendenza a modo suo[33]. I lavoratori industriali, i salariati e i braccianti

resoconto dei lavori non appare quando la *Selbständigkeit* fosse stata inserita nella relazione; si può ipotizzare una redazione conclusiva di sintesi affidata alla Presidenza dell'Assemblea.

32 Fu solo a partire dagli anni Ottanta che si diffuse la prassi di precisare che per assistenza ai poveri non andava intesa la percezione di prestazioni sociali quali gli assegni per malattia, cure autorizzate per malattia, aiuti per lo studio e la formazione dei giovani.

33 In alcuni Stati si emanarono leggi (*Gesetz* = G.), in altri decreti (*Erlass* = E.) in altri semplici ordinanze (*Verordnung* = V.): Austria, V. 18 aprile; Prussia,

agricoli poterono votare in Prussia, Assia-Darmstadt, Nassau, Braunschweig e Schleswig-Holstein, dove non si richiese la piena *Selbständigkeit*. In Baden e in Turingia, furono le autorità locali a decidere caso per caso; nella Sassonia, restìo ad abbandonare il sistema cetuale, e ad Hannover, venne escluso chiunque ricevesse alloggio e cibo da un *Dienstherr*, un padrone. In Austria, Württemberg, Hannover ed elettorato d'Assia furono esclusi salariati, domestici e apprendisti artigiani. In Baviera l'interpretazione fu ancora più rigida e si concesse il voto solo a chi pagasse tasse statali[34]. Il sistema di voto fu quasi dappertutto indiretto, ma in alcuni piccoli Stati occidentali, quali Württemberg, elettorato d'Assia, Schleswig-Holstein, e nelle libere città di Francoforte, Amburgo e Brema si scelse il voto diretto[35].

Quest'ultimo sistema non significava però necessariamente maggiore democraticità, come una lettura superficiale porterebbe a immaginare. Per esempio in Sassonia, con le riforme costituzionali del 1848 il voto fu concesso ad una base elettorale ristretta a chi pagasse almeno 10 talleri di tasse. Non vi è dubbio che il livello contributivo fissato fosse inferiore a quello della riforma costituzionale cetuale del 1831, né che la semplificazione dell'accesso ai diritti politici, tramite l'abrogazione del requisito della professione di una religione, comportasse

V. 11 aprile; Baviera, G. 15 aprile, Sassonia, V. 10, 17, 20 aprile; Hannover V. 14 aprile; Württemberg, V. 11-12 aprile; Baden, E. 26 aprile; elettorato d'Assia, G. 10 aprile; Grossherzogtum Hessen G. 9 aprile; Sassonia-Weimar, G. 11 e Instrukt. 20 aprile; Schleswig-Holstein, V. 18 aprile; Lauenburg V. 25 aprile; Lussemburgo Beschlüsse 2 e 9 maggio; Oldenburg G. 8 aprile; Meclenburgo-Schwerin V.V. 10, 13, 17, 18 aprile; Meclenburgo-Strelitz, V. 12 aprile; Braunschweig, G. 11 aprile e *Bekanntmachung* (proclama) 17 aprile; Sassonia-Meininingen, G. 12 aprile; Sassonia-Coburg-Gotha, G. 12 aprile, Nassau, E. 8 aprile, Anhalt-Bernb., *Bekanntmachung* (Bek.) 8, 29 aprile; Schwerin-Sondersh. V. 15 aprile; Waldeck, V. 11 aprile; Reuss j. Linie V. 22 aprile; Schaumburg-Lippen, Bek. 5, 11 aprile; Lippe-Detmold, V. 12, 26 aprile; Brema V. 22, 24 aprile; Francoforte, G. 25 aprile; Amburgo, Bek. 12, 15-19 aprile, Lubecca, Bek. 19 aprile (cfr. G. MEYER, *Das parlamentarische Wahlrecht*, p. 179, n. 1).

34 Cfr. E.R. HUBER, *Deutsche Verfassungsgeschichte*, II, pp. 538-539.

35 *Ibidem*, pp. 540 ss.

un maggior grado di libertà individuale. Ma il prelievo fiscale minimo era pur sempre sufficiente ad escludere più elettori che nel sistema indiretto della Prussia[36].

Il dato comune della nuova legge elettorale per l'assemblea di Francoforte consisteva in una modifica ormai definitiva del concetto di popolo. Dappertutto si era passati dal voto per ceto a quello individuale e generale, e nonostante le resistenze dei conservatori si era allargata la base di legittimazione per una costituenda nazione tedesca[37]. Sebbene il radicalismo del *Vorparlament* indicasse un orientamento unitario, la provvisoria e ambigua soluzione adottata per la *Selbständigkeit* lasciava ancora indefinita la base di una cittadinanza politica uguale per tutti i tedeschi. Chi fosse il popolo tedesco, quali i sui poteri e chi fosse in grado di rappresentarlo sarebbe rimasto indefinito fino a che non si fosse chiarita la natura dello Stato federale.

5. *La concezione neutra dell'assemblea*

Su quella decisiva questione l'assemblea non si volle pronunciare immediatamente, sia in attesa degli esiti costituzionali nelle due grandi potenze sia per le divisioni suscitate dalla questione polacca e dello Holstein. L'attendismo sul problema istituzionale, coerente con la priorità data alla stesura di una carta dei diritti del cittadino, che Droysen e Theodor Mommsen vedevano come «Magna Charta» della Germania, è frutto di un tentativo di soluzione pacifica che guarda alla monarchia parlamentare per tutto il territorio del vecchio Reich, rifiuta la violenza rivoluzionaria e evita di prendere posizione sulla questione politica fondamentale del rapporto tra Austria, Prussia e Stato federale.

36 F. HETTNER, *Die Wahlgesetze*. Hettner era direttore della corte d'appello di Dresda.

37 M. BOTZENHART, *Deutscher Parlamentarismus*, p. 156, stima gli aventi diritto a circa il 75% dei maggiorenni maschi, e la partecipazione elettorale tra il 40 e il 75%. Sassonia e Baden eleggono più deputati democratici per la radicalizzazione della borghesia nel 1845-1847, rispetto alla Prussia dove prevalgono conservatori e moderati.

L'interrogativo aperto, riguarda il grado di condizionamento esercitato dalla concezione apolitica del parlamento che attraversa la cultura liberale[38]. Quella cultura, che separa politica e diritto, offre un possibile filo conduttore nella ricostruzione di una vicenda complessa come quella del suffragio, il cui destino era legato da molti fili alla forma concretamente possibile di Stato federale. Un preciso disegno costituzionale, in fondo, guida i liberali moderati verso una fatale dipendenza dalla Corona prussiana.

Sia l'ambivalenza sulla natura del parlamento, da un lato organo consultivo del Bund, e dall'altro lato organo rappresentativo e potenzialmente costituente della nazione tedesca, sia la necessaria mediazione con le monarchie dei grandi Stati, di cui i moderati temevano un intervento repressivo, pongono un dilemma per la cultura liberale. Essa si sarebbe allineata con le Corone sulle questioni nazionali e territoriali, e con i democratici sulla estensione dei diritti civili e del potere legislativo parlamentare. Nella primavera del 1849 sarà addirittura il governo provvisorio del Bund, nella percezione di un suo crescente isolamento, a chiedere agli eserciti del Bund la repressione dei moti a Francoforte. Le alterne sorti della rivoluzione, dal marzo 1848 al maggio 1849, smentiscono le speranze liberal-moderate di un parlamento apolitico e capace di unire tutti gli Stati del Bund attorno a una monarchia costituzionale e parlamentare.

Nell'analisi dei lavori dell'Assemblea, Siemann ha individuato due grandi correnti in tensione, una «nazional-democratica», fautrice dell'autodeterminazione dei polacchi, degli italiani e dei danesi, e una «nazional-antagonista», ossia sciovinista, sostenitrice della superiorità della Germania e del suo diritto a espandersi territorialmente laddove tradizioni storiche e rapporti di forza lo consentissero. Le tensioni con la Corona

[38] Il condivisibile giudizio di Wehler, sulla distanza tra la concezione liberale che guida i borghesi e i giuristi, che componevano oltre la metà dell'assemblea di Francoforte, e la concezione apolitica dell'aristocrazia per cui «Soltanto una cosa questi attivi borghesi illuminati non erano di certo: esponenti apolitici di una interiorità spirituale aristocratica!» (trad. mia) non risolve la questione: H.-U. WEHLER, *Deutsche Gesellschaftsgeschichte*, II, p. 740.

danese dell'estate 1848, accese tipicamente dalla problematicità del principio nazionale in un'area di confine del Bund, vedono una prevalenza anche tra i democratici dell'opzione espansiva e militare, nell'illusione che appoggiando un intervento militare a difesa dell'autonomia dell'Holstein dalla Danimarca, la confederazione vincolasse gli Stati membri ad una politica comune. Ne deriva una subalternità alla monarchia prussiana, la quale invece guida in proprio l'intervento militare contro la Corona danese e non riconosce il comando dell'assemblea[39]. A cosa si deve la difficoltà dell'assemblea a misurarsi con divisioni politiche che in retrospettiva non appaiono del tutto sorprendenti? La costellazione discorsiva razionale e naturalista della nazione tedesca si poggia sullo stesso terreno razionalista e tendenzialmente dogmatico del discorso dell'esclusione. Il popolo legislatore postula l'unità linguistica e culturale della nazione anche se essa è inattingibile, e considera come deroghe temporanee le soluzioni concretamente possibili per uno Stato federale, invece di aprirsi ad una concezione più pluralista – liberale e non esclusivamente nazionale – dello Stato.

Così l'originaria ipotesi grande-tedesca, che fu perseguita dall'assemblea per tutto il 1848 attraverso l'affidamento a un granduca asburgico del mandato di reggente (*Reichsverweser*) del costituendo Stato federale, non ebbe mai margini realistici di attuazione in quanto postulava la rottura dell'unità dell'Impero austriaco tra territori tedeschi e non-tedeschi, e non era perseguibile per una monarchia asburgica che non intendeva rinunciare all'Impero multietnico e alla sua impostazione *ständisch*. Invece un ripiegamento piccolo-tedesco, guidato dalla Prussia, che trova crescenti adepti dall'autunno del 1848 quando si radicalizza la rivoluzione a Vienna, minaccia di spaccare la confederazione in due o tre gruppi e di aprire piaghe nella nazione. La soluzione grande-tedesca avrebbe probabilmente imposto una scelta tra un'assemblea democratica e la tradizione conservatrice-imperiale, mentre quella piccolo-tedesca a guida prussiana, gradita ai liberali moderati delle aree incluse nello

39 W. Siemann, *Die deutsche Revolution*, pp. 146-157. Cfr. anche E. Sestan, *La costituente di Francoforte (1848-49)*.

Zollverein, spostava gli equilibri verso il protestantesimo a guida aristocratica e la «modernizzazione dall'alto».

Forse non è soltanto in nome della nazione se il liberalismo moderato cerca di conciliare l'impossibile, il potere monarchico e il parlamento costituzionale, la cultura *ständisch* e la libertà individuale, l'autonomia degli Stati e il potere federale, invocando una razionale separazione dei poteri e soluzioni pragmatiche di compromesso. Si può vedere nel comportamento dei liberali una acuta consapevolezza dei limiti della rivoluzione parlamentare, una valutazione realistica dei rapporti di forza da cui discendeva l'esigenza di non rompere con le monarchie fino a che gli eserciti fossero a loro fedeli. Tuttavia è un discorso politico razionalizzatore, che risolve nella nazione le aporie costitutive di un popolo eterogeneo, a consegnare il parlamento di Francoforte all'iniziativa della Prussia e a segnarne la caduta finale nel 1849. Nel dilemma tra nazione e Stato unitario traspare la concezione apolitica di un parlamento che cerca di domare il suffragio universale che la aveva generata. E se il suffragio universale venne alla fine confermato, esso fu strumentale a un disegno costituzionale liberale e monista, che vede nel protestantesimo una più sicura fondazione.

Il percorso del suffragio universale è noto e merita appena di ripercorrerlo per sommi capi. Dall'8 aprile al 18 maggio 1848 si tennero 25 sedute del «comitato dei diciassette», ossia dei rappresentanti degli Stati membri del Consiglio del Bund. Il 26 aprile il progetto di costituzione era pronto ma fu ufficialmente ricevuto dall'Assemblea nazionale, appena eletta, solo il 18 maggio. L'assemblea, su richiesta di alcuni deputati di sinistra, guidati da Robert Blum e Franz Jacob Wigards, rifiutò il testo come base per la costituzione e si impegnò a redigerne uno proprio; tuttavia se ne servì come base per i suoi lavori[40].

La priorità accordata ai diritti fondamentali dell'individuo fece sì che la legislazione elettorale venisse affrontata relativamente tardi, e il 25 ottobre la commissione costituente decise

[40] Cfr. J.-D. KÜHNE, *Die Reichsverfassung der Paulskirche.*

di escludere i diritti elettorali dalla costituzione e rinviare la materia a una apposita legge[41]. Il progetto di costituzione si era limitato a stabilire che il futuro organo legislativo dello Stato federale, il Reichstag, sarebbe consistito di due Camere, una federale degli Stati e una elettiva del popolo, e che nella Prima Camera la metà dei membri sarebbe stata designata dai governi, l'altra metà dalle Camere basse (*Volksvertretungen*) dei singoli Stati. La Camera bassa sarebbe stata eletta dal popolo ogni tre anni[42].

La legge elettorale per la Camera bassa del Reichstag fu discussa tra la prima e la seconda lettura della costituzione (emanata il 29 marzo 1849), e pubblicata il 12 aprile 1849, quando lo slancio riformatore nel Bund si stava arenando sulle sabbie del potere imperiale austriaco, in quel momento alla riscossa con il soccorso russo per schiacciare la rivolta ungherese. La

[41] Come noto, i diritti fondamentali occuparono l'assemblea per l'intero 1848 e il dibattito si sarebbe concluso il 20 dicembre con l'approvazione di una legge apposita del governo provvisorio del Bund, che fu promulgata il 17 gennaio 1849, affinché fosse immeditamente esecutiva in tutto il Bund. La legge anticipava così una parte della Carta costituzionale. Il testo definitivo modificava significativamente la proposta della commissione costituente, presieduta da F. BASSERMANN, relatore G. BESELER e segretario J.G. DROYSEN che licenziò già il 19 giugno 1848 una bozza dei diritti fondamentali, la quale all'art. 1 istituiva una cittadinanza federale, ossia del Reich, e prevedeva una cittadinanza inclusiva, non etnico-linguistica ma comprensiva di tutti i cittadini degli Stati del Reich. Il disegno era in larga misura programmatico, e rinviava l'esercizio di molti diritti a una legislazione futura degli stati. L'art. 1 della commissione prevedeva che il diritto di voto per l'assemblea del Reich sarebbe stato esercitato nel luogo di residenza e postulava un suffragio semi-universale maschile. Nulla si diceva però dei poteri dell'assemblea che sarebbero stati regolati separatamente. La legge introdusse delle modifiche, si lasciava intatto il diritto di cittadinanza del Reich per tutti i tedeschi mentre si lasciava aperta la strada a restrizioni del «diritto a votare per l'Assemblea del Reich», con il rinvio ad «una legge elettorale emanata dal Reich». Il testo dei diritti fondamentali con il commento di T. MOMMSEN, *I diritti fondamentali del popolo tedesco*.

[42] *Reichsverfassung vom 28. März 1849*, §§ 85, 88, 93. La costituzione stabilì anche la durata dell'assemblea e le diete e i rimborsi dei deputati (§§ 94, 95). La concezione neutra e razionalista dell'assemblea trovò espressione anche nelle incompatibilità tra il mandato nella Camera alta e il ruolo di ministro, e tra il ruolo di deputato e qualsiasi incarico nel Reich. Si ammetteva l'eleggibilità dei funzionari pubblici, senza bisogno di alcuna autorizzazione.

commissione costituzionale dell'assemblea, di cui fu relatore lo storico Georg Waitz (1813-1886), allievo di Ranke e vicino ai moderati della frazione Casino, aveva proposto un sistema elettorale censitario e diretto, perché solo il voto diretto avrebbe permesso di avvicinarsi ad una «rappresentazione» (*Repräsentation*) del popolo[43]. Quella funzione rappresentativa del parlamento, che superava il vecchio principio monarchico, postulava il passaggio alla sovranità popolare? Come il parlamento di Francoforte potesse sperare che le Corone prussiana e austriaca accettassero quella impostazione resta un interrogativo aperto, spiegabile solo in parte con la fiducia nella vittoria di un movimento rivoluzionario che, durante i lavori della commissione costituzionale, tra settembre e dicembre 1848, poteva contare sulla mobilitazione popolare nelle grandi capitali. Parte della spiegazione va ricercata nella fiducia dei liberali nella possibilità di persuadere almeno la monarchia prussiana della bontà del modello misto di costituzione federale da loro disegnato.

La Costituzione federale del 1849 lasciava prudentemente in sospeso se la sovranità dovesse derivare dal popolo, e la suddivideva funzionalmente tra esecutivo e legislativo, creando anche una corte di giustizia federale per i conflitti di competenza. In quel modello misto, il voto diretto non avrebbe trasferito il potere popolare al parlamento, cosa impossibile secondo la dottrina di Rousseau, ma avrebbe costituito la voce di un popolo tedesco altrimenti inafferrabile perché frammentato. Sul modello del Baden, la dieta del Reich – il Reichstag – avrebbe dovuto condividere con il sovrano il potere legislativo, sorvegliare il bilancio, tutelare i cittadini dalle imposte richieste dal potere esecutivo affidato al re. La sovranità – che solo in ultima istanza discendeva dal popolo – sarebbe stata divisa funzionalmente, e così anche la rappresentanza.

[43] La fonte principale è data dai resoconti stenografici, *Stenographischer Bericht über die Verhandlungen der deutschen konstituirenden Nationalversammlung zu Frankfurt a.M.*, VII, pp. 5218 ss., qui citato da G. MEYER, *Das parlamentarische Wahlrecht*, p. 181. Cfr. anche M. BOTZENHART, *Deutscher Parlamentarismus*, pp. 664-667.

Quanto di quella impostazione costituzionale derivava dalla concezione neutra e apolitica del potere? Se Waitz prevedeva di limitare l'accesso al suffragio, era perché riteneva con Welcker che si dovesse separare nettamente il potere legislativo da quello esecutivo, renderli autonomi per far sì che si neutralizzassero reciprocamente. La garanzia di un potere legislativo autonomo stava a sua volta nei criteri della sua selezione. La chiave della divisione dei poteri stava quindi nella *Selbständigkeit*, di cui in aula si tentò di definire l'estensione. Non ci furono dubbi sull'esclusione di chi non avesse capacità contrattuale, fosse fallito o percepisse assistenza. La discussione si accese perché i moderati della frazione Casino, che erano sovrarappresentati in commissione, avevano stabilito nel disegno di legge l'esclusione dei lavoratori subalterni, ossia del personale di servizio, degli apprendisti, dei giornalieri, dei braccianti e degli operai industriali i quali, anche se occasionalmente avevano dimostrato di poter sposare la causa della libertà, venivano ritenuti inaffidabili, sia per le loro pretese materialiste sia perché potenzialmente ricattabili dai loro datori di lavoro e dall'aristocrazia. La proposta della commissione di escludere il quarto stato incontrò una dura opposizione sia dalla minoranza della commissione sia soprattutto dall'assemblea, dove nel febbraio 1849 il comma fu battuto con ben 422 voti contrari e appena 21 a favore. Il progressista Franz J. Wigard – con Robert Blum uno dei protagonisti del movimento cattolico-tedesco, con circa 30.000 aderenti, sorto nel 1845 in polemica con le gerarchie ecclesiastiche e ispirato al modello comunitario e sinodale della chiesa evangelica – obiettò che si sarebbe trattato di un considerevole passo indietro rispetto a quanto già concesso per le elezioni della stessa costituente in alcuni Stati e a quanto stabilito dal *Vorparlament*, anche se corrispondeva alla situazione giuridica di molti Stati. I criteri di residenza e cittadinanza spesso erano sufficienti a escludere gran parte di quelle categorie, senza per questo giungere a discriminazioni formali che sarebbero apparse odiose[44]. L'ala sinistra dell'assemblea, che aveva costituito la minoranza della

[44] G. Meyer, *Das parlamentarische Wahlrecht*, pp. 182-183; R. Blum - F. Wigard (edd), *Die zweite allgemeine christkatholische Kirchenversammlung*.

commissione costituzionale, rivendicò il diritto dei lavoratori, degli apprendisti e degli artigiani a partecipare alla vita dello Stato, e alcuni moderati si espressero tatticamente a difesa dei lavoratori più intraprendenti, contro discriminazioni rigide che non permettessero di premiare con l'acquisizione del diritto elettorale virtù civiche, quali il risparmio e l'operosità.

L'abbandono delle richieste della commissione fu sapientemente pilotato dai moderati liberali filoprussiani guidati da Heinrich von Gagern, deputato dell'Assia, in quel momento primo ministro, ministro degli interni e degli esteri del governo provvisorio del Bund, il quale stabiliva il 23 marzo un accordo sul diritto elettorale con la sinistra moderata guidata dal suo successore alla presidenza dell'assemblea, Heinrich Simon, per ottenere in cambio l'appoggio al modello monarchico-costituzionale ereditario piccolo-tedesco, che prevedeva una divisione netta tra potere esecutivo monarchico e quello legislativo parlamentare[45]. Gagern, consapevole della impossibilità di una adesione austriaca a una costituzione federale che avrebbe escluso i cittadini non-tedeschi, propendeva per una Unione a due velocità, con un nucleo federale a guida prussiana e una seconda unione allargata che includesse l'Austria. Quella ipotesi, comprensibilmente avversata da una parte dei conservatori e dei democratici, fu bocciata dall'Austria che non intendeva cedere nulla delle sue prerogative nel Bund. Gagern il 19 dicembre 1848, senza mezzi termini aveva reso noto il suo programma di riserva, uno Stato federale piccolo-tedesco, inevitabilmente dominato dalla Prussia, creando una spaccatura in assemblea che si trascinò per oltre un mese e rischiò di produrre il fallimento dell'intero disegno costituzionale, salvato in aula dall'accordo con la sinistra moderata[46].

[45] M. Botzenhart, *Deutscher Parlamentarismus*, pp. 664 ss., 688-689; C. Jansen, *Simon, August H.*; C. Jansen, *Einheit, Macht und Freiheit*.

[46] Dopo l'approvazione in prima lettura della bozza della costituzione, l'Austria rese noto il 9 marzo di non voler accogliere una rappresentanza dell'Austria tedesca separata dal resto dell'Impero asburgico, chiudendo le porte a ogni accordo «nazionale» con l'assemblea di Francoforte. Il percorso della seconda lettura fu condizionato dalla questione austriaca e dal tentativo dell'assemblea di ottenere un accordo con il re di Prussia. La

Così il sacrificio della sinistra moderata liberale, che rompe con la frazione democratica degli Stati a maggioranza cattolica come la Baviera e l'Austria e assume sulle sue spalle la responsabilità della rinuncia all'unità politica del Bund, spiega perché il suffragio universale assumesse un rilievo simbolico assoluto, tale da fare respingere in aula anche un emendamento pragmatico del deputato prussiano, professore di diritto pubblico, Georg Beseler, che proponeva che l'indipendenza andasse considerata acquisita da chi pagasse un minimo di tasse o avesse un certo livello minimo di reddito o infine possedesse un terreno di un valore minimo predefinito[47]. Con il senno di poi, Beseler anticipava i parametri adottati dalla Prussia nel 1849 e dall'Impero tedesco dopo il 1871: si trattava di una soluzione non disprezzabile dal punto di vista di una espansiva società capitalista. Quel modello dinamico di cittadinanza avrebbe dato riconoscimento all'ascesa sociale degli *Stände* inferiori, ed era palesemente fatto per compiacere i ceti urbani artigiani e i piccoli imprenditori, e non a caso il proponente è considerato tra i fondatori del *Genossenschaftsrecht*, il diritto societario delle cooperative. In quel momento, ritenendo perduta l'opzione austriaca, l'assemblea voleva garantire che le fondamenta costituzionali della società liberale venissero accolte anche dalle masse dei lavoratori precari e subalterni che avrebbero altrimenti rischiato di essere esclusi dal circuito politico: fondare sul lavoro uno Stato federale piccolo-tedesco a guida prussiana.

Intenzionato ad accogliere le richieste della sinistra moderata, il parlamento di Francoforte, invece di un requisito positivo di *Selbständigkeit*, nella stesura finale della legge elettorale si limitò quindi a un criterio negativo, attraverso l'esclusione di

monarchia ereditaria venne approvata in assemblea il 27 marzo, subito dopo l'accordo con la sinistra moderata per la legge elettorale. Il 28 marzo venne promulgata la costituzione e fu eletto imperatore Federico Guglielmo IV, sebbene come noto egli non avrebbe accettato quella corona. Per dettagli cfr. E. SESTAN, *La costituente di Francoforte*, pp. 125-140.

47 Per la precisione a) un minimo di tasse dirette annuali versate allo Stato pari a 5 fiorini e 15 *Kreuzer* renani, pari a 3 talleri prussiani, oppure b) un reddito annuo di 350 fiorini renani, pari a 200 talleri prussiani, o c) un terreno del valore di 350 fiorini renani, pari a 200 talleri prussiani.

tutte le categorie che certamente non erano indipendenti. Si esclusero così dal suffragio attivo e passivo: 1. persone sotto curatela o tutela; 2. persone in fallimento; 3. persone che ricevessero assistenza ai poveri da fonti pubbliche, ma soltanto nell'anno delle elezioni o in quello precedente; 4. persone che fossero state private del pieno godimento dei diritti civili; 5. persone che avessero commesso frodi elettorali, escluse per un periodo variabile da 4 a 12 anni. A quei requisiti negativi se ne aggiungevano alcuni positivi di carattere morale e sociale: l'assenza di reati, l'età minima di 25 anni compiuti e la residenza almeno triennale nello Stato nelle cui liste si era iscritti[48].

Cancellando ogni riferimento diretto all'indipendenza economica, l'aula spostò decisamente a sinistra l'asse della rappresentanza e confermò quell'orientamento con l'introduzione del voto diretto e segreto. Il disegno di legge dell'aprile 1849,

[48] La cittadinanza nella Germania del Deutscher Bund era soprattutto locale, ed era costume che si acquisisse, oltre che per proprietà, attività o pagamento delle tasse, per nascita o su domanda. Per l'acquisizione per nascita contava la linea maschile per i figli legittimi, quella femminile per gli illegittimi. Le donne acquisivano la cittadinanza del marito in caso di matrimonio. In certi Stati, come in Assia, si prevedeva che la donna che avesse così perso la propria cittadinanza potesse riacquisirla in caso di vedovanza (art. 17 della Costituzione del 1820). Ciò che è però più interessante qui è che l'acquisizione era sempre possibile per assunzione di uffici pubblici (ma in vari Stati, solo per la durata dell'ufficio), o per trasferimento di domicilio a patto che la nuova comunità di residenza concedesse i diritti di cittadinanza o di residenza. Esistevano naturalmente degli Stati restrittivi, come l'Assia, dove l'acquisizione della cittadinanza per residenza era limitata dalla Costituzione (art. 13). Il legame tra residenza e cittadinanza era comunque talmente stretto da sovrapporsi, e il criterio principale per acquisirla era il riconoscimento delle autorità comunali o un diritto di tipo feudale o aristocratico. Dopo il Congresso di Vienna i criteri di cittadinanza statale si irrigidiscono specie negli Stati costituzionali «liberali» come il Württemberg, nei quali la residenza all'estero venne esclusa e dava adito alla perdita della cittadinanza salvo permessi speciali del sovrano (§§ 19-35 della costituzione del 1819). La religione cristiana, in qualsiasi delle sue tre principali confessioni, era normalmente indispensabile per usufruire pienamente dei diritti di cittadinanza; fu solo dal 1848, che si accettò sempre più diffusamente il principio dell'eguaglianza tra le religioni, integrando pienamente anche gli ebrei. Negli anni Quaranta dell'Ottocento si eliminò il domicilio come criterio esclusivo per l'acquisizione della cittadinanza tedesca in modo da escludere i polacchi e gli immigranti poveri. Cfr. *infra*, cap. 5, n. 20; inoltre A. FAHRMEIER, *Citizens and Aliens*.

che prevedeva il voto diretto, aveva lasciato qualche spazio ad ambiguità interpretative sulle modalità di voto, in quanto imponeva una procedura pubblica assieme al voto per scheda. La Commissione aveva in origine previsto il voto pubblico in coerenza con la concezione *ständisch* che animava la maggioranza dei moderati, ma nel febbraio 1849 il *Plenum* dell'assemblea dette ragione alla sinistra sia sul voto segreto (accolto con 249 contro 218 voti) che su quello diretto (approvato con 267 voti e 202 contrari)[49]. Il suffragio diretto, segreto e generale maschile, cadute le restrizioni della *Selbständigkeit*, era un colpo di coda della sinistra liberale anti-austriaca che aveva così accolto un modello costituzionale monarchico ed ereditario che non avrebbe trovato attuazione. La costituzione della Paulskirche venne riconosciuta da ventotto piccoli Stati, incluse le quattro città libere, ma non dai regni di Württemberg, Hannover, Sassonia e Baviera, e soprattutto non dalla Prussia, che il 28 aprile declinò l'offerta della Corona imperiale di un Reich condizionato dalla volontà popolare.

Fu l'opzione costituzionale federalista a fare irrompere nei parlamenti degli Stati riluttanti quell'ideologia che si era cercato a lungo di neutralizzare. Mentre dopo la vittoria di Novara contro il Regno di Sardegna del 22 marzo 1849 si profilava la riscossa austriaca, si accesero nel maggio le fiammate democratiche in Baviera e Palatinato e quelle rivoluzionarie della prima repubblica democratica in Baden, che vanno considerate frutto di una radicalizzazione che coinvolge anche il Bund, il cui governo provvisorio si autonomizza dall'assemblea e comanda alle truppe confederali di soffocare le rivolte. Nella rivoluzione politica si intrecciavano la difesa popolare delle tutele corporative, la richiesta di protezione contro la libertà di mercato, l'incredulità dei progressisti circa «l'impiego conseguente della forza militare contro la propria popolazione». In Baden la repressione avviata direttamente dalla Prussia comportò oltre un migliaio di condanne, e circa 80.000 rivoluzionari abbandonarono il Paese. A parte lo strascico di una riorganizzazione del Bund a due velocità di cui diremo più avanti (la Erfurter Union), per il ritorno all'ordine non ci fu

[49] J. HATSCHECK, *Das Parlamentsrecht*.

una vera scelta. Con la sconfitta delle rivoluzioni europee, il principio monarchico poteva considerarsi vincitore[50].

La «rivoluzione fallita», in quanto mostra le contraddizioni del potere neutro assolutista, muta le basi di legittimazione delle corone e porta a compimento l'erosione degli *Stände*[51]. Le giurisdizioni dell'aristocrazia vengono eliminate in Austria nel 1848, con giubilo dei contadini che abbandonano subito la causa della rivoluzione, e nella Terza Germania, dove i diritti politici si separano da qualsiasi appartenenza confessionale. Per quanto Prussia e Austria ricominciassero dopo il 1850 a richiamarsi alla grazia divina, dopo la vittoria di Napoleone III in Francia questa doveva appoggiarsi sulla legittimazione popolare; e sebbene il Bund abrogasse i diritti fondamentali proclamati dalla Paulskirche, si trattava di comandi basati sullo stato di polizia che dovevano forzare nell'antica forma il nuovo contenuto, coniugare gli *Stände* con le classi e le categorie professionali[52].

6. *La Prussia dal 1848 al 1850*

Il principio di esclusione trova una parziale attuazione in Prussia, dove l'introduzione della costituzione, promessa nella *Proklamation* del 18 marzo, avrebbe consentito al sistema cetuale una sopravvivenza grazie alla funzione egemone che quella potenza voleva assolvere nel Bund. Federico Guglielmo IV stabiliva un diretto collegamento tra la riforma costituzionale prussiana e il passaggio del Bund da una «lega tra stati» (*Staatenbunde*) ad uno «Stato federale» (*Bundesstaat*)[53]. La

[50] W. SIEMANN, *Die deutsche Revolution*, pp. 215-222, qui p. 228.

[51] Ci distacchiamo qui dai sostenitori della tesi della continuità giuridica dello Stato, che trascurano la novità della legittimità popolare e nazionale. Cfr. ad esempio H.-C. KRAUS, *Preußensweg zum Verfassungsstaat*; dello stesso autore, *Konstitutionalismus wider Willen*.

[52] Sui dettagli, illustrati da G. MEYER, *Das parlamentarische Wahlrecht*, pp. 188-194, e da T. KÜHNE, *Dreiklassenwahlrecht und Wahlkultur in Preußen*, cfr. anche il cap. 6 della presente monografia.

[53] Cfr. *Der Erste Vereinigte Landtag in Berlin 1847*, a cura di Cfr. E. BLEICH, I, pp. 20 ss.

candidatura della Prussia alla guida del Bund serviva anche a garantire una qualche continuità con il sistema cetuale, investito del compito di riformare se stesso. Il governo Camphausen-Hansemann, insediato il 29 marzo, ricercò un accordo che tenesse insieme gli *Stände* e una moderna concezione del parlamento, invocando una «riconciliazione» tra il popolo e la Corona attraverso la riconvocazione immediata del *Vereinigter Landtag*, in seduta straordinaria, il 2 aprile 1848. Vi si sottoponevano vari disegni di legge inerenti alla riforma costituzionale e una legge elettorale urgente per la scelta dei rappresentanti all'Assemblea costituente.

Il lavoro costituzionale fu presto paralizzato dal confronto tra il potere monarchico e quello parlamentare. Mentre la *Proklamation* condizionava la costituzione alla approvazione concordata con gli *Stände*, ossia a un accordo unanime, secondo una tipica concezione contrattualistica del potere assoluto, la richiesta di prerogative proprie dell'assemblea ruppe le divisioni per curie, in quanto molti aristocratici appoggiarono riforme liberali, in chiave antiburocratica o anti-corporativa.

Viceversa, l'assemblea approvò molto rapidamente la legge elettorale dell'8 aprile 1848, che seguiva nelle grandi linee il disegno presentato dal governo, e chiamava «ogni prussiano, di almeno 24 anni di età, che non abbia perso il pieno possesso dei diritti civili», e purché non percepisse assistenza per i poveri, a votare nel comune o nella località in cui risiedesse o soggiornasse da almeno sei mesi (§ 1)[54]. Non si menzionava esplicitamente la *Selbständigkeit,* ma vi si faceva riferimento tacito in quanto venivano esclusi i membri della «dienende Klasse» (classe dei servitori) che non possedessero una propria abitazione e ricevessero vitto e alloggio dal loro padrone; in pratica si trattava di gran parte della servitù e di altri gruppi di lavoratori subordinati, come gli apprendisti. Si estendeva

[54] La legge votata in assemblea era più liberale del disegno di legge del governo, allargando i requisiti per l'eleggibilità anche a chi non aveva diritto alla cittadinanza prussiana (*Heimatsrecht*), ammettendo il soggiorno di sei mesi invece della residenza nella «Gemeinde» di minimo un anno e includendo i membri delle «classi servili» che avessero una propria casa. (Cfr. F.S. JUCHO [ed], *Verhandlungen*, pp. 92-121, 186).

però il suffragio ai lavoratori salariati, braccianti e operai, includendo così quasi tutti i lavoratori attivi maschi, in totale circa 3,6 milioni di elettori su circa 4 milioni di maschi maggiorenni[55]. Un suffragio così ampio, spiegabile con l'aspettativa della fedeltà monarchica e conservatrice dei contadini, si reggeva anche sul filtro delle elezioni indirette, che affidavano al «grande elettore» (*Wahlmann*) a livello di circoscrizione la vera individuazione dei deputati del collegio in un secondo turno elettorale ristretto. Poteva essere «grande elettore» chiunque avesse i requisiti per il voto attivo. Per diventare deputati, invece, si prevedeva qualche requisito in più: 30 anni compiuti, e il possesso dei diritti civili in tutto lo Stato. La Prussia e le sue province vennero divise in 402 collegi. In ogni collegio si votò un deputato e un sostituto. Città o collegi con almeno 60.000 anime elessero due deputati, e un altro deputato per ogni 40.000 anime in più. La legge elettorale imponeva il mandato assoluto e vietava istruzioni ai deputati, sciogliendo così il legame tra deputato e ceto; inoltre affidava alla assemblea parlamentare il compito di negoziare con la Corona il contenuto della costituzione.

La legge prussiana interpretava le indicazioni del parlamento di Francoforte per un suffragio universale, diretto e segreto in un senso conservatore che va collegato alle ambizioni del re di salvaguardare il principio monarchico. Se l'ampiezza del suffragio abbandonava la filosofia particolarista degli *Stände*, si rifiutava invece il suffragio diretto e segreto, in nome di una concezione del voto non come diritto individuale ma come dovere, espressione di una appartenenza che si doveva esprimere anche pubblicamente. Il sistema di voto indiretto dei *Wahlmänner* si richiamava perciò solo esteriormente alle 'liste di fiducia' elaborate da Sieyès nel 1799, e poi ritoccate dal Direttorio francese, in quanto non riconosceva al popolo alcun titolo nella formazione della volontà generale, che restava

[55] G. MEYER, *Das parlamentarische Wahlrecht*, p. 175. I regolamenti elettorali furono affidati al Ministero dell'Interno, che li emanò il 18 aprile 1848. I dati sulle elezioni si possono visionare in I. MIECK, *Preussen von 1807 bis 1850*, pp. 250-253; K. OBERMANN, *Die Wahlen zur Frankfurter Nationalversammlung im Frühjahr 1848*, pp. 35 ss.

separata nella sfera sovrana[56]. Attraverso il voto indiretto, il popolo mostrava il suo patto con il sovrano, partecipava alla scelta dei notabili ed esprimeva la sua affiliazione ai candidati locali. Il voto era così un atto pubblico, un gesto partecipativo, non un'espressione delle opinioni personali, come recitava la concezione neutra del potere prussiano. Si chiudeva così il dualismo tra Stato e ceti, e se ne apriva un altro sulla titolarità del potere legislativo tra monarchia e parlamento.

L'integrazione senza potere dei ceti popolari e la limitazione dell'aristocrazia terriera avevano prodotto un meccanismo nuovo, un ibrido che non era esattamente liberale ma non era più predestinato come il sistema cetuale. Utile a contenere i democratici e la grande aristocrazia terriera, quella legge voleva integrare tutti i gruppi sociali, purché non accampassero poteri propri.

Non c'è bisogno di richiamare qui che l'assemblea prussiana eletta sulla base del suffragio quasi universale maschile si rivelò troppo polarizzata per riuscire ad approvare un compromesso costituzionale che soddisfacesse la Corona. L'assemblea prussiana non soltanto respinse la proposta costituzionale avanzata dal re, ma ne elaborò una – la cosiddetta *Charte Waldeck*, redatta da una commissione di impronta liberal-progressista e «democratica» – che abrogava tutti i privilegi della nobiltà, sopprimeva la formula della grazia divina e riduceva decisamente le prerogative del re in campo militare, e perciò fu respinta da Federico Guglielmo IV. A quel punto il blocco avrebbe potuto sfociare in una vera guerra civile. Il re, con lo spostamento dell'assemblea nel Brandeburgo per sottrarla all'influenza della piazza di Berlino, il 9 novembre, non ottenne l'esito di calmare le acque, ma quello opposto di radicalizzarla, dividendola in due tronconi. Federico Guglielmo IV la sciolse il 5 dicembre 1848, rimproverandola di non aver rispettato l'impegno per una costituzione condivisa.

La costituzione prussiana, oculatamente «octroyée» lo stesso 5 dicembre 1848, prevedeva due Camere, che avrebbero

[56] Cfr. sulle trasformazioni della rappresentanza in Francia, C. CASSINA, *Il bonapartismo*, pp. 29-30.

condiviso con il re il potere legislativo. Ogni legge avrebbe richiesto l'approvazione di entrambe le Camere e del sovrano, che conservava così un diritto di veto oltre alla titolarità del potere esecutivo e un minaccioso potere di emergenza durante l'inattività delle Camere. La costituzione manteneva una rappresentanza generale per la Seconda Camera e rendeva sorprendentemente elettiva anche la Prima[57]. Un diritto elettorale esteso addirittura alla Camera alta fu tra le materie di maggior incertezza. Il re si sentì in obbligo di rispettare la propria *Proklamation* «Al Popolo Prussiano e alla Nazione Tedesca» del 21 marzo 1848 per la convocazione dell'assemblea nazionale, che prevedeva una «legge elettorale» idonea ad assicurare «ampia rappresentanza» a «tutti gli interessi del popolo»[58]. Per via di quelle parole il suffragio universale era considerato come parte delle promesse del sovrano e al tempo stesso una garanzia della inalterabilità del patto costituzionale, anche se nel frattempo era diventato – attorno al parlamento

[57] Non è questa la sede per una valutazione della Costituzione del 1848, che alcuni hanno definito un gesto da grande statista e altri, in relazione allo scioglimento dell'Assemblea costituente, un «colpo di stato». La letteratura abbonda, in quanto si tratta di un elemento cardine della discussione sul conservatorismo prussiano e sulle intenzioni del sovrano. Se F. MEINECKE, *Weltbürgertum und Nationalstaat*, p. 383, ne dava un giudizio positivo, altri studiosi sono molto più critici alla luce delle successive revisioni. Il sovrano si riservò alcune prerogative (artt. 105 e 106) che avrebbero segnato il corso della storia costituzionale tedesca anche in epoca weimariana, come il potere di revisione con l'approvazione della maggioranza semplice anche di una sola Camera e il diritto di decretazione di emergenza del governo durante i periodi di inattività delle Camere, il che gli permetteva di agire anche contro il parere di queste ultime. Se il potere del re e la flessibilità del testo fossero un fattore di stabilità – a garanzia della lealtà dei reazionari a quel sistema – o di conflitto e svuotamento delle Camere, resta materia di discussione. All'epoca, il testo fu criticato dai liberali di sinistra e dall'estrema destra conservatrice ma accolto favorevolmente dai moderati, in quanto offriva una certezza e preveniva il rischio di una guerra civile e delle repressioni che sarebbero state attuate in Austria e in Italia. Negli ambienti di corte si argomentava che l'assemblea, resistendo al potere sovrano sia in materia fiscale sia sul rinvio della sua convocazione avesse abbandonato il terreno legale e che la concessione sovrana fosse un modo per restaurare la legalità. Cfr. G. GRÜNTHAL, *Parlamentarismus*, pp. 34-37. Il testo in E.R. HUBER, *Dokumente*, 1/3, pp. 385 ss.

[58] G. GRÜNTHAL, *Parlamentarismus*, pp. 36-37.

di Francoforte – un punto qualificante delle forze di sinistra. Con il soffocamento della rivolta di Vienna e la morte di Robert Blum, uno dei protagonisti dell'ala democratica di Francoforte, in ottobre, la causa rivoluzionaria aveva perso smalto. Il rischio di consegnare i liberali alla causa democratica e il desiderio di assumere la guida della causa nazionale nel Bund pesarono nella discussioni dei consiglieri del re[59]. Federico Guglielmo IV avrebbe voluto una Prima Camera interamente di sua nomina, «in parte ereditaria, in parte personale, in parte per *Stände*», ma si sentì vincolato dalle dinamiche in corso a Francoforte e dall'impegno a una costituzione condivisa. La soluzione fu di includere nella proclamazione sovrana un impegno alla «revisione» della costituzione, in nome del diritto del parlamento di discutere il testo emanato unilateralmente dal sovrano. Ernst von Gerlach fu tra i primi giuristi conservatori a notare che la promessa del re per un suffragio ampio si riferiva alla costituente prussiana e venuta meno quella, questa si scioglieva. Quel 'buco' giuridico sarebbe stato sfruttato durante la revisione conservatrice del 1850 per rimettere in discussione le stesse concessioni costituzionali[60].

Si giunse così nel dicembre 1848 ad un temporaneo compromesso sulla legge elettorale, coerente con l'impianto provvisorio della prima Costituzione prussiana. Il governo riprese le linee del suffragio universale maschile con voto indiretto elaborate nell'estate del 1848 dalla *Charte Waldeck*, introducendo però varie modifiche restrittive. Il censo e la proprietà diventavano i fondamenti dei diritti politici, che venivano inscritti in costituzione, rinviando poi a una legge la loro attuazione.

La grande novità stava nel superamento del sistema cetuale, e nella cancellazione dei diritti speciali degli *Stände*, giungendo appunto a rendere integralmente elettiva persino la Prima Camera. Si abbandonava la proposta dell'Assemblea costituente, gradita ai notabili liberali, per una rappresentanza basata sugli

59 H. BOBERACK, *Wahlrechtsfragen*.

60 Le osservazioni del re al testo del governo in O. FREIHERR VON MANTEUFFEL, *Unter Friedrich Wilhelm IV.*, I, p. 52, citato da G. GRÜNTHAL, *Parlamentarismus*, pp. 44-45; su Gerlach cfr. H. BOBERACH, *Wahlrechtsfragen*, pp. 119 e 128.

enti locali, che avrebbe dato il diritto di voto a tutti i contribuenti di un ente locale. Il corpo elettorale per i 180 deputati della Camera alta doveva invece essere formato attraverso elezioni svolte tra i rappresentanti degli enti territoriali più vasti, sottoposti al controllo di Berlino (*Provinz*, *Bezirk* e *Kreis*)[61]. La sovrapposizione tra unità politico-elettorali e le esistenti unità amministrative mostra un disegno fortemente centralista.

Una legge apposita stabiliva i criteri dell'esclusione, che avrebbero definito la nuova aristocrazia elettiva chiamata a succedere alla vecchia aristocrazia terriera. Una «legge provvisoria ad interim» del 6 dicembre 1848, riprese, per il diritto di voto attivo, i requisiti già adottati dalla legge dell'aprile 1848 per il voto passivo nella Camera bassa, elevandoli abbastanza da ridurre a circa un decimo gli aventi diritto, che passavano da

[61] *Landkreis*: unità amministrativa territoriale che ha origine dalla trasformazione delle organizzazioni amministrative tardo-medievali (*Ämtern*, *Oberämtern*, e *Vögteiämtern*). La parola è traducibile con il termine di «territorio provinciale». I *Kreise* si sviluppano come enti di autoamministrazione degli *Stände,* che nel corso dell'assolutismo vengono progressivamente trasformati in circoscrizioni (Bezirke) amministrative statali. I rappresentanti dei *Landstände* formavano il Kreistag come organo decisionale, alla cui testa stava il *Kreisdirektor*, più tardi chiamato anche Landrat. Quest'ultimo era eletto dagli *Stände* e confermato dal *Landesherr*. Il Landrat aveva dunque una duplice funzione, rappresentante degli *Stände* e organo amministrativo del signore del Land. Il barone von Stein cercò con le sue riforme di fare del *Landkreis* un'organizzazione autonoma di amministrazione dal basso; ma Hardenberg fece piuttosto il contrario e degradò il Landrat a *Beamte* dell'amministrazione centrale. Le ordinanze di Hardenberg sul *Kreis* mantennero inoltre fermo il principio cetuale ma trasformarono le rappresentanze del *Kreis* sulla base della proprietà. Sotto Bismarck le *Kreisordnungen* del 1872 e 1881 (per le 6 province orientali prussiane tranne Posen) eliminarono i privilegi dei *Rittergüter* (le proprietà della nobiltà) nella rappresentanza del *Kreis*. Le *Kreisordungen* del 1884 per le province occidentali fecero dei *Landkreise* degli enti autonomi (*Selbstverwaltungskörperschaften*) e al tempo stesso delle circoscrizioni amministrative statali al livello inferiore della piramide. Ancora una volta si attribuiva ai *Landkreise* una doppia funzione. I loro organi erano il Kreistag, il Kreisausschuß, e il Landrat, nominato su proposta del Kreistag dal Ministero dell'interno. Questa organizzazione rimase in piedi fino al 1945. Il modello francese e prussiano fu adottato all'inizio del XIX secolo anche in altri Länder tedeschi. In Baden furono creati i Bezirke, in Sassonia le *Amtshauptmannschaften* e nel Württemberg gli *Oberämter*, in cui dal 1817-1818 l'amministrazione e la giustizia vennero separate. Cfr. la voce *Landkreis*.

2,9 milioni a circa 250-290 mila. A requisiti di età e residenza molto più elevati, si aggiunsero reddito e proprietà. Si stabiliva che gli elettori per la Prima Camera fossero cittadini prussiani di almeno 30 anni compiuti, che pagassero almeno 8 talleri di imposte o avessero una proprietà fondiaria di 5.000 talleri di valore o un reddito annuale di 500 talleri. L'elezione sarebbe stata indiretta, nel senso che ogni 100 votanti (*Urwähler*) si eleggeva 1 elettore di secondo grado, il *Wahlmann* (art. 3). Eleggibili a *Wahlmann* erano tutti gli aventi diritto della *Gemeinde* (ente locale). I *Wahlmänner* sostituivano dunque gli *Stände* come intermediari tra popolo e parlamento, e diventavano i veri protagonisti delle elezioni locali. In ogni collegio (*Bezirk*) si sarebbero dovuti eleggere 2-3 deputati; per ogni 100.000 abitanti spettava un deputato, il che significava che i collegi per la Camera alta dovevano essere popolosi, attorno a 200.000-300.000 abitanti. Il diritto passivo, con una base elettorale così selezionata, poteva essere formalmente egualitario: eleggibili alla Camera alta erano tutti i prussiani di almeno 40 anni con almeno 5 anni di cittadinanza (contro 1 anno di residenza previsto dalla *Charte Waldeck*).

Per la Seconda Camera, il suffragio era appena più restrittivo di quello per l'Assemblea costituente prussiana, a cui si riallacciava. Le principali differenze erano le seguenti: i limiti di età venivano innalzati, e avevano diritto attivo tutti i cittadini prussiani di almeno 30 anni compiuti che fossero «selbständig», indipendenti. Gli elettori venivano così ristretti a circa 2,9 milioni, contro i 3,6 milioni del maggio 1848. Si prevedevano inoltre 250 votanti (*Urwähler*), invece di 500, per la nomina di un «elettore» di secondo grado (*Wahlmann*)[62]. La Seconda Camera sarebbe stata composta da 350 deputati, contro i 402 dell'Assemblea costituente prussiana. In ogni circoscrizione si eleggevano almeno due deputati, mentre in precedenza per ogni collegio di campagna il minimo era uno. Il sostituto previsto in precedenza veniva eliminato. Il diritto elettorale passivo venne ristretto secondo criteri soggettivi formali, che avrebbero dovuto certificare la maturità e la comprovata affi-

62 L.M.P. von Rönne, *Das Staatsrecht*, p. 42, n. 2.

dabilità. Eleggibili a deputato sarebbero stati tutti i cittadini prussiani di almeno 40 anni di età, già da almeno 5 anni in possesso della cittadinanza prussiana. Non venivano specificati particolari requisiti economici, sebbene si assumesse come minimo il possesso dei requisiti per il voto attivo[63].

7. *La legge prussiana delle tre classi*

Dopo che le elezioni del gennaio-febbraio 1849 avevano dato un risultato troppo brillante per i liberali di sinistra, inclini a riconoscere il primato della costituzione federalista di Francoforte, un accordo tra conservatori attratti dal colpo di stato e liberali moderati preparò il terreno per l'adozione del sistema elettorale delle tre classi il 30 maggio 1849. Sperimentato già nelle province renane dal 1845, e ispirato al modello francese del 1814, quel sistema fortemente censitario venne adottato dal sovrano, alla fine del conflitto costituzionale del 1848-1849, per imporre alle Camere prussiane la revisione costituzionale nel senso desiderato dai conservatori.

Di grande interesse è che la legge provvisoria appena sperimentata per la Prima Camera fornisse la base di calcolo per il sistema elettorale delle tre classi nella Seconda Camera. Gli aventi diritto alla Camera alta erano infatti coloro che erano considerati «benestanti» dalle statistiche sul censo e sulle professioni, utilizzate per stimare la base elettorale. Essi coincidevano numericamente abbastanza bene con la prima delle tre classi, che avrebbe compreso circa il 5,3% dei maschi adulti oltre i 24 anni di età, circa 194mila elettori[64]. Come noto, il sistema cosiddetto delle tre classi divideva l'elettorato in tre sezioni (*Abteilungen*), in base al totale dell'imposta statale di classe versata nella circoscrizione. Nella prima classe si includevano i

[63] La direttiva elettorale del 30 maggio 1849 (*Verordnung betreffend die Ausführung der Wahl der Abgeordneten zur Zweiten Kammer*) emanata dal sovrano eliminava il voto segreto trasformando l'atto di voto in un atto pubblico da protocollare. Essa sarebbe rimasta in vigore, con poche alterazioni, fino al 1918. Cfr. L.M.P. von Rönne, *Das Staatsrecht*, p. 42, n. 2.

[64] G. Grünthal, *Parlamentarismus*, pp. 46-48.

maggiori contribuenti, a concorrenza di un terzo delle imposte della circoscrizione, nella seconda si inserivano i contribuenti che versavano il secondo terzo; e tutti gli altri erano inclusi nell'ultima sezione. A ognuna spettava l'elezione di un terzo degli elettori di secondo grado, ai quali si demandava la vera e propria elezione dei deputati[65].

Esisteva uno stretto rapporto tra la revisione costituzionale, l'adozione della legge delle tre classi e la delegittimazione dell'assemblea di Francoforte. Dopo aver rifiutato la corona del Reich offertagli dal parlamento di Francoforte, il re di Prussia prese le distanze dal Bund e dalla costituzione di Francoforte, che era stata già ratificata da circa 30 Stati – ossia dalla Terza Germania[66] – e mise in piedi una Erfurter Union (protagonisti Prussia, Hannover e Sassonia, con appoggio della Baviera) che presentò un proprio progetto di costituzione del Reich il 28 maggio 1849, a cui avrebbero aderito una ventina di Stati. Si candidava la Prussia alla guida di una nuova aggregazione pilota del Bund, che avrebbe minacciato la stessa posizione dell'Austria, ancora lacerata dalla rivoluzione delle sue varie nazionalità, anche se per salvare le forme si lasciava in sospeso la sua adesione. La costituzione di Francoforte servì da base per il progetto, ma venne reinterpretata in senso continuista e conservatore. Invece di uno Stato federale si parlava di una Unione, i cui poteri sarebbero stati limitati dal principio di sussidiarietà agli ambiti in cui gli Stati non intervenissero. L'Unione si sarebbe dotata di un governo comune ma non avrebbe avuto poteri fiscali come previsto a Francoforte e avrebbe vissuto dei cosiddetti «contributi matricolari» degli stati membri[67]. Non a caso, l'Unione si basava sul concetto di unità nella pluralità (oggi ripreso anche dall'UE) che lasciava

[65] Per i dettagli si rinvia al cap. 6.

[66] Tra loro il granducato del Baden, il principato dell'Assia, i granducati dell'Assia, Meclenburgo-Schwerin, Meclenburgo-Strelitz, Oldenburg, Sassonia-Weimar-Eisenach, i ducati del Sassonia-Meiningen, Sassonia-Altenburg, Sassonia-Coburg-Gotha, Braunschweig ecc. incluse le quattro città libere di Francoforte, Lubecca, Brema e Amburgo.

[67] H. Boldt, *Erfurter Unionsverfassung*.

agli Stati ampi spazi, e maggiore continuità con i vecchi principi *ständisch*.

Manfred Botzenhart ha sostenuto che la modifica principale introdotta dalla costituzione della Erfurter Union riguardasse il diritto elettorale. Su richiesta della Sassonia, uno stato fortemente autoritario, si cancellava il sistema elettorale diretto ed egualitario della Paulskirche e si prevedeva – con una apposita legge del 26 maggio 1849 – il sistema delle tre classi con qualche restrizione ulteriore rispetto al sistema prussiano, concedendo il voto attivo soltanto a chi pagasse tasse dirette allo Stato e avesse i diritti di voto per l'ente locale (il che implicava una residenza stabile). Il sistema indiretto delle tre classi avrebbe unificato i due principali membri con quello generale della Erfurter Union, puntando a creare un blocco di Stati politicamente omogenei. Ciò spiega l'opposizione di Russia e Austria, che avrebbero imposto alla Prussia la rinuncia al progetto e alle sue pretese di guida dell'Unione con il cosiddetto «smacco di Olmütz», l'8 novembre 1850[68]. Con il Trattato di Olmütz, la Prussia rientrava nei ranghi e accettava di restaurare il vecchio Bund di cui l'Austria riprendeva il predominio.

Nonostante la Restaurazione del Bund, e l'accordo per una polizia politica segreta a suo sostegno, dopo il 1850 la Prussia non poteva più tornare al sistema politico di antico regime, come segnala il mantenimento della legge elettorale delle tre classi, rimasta in vigore fino al 1918, le cui disposizioni principali furono persino ancorate nel titolo VII della cosiddetta «Costituzione riveduta» del 6 febbraio 1850, nella quale si riducevano nettamente le prerogative parlamentari, e si rivelavano tutte le riserve mentali del sovrano, e della corte dominata dai militari, che vedevano nella costituzione del 1848 un decreto di emergenza superato dalle circostanze. Il movimento liberale, che con la concessione costituzionale aveva formalmente ottenuto il suo obiettivo principale, usciva frantumato dalla prova di forza con il sovrano del 1848-1849. Con la revisione unilaterale, che alcuni studiosi giudicano un colpo di stato, e

[68] M. Botzenhart, *Deutscher Parlamentarismus.*

altri perfettamente lecita dopo la promessa di revisione, il re dimostrava che il potere sovrano non era mai stato davvero condiviso con le Camere, in quanto le loro attribuzioni in tema fiscale e legislativo erano solo in apparenza garantite e comunque revocabili[69].

La Costituzione del 1850, che – pur con alcune modifiche – avrebbe governato la vita politica della Prussia fino alla Grande guerra, riconosceva alle due Camere la condivisione con il re del potere legislativo, e dava così un essenziale riconoscimento alle rivendicazioni liberali. Quella concessione veniva accompagnata dal ritorno ad un sistema di quote nella Camera alta, che se restituiva peso e potere all'aristocrazia, e dava al sovrano qualche spazio per nomine a sua discrezione, manteneva pur sempre novanta membri eletti con il sistema censitario indiretto precedente, e ne aggiungeva trenta dalle grandi città.

Anche se l'iniquità del sistema elettorale non merita particolari commenti, il giudizio storico va contestualizzato. A dispetto della sua pessima reputazione, la legge elettorale delle tre classi non era la più restrittiva in vigore in Germania, anzi era in quel momento una delle più aperte alla partecipazione delle classi popolari, in quanto integrava anche i cittadini con redditi bassi, e dava il voto anche ai militari. Sin dalla *Verordnung* per la esecuzione della legge elettorale del 30 maggio 1849, si consentiva infatti anche a chi non pagasse tasse ma avesse i requisiti minimi di essere inserito nella terza classe.

Le sue caratteristiche più conservatrici stavano nei limiti imposti ai poteri del parlamento rispetto alle concessioni quarantottesche; nella concezione del voto come atto pubblico, che escludeva la segretezza e si richiamava chiaramente al voto per curie degli *Stände*, con ogni classe che votava separatamente dalle altre, affinché non ci fosse mescolanza tra loro; nel sistema

[69] Sebbene ricalcata sulla Costituzione belga del 1831, la Costituzione prussiana del 1848 assegnata ancora al monarca una posizione sovrana. La revisione costituzionale sarebbe proceduta negli anni Cinquanta, sia per vie costituzionali sia per vie extra-costituzionali, riducendo in modo cospicuo le prerogative del parlamento. Per una dettagliata analisi cfr. A.G. MANCA, *La sfida delle riforme*.

indiretto, che svuotava, come diceva Welcker, il potere degli elettori a favore dei notabili. Quel sistema politico assicurava ai contribuenti maggiori e alla borghesia, che acquisivano un peso rilevante sia nella Prima sia nella Seconda Camera, un potere di veto fiscale sia verso il monarca sia verso le masse meno abbienti, in cambio della rinuncia ad una volontà politica propria[70].

La rottura con il sistema cetuale fu accompagnata dalla riforma fiscale (legge del 1° maggio 1851) che, superando le resistenze emerse al *Vereinigter Landtag* del 1847, introduceva una moderna imposta sui redditi, per la quale tutti i redditi superiori ai 1.000 talleri sarebbero stati tassati al 3%, senza più eccezioni per lo *Stand* dei Ritter. Rispetto ai livelli di fiscalità novecentesca, e ai criteri democratici della progressività, l'imposta non era particolarmente onerosa, ma introduceva una responsabilizzazione sociale del profitto, che guardava a un principio di equità, e come osserva Koselleck, «da allora l'imposta di classe e il diritto elettorale di classe si completavano vicendevolmente»[71].

Quel sistema di rappresentanza, che voleva incentivare politicamente la lealtà fiscale degli abbienti, avrebbe consentito all'antica aristocrazia dell'Est di continuare ad esercitare la sua influenza locale e alla borghesia emergente nelle realtà urbane di esprimere finalmente dei propri deputati. Dopo l'ondata rivoluzionaria, un sistema di selezione del corpo elettorale per classi fiscali, che evitasse la tradizione egualitaria francese, e desse garanzie di stabilità, rispondeva ad un compromesso che avrebbe potuto evolversi. Tuttavia averlo ancorato alla Costituzione del 1850 si sarebbe rivelato, più che una garanzia, un fattore di irrigidimento che avrebbe reso molto difficile in seguito adeguare le classi elettorali alle dinamiche sociali della seconda metà del secolo. Sebbene, nel corso del secolo XIX e ancora più a inizio XX, il sistema delle tre classi sarebbe stato oggetto di un giustificato discredito, nell'immediato scorcio del

70 Per un approfondimento sul sistema delle tre classi, rinviamo al cap. 6.

71 R. Koselleck, *Preußen zwischen Reform und Revolution*, p. 540, trad. mia.

1849-1851 il giudizio storico va attenuato, se si vuole cogliere in quella soluzione il compromesso tra un potere monarchico sempre più in cerca di una legittimazione popolare e una società borghese e aristocratica che vedeva in quel sistema elettorale un'iniqua, forse, ma non del tutto irragionevole, variante del principio di esclusione.

Capitolo quarto

Il cittadino apolitico. Il suffragio universale nel compromesso di Bismarck (1866-1890)

1. *Le tre legittimazioni del Reich tedesco*

L'unificazione dell'Impero tedesco non seguì la via piemontese dell'assorbimento degli altri Stati in quello militarmente egemone. Otto von Bismarck (1815-1898) fu l'architetto di una costruzione federale che lasciò agli Stati membri le vestigia della sovranità, con i loro eserciti, i loro poteri fiscali, le loro costituzioni, i loro sistemi parlamentari misti *ständisch* con gradi differenziati di legittimazione popolare. Sebbene costruito con la forza delle armi prussiane, lo Stato federale imperiale – detto più precisamente, il Reich tedesco – proclamato nel dicembre 1870 a Versailles dopo la disfatta della Francia bonapartista a Sédan nel settembre dello stesso anno, era una costruzione giuridica sovrapposta agli Stati membri, che riprendeva con poche modifiche la Costituzione piccolo-tedesca della Lega degli Stati del Nord del 1867. La Costituzione del 1871, con la quale si integravano anche gli Stati meridionali, trasformò la confederazione in un impero ma ne mantenne l'impianto piccolo-tedesco[1].

[1] Alcuni Stati che si schierarono con l'Austria nel 1866 e con la Francia nel 1870, come Hannover, l'elettorato d'Assia, Nassau e la libera città di Francoforte, furono puniti con la perdita dell'autonomia e l'incorporazione nella Prussia. Il Regno di Baviera, che aveva seguito l'Austria nel 1866, perse di fatto la sovranità militare e fu costretto, insieme ad altri Stati della Terza Germania, a seguire la Prussia contro la Francia. Al Reich aderivano perciò 25 Stati, di cui 22 monarchici: 4 regni (Prussia, Baviera, Sassonia e Württemberg), 6 granducati (Baden, Assia, Meclenburgo-Schwerin, Meclenburgo-Strelitz, Oldenbourg, Sassonia-Weimar) 5 ducati (Braunschweig, Sassonia-Meiningen, -Altenburg, -Sassonia, Coburg-Gotha, Anhalt); e 7

Il Reich, che prendeva il posto del disciolto Deutscher Bund, si finanziava con i «contributi matricolari» (ossia militari) degli Stati, i proventi dell'unione doganale e le imposte indirette sui consumi, destinati in prevalenza a spese militari. L'enorme riparazione di 5 miliardi di franchi-oro imposta alla Francia permise alla Prussia di cancellare il debito pubblico accumulato per la guerra e all'Impero di adottare in tranquillità il *Gold Standard* inglese. Così il bilancio del Reich, costituito in gran parte da spese militari, non ebbe necessità di pesare eccessivamente sulle finanze degli Stati e soltanto dal 1906 introdusse una imposta diretta, la tassa di successione, in una fase di espansione del suo ruolo e delle «risorse proprie» che comportò innumerevoli conflitti di competenza. L'imperatore era un *primus inter pares*, designato dagli altri Stati e dai loro sovrani, e sebbene la carica, affidata al re di Prussia, fosse ereditaria, aveva un ruolo simbolico più che uno sovrano come Guglielmo I avrebbe desiderato. L'imperatore non aveva una corona, e in fondo accettava dai suoi vassalli quella nomina presidenziale che aveva respinto dall'assemblea di Francoforte. Visto che l'Impero non poteva chiamarsi Germania per non suscitare l'ostilità permanente dei suoi vicini di lingua tedesca, Guglielmo I fu incerto se il titolo modesto di imperatore 'tedesco' avrebbe leso la dignità della Corona. Alla fine il primo ministro lo persuase alla nomina per acclamazione, come per gli antichi imperatori romani. Il pittore Anton von Werner fu il solo autorizzato a rappresentare il cerimoniale della proclamazione a Versailles del 18 gennaio 1871, che era stato oggetto di negoziato con un Bismarck incline a sottolineare la funzione laica dell'imperatore più di quella sacrale e militare, la natura statuale del patto più di quella personale tra il monarca e gli *Stände*[2].

principati (Schwarzburg-Rudolstadt, -Sonderhausen, Waldeck, Reuß ä.L., Reuß j.L., Lippe, Schaumburg-Lippe), e 3 repubbliche (Lubecca, Amburgo e Brema). L'Alsazia-Lorena, annessa con uno *status* semicoloniale nel 1871, divenne autonoma nel 1906).

2 Cfr. V. HENTSCHEL, *Deutsche Wirtschafts- und Sozialpolitik*, pp. 29-32; A. ROSENBERG, *A. von Werner*.

Nel disegno organicista di Bismarck, il Reich era uno sistema misto retto da tre diverse legittimazioni: il principio monarchico, quello federale e infine quello nazionale, rispettivamente incarnati dal *Kaiser*, dal Bundesrat e dal Reichstag. L'imperatore era al vertice del Reich, guidava le forze armate e presiedeva la politica estera e quella interna, ma gli atti da lui siglati – in virtù dell'emendamento costituzionale voluto dai liberali e noto come «lex Bennigsen», ispirato alla costituzione di Francoforte – dovevano essere controfirmati dal cancelliere, che ne assumeva la responsabilità. L'ufficio del cancelliere diventava così molto più importante che nel disegno originario bismarckiano e, mancando di una amministrazione federale, doveva necessariamente assumere la carica di primo ministro prussiano o almeno il Ministero degli Esteri per essere operativo. Il principio monarchico veniva così in parte costituzionalizzato, anche se conservava la sua sacralità attraverso l'unione personale tra la carica imperiale e la Corona di Prussia.

La legittimazione federale era sancita dal patto tra la Prussia e gli altri 21 Stati della «lega tedesca del Nord» del 1866, riformulato nel 1870 con l'allargamento ai granducati del Baden e dell'Assia e ai riluttanti regni di Baviera e del Württemberg. Il Bundesrat (la Camera alta) era il decisivo consiglio degli Stati, erede del vecchio Bund, titolare della sovranità collettiva e dell'iniziativa legislativa, dove sedevano i ministri degli esteri e si decideva a maggioranza qualificata cosicché la Corona di Prussia, titolare della Presidenza e di 17 su 58 voti (62 dal 1911, con il riconoscimento dell'autonomia della Alsazia-Lorena), aveva un potere di veto. La Prussia, in quanto Stato più popoloso (62%, su un totale di circa 40 milioni di abitanti) e più forte, si garantiva una sovranità piena, come avviene negli accordi internazionali in cui si decide all'unanimità; mentre gli altri Stati ne esercitavano una collettiva e potevano andare in minoranza[3]. Il Bundesrat era

[3] In questo senso si dovrebbe distinguere tra una sovranità 'condivisa', in cui tutti i membri sono tra loro paritari, e una sovranità 'collettiva', in cui la sovranità ha carattere sovranazionale e la decisione può essere presa a maggioranza. L'Impero tedesco mescolava i due tipi di sovranità e quindi era al tempo stesso una federazione e una confederazione, un *Bundesstaat* e uno *Statenbund*, a seconda del punto di vista dell'osservatore.

il luogo di sintesi di potere esecutivo e legislativo, e sebbene l'emendamento Bennnigsen avesse cercato di separare almeno un po' le due funzioni, i successori di Bismarck non avrebbero avuto la sua stessa autonomia.

La grande novità stava nel rivoluzionario riconoscimento della legittimazione nazionale-popolare, che aveva sede nella Camera bassa, il Reichstag, dotata di importanti funzioni co-legislative ma priva di poteri sui trattati internazionali e sull'esecutivo: era il luogo di rappresentanza del popolo, eletta a suffragio universale maschile.

La Costituzione imperiale del 1871 assommava pertanto i caratteri di un trattato internazionale e di una carta fondamentale dei poteri (non c'era una dichiarazione dei diritti, in omaggio alla concezione organicista e alla sovranità degli Stati, ma un diritto individuale di libera circolazione)[4]. La federazione assumeva la guida della politica estera e militare, incorporava l'unione doganale, assumeva il comando unificato delle forze armate (ma l'esercito era formato da contingenti statali, soltanto la marina era davvero federale e perciò Guglielmo II ne avrebbe fatto un perno della sua politica di prestigio personale) e altre competenze, come l'innovativa politica economica e sociale, che imbrigliavano gli Stati. La supremazia del diritto federale su quello statale veniva applicata direttamente dai tribunali locali. Nel 1871 il Reichstag avrebbe approvato l'unificazione monetaria e circoscritto a soli quattro Stati il potere di emissione, e nel 1875 sempre il Reichstag avrebbe approvato la legge di unificazione bancaria e la creazione della *Reichsbank*, un istituto di diritto privato controllato dalla Prussia[5]. Ne scaturiva

[4] Sin dalla costituzione della Lega settentrionale del 1867, che anticipa in molti aspetti quella del 1871, l'art. 3 introduceva un diritto di cittadinanza (*Indigenat*) per i cittadini degli Stati membri, ai quali si assicurava la libera circolazione e la libertà di impresa, contro qualsiasi interferenza degli Stati. Ne scaturirono, come diritti collaterali, il diritto di espressione e di stampa purché finalizzati alla libertà di circolazione. I diritti individuali erano insomma riconosciuti in quanto funzionali alla sfera del mercato interno. Si potrebbe sostenere che i diritti non erano individuali ma collettivi, tutelati in quanto si riconosceva l'autonomia dei soggetti collettivi, ossia gli Stati e le Chiese ecc.

[5] H. James, *Monetary and Fiscal Unification in Nineteenth-Century Germany.*

il paradosso per cui la dinamica economica si orientava alla crescita accelerata, mentre l'equilibrio delle forze tra il principio monarchico, quello federale-nazionale e quello parlamentare doveva essere statico e quindi a somma zero: Bismarck tradusse la concezione neutra del politico nel nuovo linguaggio dell'Impero tedesco. La costituzione federale salvaguardava la via prussiana alla modernità, intesa come continuità del potere monarchico e neutralizzazione delle ideologie.

In che misura quella apolitica via prussiana alla nazione era compatibile con la pluralità del nuovo Stato federale? Per andare oltre i dati descrittivi delle statistiche elettorali, una lettura storica delle contradditorie basi di legittimazione dell'Impero rinvia alle dinamiche tra poteri territoriali, *status* sociale e leve di formazione della ricchezza su cui si costruirono una nuova teoria dello Stato e un diritto amministrativo come sua branca autonoma. Lo spazio astratto della federazione venne occupato per gradi da una espansione amministrativa e da una struttura militare che surrogavano un ancora introvabile popolo tedesco. Il ruolo integrativo del suffragio universale, infatti, stava nella prospettiva di un cittadino tedesco tanto obbligato alla lealtà all'Impero quanto socialmente integrato negli Stati membri. Un tale dualismo tra il *Volk* nel Reich e il cittadino (*Bürger*) o suddito (*Untertan*) nello Stato, quali dinamiche avrebbe innescato? Le tre legittimazioni erano per certi versi tra loro concorrenti, e se a due a due potevano essere magari compatibili, il terzo elemento diventava sempre di incomodo. Nel tentativo di tenere sotto controllo il parlamentarismo Bismarck avrebbe perseguito una attiva politica interna ed estera, basata non tanto unicamente sulla forza, quanto sull'equilibrio europeo tra principio monarchico e principio nazionale[6].

6 Questa impostazione evita la frequente scissione tra una politica interna «repressiva» e una politica estera di equilibrio che caratterizza alcune analisi della politica bismarckiana.

2. *L'insufficienza del principio monarchico*

Con il progetto di unificazione piccolo-tedesca, Bismarck dava una soluzione provvisoria alla crisi ormai irrimediabile della politica neutra assolutista dopo la rivoluzione del 1848-1849, con cui egli si era dovuto misurare nel corso della sua ascesa al potere. Il blocco restauratore *ständisch* che guardava all'alleanza tra Prussia e Austria perse definitivamente le basi tradizionali di legittimazione dopo che la guerra di Crimea separò la Russia dalle potenze centrali. Dal 1856 la competizione tra Prussia e Austria per il primato sugli Stati tedeschi non ebbe più lo zar come mediatore. Tutto l'asse della Germania si spostò a occidente: i grandi proprietari terrieri dell'Est trainavano l'economia prussiana con le loro esportazioni di grani sui mercati inglesi liberalizzati da Cobden, mentre i dinamici industriali renani traevano vantaggio dalle importazioni a basso costo e dal mercato interno della Zollunion. Tra 1860 e 1862, il tentativo dell'Austria di «sciogliere lo Zollverein per farne una unione doganale mitteleuropea con o senza la Prussia», imbarazzò l'aristocrazia prussiana, la Terza Germania e gli Stati meridionali. Alla fine sul mito di una *Mitteleuropa* unificata prevalse un blocco settentrionale integrato sotto la Prussia e orientato al libero mercato. Bismarck ne aveva posto le premesse quando strinse nel 1862 con Napoleone III un accordo doganale libero-scambista che affondò le scarse speranze di un reintegro dell'Austria nella Zollunion. La sua minaccia di sciogliere la vecchia Zollunion e creare un blocco integrato tra Prussia e Sassonia sorretto dalla Francia indusse nel 1865 gli Stati settentrionali e della Terza Germania, che dopo un trentennio di unione commerciale non erano più in grado di rinunciare ai mercati prussiani e sassoni, ad abbandonare a malincuore l'Austria. Dopo l'allargamento dell'unificazione doganale nulla ostacolava più la pretesa prussiana di guidare il Deutscher Bund[7].

L'unificazione italiana nel 1860 dette probabilmente l'esempio decisivo per un chiarimento tra le concezioni *ständisch* di antico

[7] V. Hentschel, *Deutsche Wirtschafts- und Sozialpolitik*, p. 21 per la citazione; H.-W. Hahn, *Geschichte des Deutschen Zollvereins*, pp. 165 ss.

regime e quelle parlamentariste e liberoscambiste sostenute dall'ala nazionale dell'opinione pubblica trainata da una borghesia industriale in rapida ascesa, e animata dalle promesse del nuovo re Guglielmo[8]. Dopo la Restaurazione degli anni Cinquanta, che fu caratterizzata da un ritorno a soluzioni cetuali nelle Camere alte, particolarmente negli Stati più piccoli[9], e da una riduzione del potere delle Camere basse, le componenti più reazionarie si trovarono improvvisamente scoperte davanti all'esigenza di modernizzare le amministrazioni periferiche per rispondere allo sviluppo accelerato delle ferrovie, dei trasporti e dei commerci[10]. Davanti a un crescente successo elettorale

[8] La scomparsa di Friederich Wilhelm IV nel gennaio 1861 fece sorgere qualche speranza nella soluzione liberal-costituzionale quando il nuovo re in una dichiarazione pubblica del 7 gennaio «An Mein Volk!» annunciò di voler rimanere fedele alla costituzione. Al contempo annunciava di voler rafforzare l'esercito essendo la pace in Europa in pericolo (evidente riferimento agli eventi in Italia e nell'Impero asburgico). Egli giurò, a differenza del precedente, sulla costituzione. Tuttavia la Corona non intendeva con quell'atto rinunciare alle proprie prerogative né riconoscere un'autonomia al parlamento, tanto che il nuovo re Guglielmo I insistette per ricevere l'omaggio degli antichi *Stände* durante una festa solenne per la cerimonia d'incoronazione, il che era un atto inconsueto nella tradizione prussiana. I ministri vedevano un contrasto tra il giuramento sulla costituzione e l'omaggio feudale dei ceti. La questione simbolica fu risolta con un compromesso, alla cerimonia del 22 ottobre parteciparono sia le alte cariche del parlamento sia i rappresentanti degli *Stände* e dell'esercito. Ma la questione politica rimase aperta e condusse alla richiesta del re di rafforzare l'esercito e gli stanziamenti militari. La tensione con il parlamento indusse il nuovo re a licenziare il precedente gabinetto e chiamare Bismarck da Parigi al cancellierato. Cfr. L. GALL, *Europa auf dem Weg in die Moderne 1850-1890*, München - Wien 1984.

[9] G. MEYER, *Das parlamentarische Wahlrecht*, pp. 194-205.

[10] Negli anni 1851-1853 si avviò in Prussia una vivace discussione intellettuale e politica sul senso e le possibilità del recupero del sistema cetuale, che vide i conservatori divisi tra una linea di autonomia legislativa degli enti locali e una più statalista e centralizzatrice. L'art. 105, unico articolo del titolo IX della Costituzione prussiana del 1850, «Von den Gemeinden, Kreis-, Bezirks und Provinzialverbänden», che disciplinava gli enti locali, al comma 1 stabiliva che assemblee elette localmente deliberavano sulle questioni interne di province, circoscrizioni, distretti e comuni, che le loro deliberazioni erano rese esecutive dai presidenti delle singole unità territoriali, aggiungendo che si sarebbero definiti per legge i casi in cui le loro deliberazioni sarebbero state sottoposte all'autorizzazione di un superiore organismo rappresentativo (*höheren Vertretung*) o del governo. Il comma 2 affidava al re la nomina dei

della neonata Fortschrittspartei (partito del progresso), il partito della borghesia liberale che dal 1861 al 1866 espresse la frazione più forte della Camera dei deputati prussiana, il sovrano sciolse ripetutamente il Landtag ma ottenne l'effetto opposto a quello desiderato: nel 1862 la Fortschrittspartei aveva 104 deputati, nel 1862-1863 133, nel 1863-1864 ben 141. Poiché i liberali volevano emulare il parlamento inglese e imporre un controllo pieno sul bilancio e sulle spese militari, il Landtag prussiano andò incontro a una paralisi che la Corona non escludeva di risolvere con il colpo di stato, sbarazzandosi della Camera bassa, o con l'abdicazione. La nomina di Otto von Bismarck alla Cancelleria nel 1862 fu forse l'ultima carta giocata da Guglielmo I per mantenere fede alla carta *octroyée*: Bismarck rilanciò il «principio monarchico», procedendo tra il 1862 e il 1866 senza l'assenso del parlamento, alla gestione provvisoria del bilancio e negando ogni fondamento alla pretesa della Camera bassa di controllare le spese militari.

Se il cesarismo bismarckiano spezzò la resistenza liberale fu perché fece quello che i vecchi conservatori, come il suo mentore Leopold von Gerlach, consideravano o un azzardo

presidenti di province, circoscrizioni e distretti; il comma 3 dava ai comuni un'autonomia amministrativa relativamente alle loro necessità, fatta salva la sovrintendenza statale, definita per legge. Una legge dell'11 marzo 1850 – *Verordnung über die Verhütung eines die gesetzliche Freiheit und Ordnung gefährdenden Mißbrauchs des Versammlungs- und Vereinigungsrecht* – definiva competenza e esercizio dell'autonomia degli enti locali (cfr. E. HUBER, *Dokumente*, pp. 519-521). Su questo terreno il governo Manteuffel nel maggio 1851 aveva ripristinato le rappresentanze per *Stände* dei distretti e delle province (*Kreis- und Provinzialstände*), suscitando l'opposizione di una parte della stessa destra, riunita attorno a Bethmann-Hollweg, il quale scrisse nell'articolo *Die Reactivierung der Preussischen Provinziallandtage*, in «Wochenblatt», attorno all'ottobre 1851, di essere dell'avviso che le Diete provinciali potessero esercitare, in base alla Costituzione del 1850, la competenza sulle questioni amministrative locali, ma che non avessero il diritto di arrogarsi facoltà legislative. L'articolo era una replica a Ernst Ludwig von Gerlach, che nel settembre 1851 aveva invece asserito sulla «Kreuzzeitung» che gli *Stände* provinciali e le Diete godevano del potere legislativo. Attorno a Bethman-Hollweg si sarebbe raccolto il partito del «Wochenblatt», che avrebbe segnato l'inizio della frantumazione della destra, che si sarebbe fatta sentire nel 1852. Cfr. I CERVELLI, *Realismo politico e liberalismo moderato in Prussia*, pp. 214-215; G. GRÜNTHAL, *Konstitutionalismus und konservative Politik*, pp. 151-152; E.R. HUBER, *Dokumente*, pp. 513-521.

o un errore strategico: puntare all'isolamento dell'Austria e alla rottura del Deutscher Bund per giungere ad un confronto militare che vedeva inizialmente perplesso anche il re di Prussia e suscitava enormi resistenze nel partito di corte sostenuto dalla regina Augusta, nipote dello zar Alessandro I. La rottura con l'Austria era una rottura culturale con le tradizioni *ständisch* che risultava inaccettabile all'ala più tradizionalista dei conservatori: si poteva barattare la legittimazione del potere assoluto con quella nazionale dei liberali, e rischiare con una guerra intestina di sottomettere la nazione tedesca alla Francia o a qualche altra potenza straniera?

Per Bismarck il problema si poneva in termini diversi:

«I confini della Prussia secondo i trattati di Vienna sono sfavorevoli ad una sana vita dello Stato: non con discorsi e decisioni a maggioranza si decidono le grandi questioni del tempo – questo è stato il grande errore del 1848 e 1849 – ma col ferro e col sangue»[11].

L'assetto del Bund era a suo avviso insostenibile e il conflitto del 1862 e del 1866 con Danimarca e Austria sui confini della Prussia era «un episodio nella lotta del principio monarchico contro la rivoluzione europea»[12]. Jacob Burckhardt scriveva a Friedrich von Preen il 26 aprile 1872 che «Bismarck ha soltanto preso in mano ciò che con il tempo sarebbe comunque avvenuto, ma senza di lui e contro di lui». Quella «rivoluzione dall'alto» muoveva dalla convinzione di una rivoluzione in atto nel continente, che poteva essere accompagnata e guidata ma non bloccata. Al cancelliere non interessava distinguere troppo finemente tra rivoluzione nazionale borghese e rivoluzione sociale, perché diffidava di entrambe: il suo faro era «l'interesse generale della patria» al quale si dichiarava pronto a sacrificare qualsiasi «punto di vista di partito»[13].

[11] Bismarck alla Commissione del bilancio, 30 settembre 1862, in O. von Bismarck, *Dokumente*, pp. 168-169.

[12] Bismarck a Karl von Werther, 14 giugno 1864, in O. von Bismarck, *Dokumente*, p. 194.

[13] Bismarck al Landtag prussiano, 21 gennaio 1864, in O. von Bismarck, *Dokumente*, p. 192.

La lunga esperienza di ambasciatore a Francoforte, Mosca e Parigi consentì a Bismarck un colpo di mano pari soltanto a quello di Cavour[14]. Nel conflitto con la Corona danese sulla «germanicità» dello Schleswig-Holstein, Bismarck allineò dietro di sé prima la Corona e i conservatori, in accordo con l'Austria, sottraendo quel territorio alle pretese danesi; poi rivendicò il dominio prussiano sull'area in nome della nazione tedesca e si appoggiò alle forze nazionali moderate, che videro in lui l'unica figura capace di spezzare la subalternità prussiana ad un Impero asburgico ancora agrario, orientato alla rendita e intriso di cattolicesimo reazionario. Attratto dalla prospettiva piccolo-tedesca, materializzatasi nell'unione doganale libero-scambista, il partito liberale, come noto, si frantumò e dette vita alla frazione moderata nazional-liberale che entrò nell'area di governo e sostenne Bismarck convintamente per oltre un decennio.

Bismarck, come ha mostrato Lothar Gall, si appropriò di molte istanze del liberalismo per svuotarne il nucleo politico[15]. Alla nazionalizzazione militare e al principio monarchico accompagnò il recupero di una parte del programma del parlamento di Francoforte: dalla trasformazione dell'unione doganale in un corpo politico, alla designazione nazionale dell'imperatore, fino alla separazione tra Stato e Chiese e alla promozione della scienza e della libertà economica. Il lato oscuro di quella soluzione stava nella continuità degli Stati e della tradizione *ständisch*, incorporati nella nuova costruzione giuridica dello Stato federale e parlamentare.

3. *Il cesarismo di Bismarck e il suffragio universale*

Perché Bismarck introdusse il suffragio universale? Una lunga tradizione storiografica che vede tra i suoi esponenti anche Marx, Engels e Weber legge in chiave cesaristica la scelta,

[14] G.E. Rusconi, *Cavour e Bismarck*.

[15] L. Gall, *Bismarck il Cancelliere di ferro*; A. Kaernbach, *Bismarcks Konzepte zur Reform des Deutschen Bundes*, pp. 211-213.

ritenendo che il cancelliere, preoccupato della radicalità dei liberali, reputasse il suffragio universale idoneo a mobilitare demagogicamente il consenso dei contadini in favore dei conservatori[16]. Il punto è delicato e merita una discussione. Chi, guardando a Napoleone III, vede in Bismarck una sorta di moderno dittatore in cerca di consenso di massa incorre in una tautologia, che consiste nel postulare una politica personalistica e priva di sostegni parlamentari, deducendone un conflitto irriducibile tra il cesarismo di Bismarck e il liberalismo tedesco. A ragione un profondo studioso di matrice liberale come Nipperdey vede in Bismarck un oppositore del parlamentarismo, ma la sua freccia supera il bersaglio laddove sostiene che il suffragio generale maschile venisse introdotto per indebolire il parlamento[17]. La debolezza del parlamentarismo tedesco risiedeva altrove, nella lunga tradizione di subalternità alla monarchia, nella separatezza del potere legislativo da quello esecutivo e nel primato dell'unificazione nazionale per i liberali. Il tentativo dei progressisti di mettere l'esecutivo sotto controllo, con il conflitto sul bilancio militare del periodo 1861-1866, fu sgominato da Bismarck non attraverso il suffragio universale ma grazie all'espansione territoriale in chiave nazionale. Non il suffragio quanto la persistente sovranità degli Stati e la diffidenza reciproca tra Prussia e Terza Germania rendevano impossibile un parlamento federale davvero forte, e ciò spiega la formula di Weber, secondo cui il federalismo contrastava con il parlamentarismo[18].

Il suffragio universale servì invece a completare l'opera di unificazione territoriale e a fare del Reich uno spazio politicamente neutro in cui sedare i conflitti di classe. Se si accetta la tesi per cui il suffragio universale modifica i rapporti tra gli elettori, ma non incide affatto sui poteri del parlamento,

[16] Sostenuta dalla storiografia liberale, ad esempio da T. NIPPERDEY, di recente la tesi è stata rivisitata da G.E. RUSCONI, *Cavour e Bismarck*, pp. 176-186.

[17] Concordo con la linea argomentativa di A. BIEFANG, *Die andere Seite der Macht*, pp. 42-45.

[18] M. WEBER, *Parlamento e governo*, cap. VI.

allora si deve concludere che il suffragio universale serve a modificare i rapporti tra conservatori e liberali e ad assicurare al governo una maggioranza stabile.

La tesi di Nipperdey allude piuttosto a un effetto collaterale del suffragio universale, che altera l'equilibrio tra il cittadino federale e quello degli Stati, e in altri termini serve a diminuire il peso relativo del parlamento prussiano. La tesi di un suffragio universale mirato a indebolire il parlamento prussiano fu espressa già dal progressista Twesten durante il dibattito costituzionale del 1867 e la sua persistenza storiografica echeggia argomenti formulati sino a fine secolo dal liberalismo moderato prussiano contro un sistema elettorale «demagogico» che poteva produrre fenomeni populisti come il boulangismo francese perché non poneva freno alla rappresentanza delle masse:

> «Proprio in Francia le esperienze fatte dal 1848 nel diritto di voto generale con l'eliminazione del censo parlano a favore della necessità di non concedere al proletariato, imprevedibile per via del suo abbruttimento (*Verwilderung*), alcun influsso diretto in questioni pubbliche»[19].

Se si distinguesse più nettamente il potere dei parlamenti dalla legge elettorale, forse si chiarirebbe meglio la finalità del suffragio universale. Quest'ultimo doveva legittimare un parlamento federale che per motivi diversi sia i conservatori sia i liberali dei vari Stati membri guardavano con riserve. La categoria di cesarismo è foriera di equivoci laddove diventa spiegazione automatica degli atti di Bismarck. In quanto fiduciario del re, il primo ministro prussiano non aveva bisogno del consenso diretto delle masse, ma dell'appoggio delle Camere e soprattutto delle Camere alte. Il significato più vasto del suffragio universale si coglie nel quadro della politica neutra. Come nella politica estera di equilibrio tra Francia, Inghilterra, Austria e Russia, anche nelle soluzioni costituzionali Bismarck contaminò la tradizione reazionaria e conservatrice con elementi di quella liberale e democratica per aprire la strada a una soluzione

[19] Voce *Census*, p. 31. Su Twesten cfr. W. GAGEL, *Die Wahlrechtsfrage*, e la n. 42.

consensuale della questione tedesca[20]. Tracce di questa funzione costituzionale e nazionale del suffragio emergono anche a una lettura attenta delle famose pagine di Weber sul cesarismo bismarckiano e sul parlamentarismo tedesco, pubblicate nel 1917 alla vigilia del crollo dell'Impero. Sulla scia della tradizione liberale Weber vedeva nel suffragio universale un dato negativo, demagogico, che aveva allontanato il Reich dal modello parlamentare inglese, e quindi storicamente deprecabile per il mancato sviluppo di una robusta classe politica liberale capace di esercitare il potere dopo il pensionamento del cancelliere. Tuttavia ne riconosceva la funzione di legittimazione conservatrice dello Stato unitario:

> «le speranze che una figura cesaristica come Bismarck collegava al diritto elettorale paritario e la natura della sua demagogia antiparlamentare erano ... adattate nella loro formulazione e nella loro retorica alle condizioni legittimistiche della sua posizione di ministro»[21].

A questo giudizio molto sintetico Weber non dà sviluppo, perché nella sua prospettiva contavano soprattutto le conseguenze del suffragio egualitario sulle forme politiche di massa alla fine del secolo.

Weber ragiona infatti non tanto su Bismarck né sulla funzione storica del suffragio universale quanto sulla cultura burocratica di una classe politica tedesca poco capace di misurarsi con la tendenza alla «democratizzazione», ossia all'allargamento delle basi di massa del potere, avviata dal suffragio di massa. Alla democratizzazione egli associa l'esigenza «cesaristica» di concentrare al vertice le funzioni del comando. Il cesarismo – la guida affidata a un «genio» – diventa così una componente caratteristica e ineliminabile della espansione di massa della politica[22]. Intriso di preoccupazione per la incombente «catastrofe politica» dell'Impero, il saggio di Weber su Bismarck non esplicitava come il suffragio universale fosse servito alla

20 Una puntuale analisi delle considerazioni di Bismarck in L. GALL, *Bismarck, il Cancelliere di ferro*, *passim*.

21 M. WEBER, *Parlamento e governo*, p. 107.

22 *Ibidem*, pp. 9-21.

legittimazione del Reich, ma vi faceva implicitamente riferimento quando riconosceva al cancelliere una statura politica incomparabile a quella dei suoi successori[23].

Weber non aveva certo torto a sostenere che Bismarck non avesse simpatia per il liberalismo. Se il cancelliere non fu mai, a detta dei suoi biografi, un coerente teorico quanto piuttosto un fine interprete dei rapporti di forza domestici e internazionali, tuttavia la sua duttilità intellettuale ebbe sempre come riferimento l'insegnamento dei fratelli Gerlach e le corpose questioni di teoria dello Stato connesse alla tradizione della scuola storica, che lo inducevano a guardare al popolo come unità indissolubile dal monarca e a guardare con sospetto l'individualismo liberale. Molte sono le tracce della sua critica al liberalismo.

Nell'aprile 1848, in quanto contrario alla concessione della costituzione 'liberale' in Prussia, ritenne di votare contro un ordine del giorno di ringraziamento al re. In opposizione al liberalismo progressista di un Hans Viktor Unruh, futuro leader della Fortschrittspartei, e alle sue richieste di dare al Landtag il diritto di veto sul bilancio, Bismarck in discorsi del 1849, 1851 e 1853:

«a) negava il suddetto diritto a un parlamento prussiano privo di un'adeguata rappresentanza popolare; b) contestava l'applicabilità del modello inglese di un diritto di approvazione delle imposte con l'affermazione della specificità prussiana: 'dateci tutto ciò di inglese che noi non abbiamo … e allora anche io dirò che possiamo governarci alla maniera inglese'; c) faceva derivare da quanto sopra fondamentali, dal suo punto di vista, convincimenti in materia di Costituzione»[24].

Ancora nel 1851, Bismarck professava l'ideale *ständisch* del suo mentore Gerlach:

[23] Sulla base di un ragionamento analogo, l'attribuzione a Bismarck della qualifica di leader carismatico è apparsa inappropriata a Christian Jansen, che vede nel cancelliere l'espressione di una legittimità tradizionale, costruita razionalmente sulla burocrazia e sul potere militare, non su comizi né su rapporti diretti con le masse: C. JANSEN, *Otto von Bismarck: Modernität und Repression, Gewaltsamkeit und List*.

[24] Cfr. I. CERVELLI, *La Germania dell'Ottocento*, p. 170.

«Mi è sempre balenato l'ideale, che sarebbe controllato a mio avviso al meglio attraverso una rappresentanza ständisch o professionale, per cui il Monarca o il Parlamento possano modificare i rapporti giuridici esistenti soltanto col consenso generale attraverso un confronto critico su tutte le attività statali nella sfera pubblica sulla stampa e nel Landtag»[25].

Se Cavour, come osserva Rusconi, fa un sapiente uso del cesarismo in funzione del parlamentarismo, Bismarck mira a salvare il principio monarchico e la cultura *ständisch* in una prospettiva nazionale. Per prevenire lo scontro tra il parlamentarismo liberale e l'autogoverno aristocratico, Bismarck si appoggia sul suffragio universale e su una nazionalizzazione militarista che trasformi i rapporti tra aristocrazie e borghesie per rompere i particolarismi e superare le microidentità territoriali.

Un'acuta testimonianza della trasformazione avviatasi nella cultura aristocratica a causa della saldatura tra militarismo prussiano e cultura scientifica moderna la forniva Theodor Fontane (1818-1898), a quasi venti anni di distanza, quando notava che a seguito delle guerre del 1866 e del 1870, si era persa la concezione poetica e aristocratica delle armi: «Ora domina quello specifico 'Militare', al quale, quasi per principio, sfugge quell''Interessante' a cui non crede davvero»[26]. Noto come il romanziere più evocativo della Germania imperiale, Fontane fu direttore della «Vossische Zeitung» oltre che redattore della «Kreuzzeitung», la voce berlinese più autorevole del partito conservatore, fondata nel 1848 dai fratelli Ernest Ludwig e Leopold von Gerlach (rispettivamente 1795-1877 e 1790-1861) e da loro sodali come Hans-Hugo von Kleist-Retzow, già leader del partito degli Junker nel 1848, e Friedrich Julius von Stahl, e diretta inizialmente da quell'Hermann Wagener (1815-1889) che collaborò con Bismarck nel percorso legislativo del suffragio universale[27]. Fontane, consapevole del tramonto

[25] Cfr. R. AUGST, *Bismarckstellung*, p. 7, trad. mia.

[26] T. FONTANE, *Dreilinden*, p. 369, trad. mia.

[27] (H. WAGENER) Anonym, *Grundzüge*. Wagener era un conservatore, cristiano, convinto della legittimità storica della sacralità del potere, e curatore di uno *Staats- und Gesellschafts-Lexikon*, che voleva essere il contraltare di quello di Rotteck e Welcker. Cfr. H. VON PETERSDORFF,

degli Junker, descriveva con nostalgia i tempi andati dei castelli feudali brandeburghesi e l'etica della antica aristocrazia prussiana, soggiogata dal centralismo amministrativo e costretta a misurarsi con i dilemmi di una modernizzazione in cui si affermava una cultura positivista. Dal nucleo conservatore della «Kreuzzeitung» emerge la generazione di Fontane e Bismarck, tra un misto di scetticismo, di nostalgia dell'etica aristocratica e di ricerca di una modernità nazionale. Se di cesarismo si deve parlare è in funzione della trasposizione della politica neutra su scala federale.

4. *La funzione costituente del suffragio federale*

Misurata sulla scala della questione nazionale, l'introduzione del suffragio universale risponde a due esigenze contrastanti: superare il modello 'sacrale' austriaco e nazionalizzare il principio monarchico prussiano. Il suffragio universale fu infatti proposto con quella duplice veste nel corso del 1866 in chiave antiaustriaca. Il 9 aprile 1866 Bismarck scosse l'opinione pubblica conservatrice con la presentazione di una riforma del Deutscher Bund che prevedeva un'assemblea nazionale scelta con elezioni dirette e generali: una invocazione provocatoria al popolo che avrebbe messo per sempre in minoranza l'Austria. Contro lo scetticismo dei suoi contemporanei, lo storico liberale Hermann Baumgarten avvertì immediatamente il collega Heinrich von Sybel che «La mozione al Parlamento non era affatto così improvvisata come si può pensare»[28]. Baumgarten coglieva la maturazione della guerra all'Austria in vista della quale Bismarck sottopose a 19 stati alleati il 10 giugno – tre giorni dopo aver occupato lo Schleswig-Holstein – la prima proposta di costituzione per un Norddeutscher Bund. Lì si richiamava la legge elettorale di Francoforte del 1849, con la promessa di lasciare agli Stati aderenti la definizione di

Wagener, Hermann, pp. 471-476, URL: <https://de.wikisource.org/w/index.php?title=ADB:Wagener,_Hermann&oldid=2508723>

[28] Hermann Baumgarten a Heinrich von Sybel, 1 maggio 1866, in O. VON BISMARCK, *Dokumente*, p. 203.

collegi e circoscrizioni e di convocare rapidamente il nuovo parlamento federale. Soltanto i piccoli territori di Sassonia-Meiningen e Reuß ä.L. non aderirono. Dopo la sconfitta dell'Austria a Königsgratz (Sadowa) il 3 luglio la questione fu definitivamente stabilita tra i vincitori[29]. L'art. 5 del cosiddetto «patto di agosto» del 18 agosto 1866 confermava che i firmatari avrebbero indetto «elezioni per i deputati al parlamento sulla base della legge elettorale del Reich del 12 aprile 1849». Ciò non significava che la legge elettorale sarebbe stata identica in tutti gli Stati, ma soltanto che quella della Paulskirche sarebbe stata il riferimento comune.

Nella ricerca di una spiegazione all'azzardo di Bismarck non va sottovalutata la funzione simbolica della legge elettorale di Francoforte per legittimare il percorso costituente del nuovo Bund settentrionale. Per abbandonare l'impianto sovranazionale e assolutista del morente Deutscher Bund, come osservava un fine commentatore di fine XIX secolo, Bismarck non era obbligato a seguire il precedente di Francoforte e avrebbe potuto richiamarsi alla legge elettorale delle tre classi prevista dalla Erfurter Union del 1849[30]. In realtà, è noto il giudizio negativo di Bismarck sulla legge delle tre classi prussiana che, sebbene mantenuta in Prussia fino al 1918, non era gradita a una parte dei conservatori per la sua matrice materialista di impronta francese che esaltava il conflitto di classe. Estenderla al nuovo organismo federale avrebbe significato una imposizione del sistema prussiano a tutta la Germania settentrionale e avrebbe suscitato le ostilità di tutti gli Stati meridionali. Viceversa il suffragio universale poteva assicurare alla Costituzione federale una base di consenso ampia, che diventava tanto più necessaria in quanto a quel livello nuovo di statualità federale mancava il crisma della sacralità monarchica[31].

29 A. BIEFANG, *Die andere Seite der Macht*, pp. 44-45; il discorso di Bismarck alla *17. Sitzung des Hauses der Abgeordneten*, 12 settembre 1866, in *Die politischen Reden*, pp. 77-93.

30 J. HATSCHEK, *Das Parlamentsrecht*, p. 269.

31 O. VON BISMARCK, *Gedanken*, pp. 381-382.

Il 13 aprile 1866 Friedrich Engels preconizzava a Karl Marx:

> «il colpo di Bismarck col suffragio generale ... sarà dopo qualche resistenza accolto dal cittadino tedesco, dato che il bonapartismo è la vera religione della borghesia moderna»[32].

Engels si rendeva conto che il cancelliere intendeva assumere la rappresentanza degli interessi economici della borghesia, chiedendo in cambio la rinuncia all'autonomia politica. Il suffragio popolare non mira a impedire l'assalto del liberalismo al potere monarchico, quanto piuttosto a disciplinarlo sotto l'egemonia conservatrice.

Che il liberalismo moderato prussiano, guidato da un Rudolf von Bennigsen e da un August Ludwig von Rochau, avrebbe finito per accettare una unificazione guidata dal governo in nome dell'aristocrazia era insito nelle conseguenze tratte dalle delusioni del 1848-1849. Rochau aveva teorizzato la fine dell'idealismo parlamentarista e coniato nel 1853 la categoria di *Realpolitik* come fondamento di una nuova scienza della politica che avrebbe dovuto insegnare alle borghesie illuminate le leggi ferree dei rapporti di forza[33]. La borghesia faceva così propria la separazione tra potenza e diritto che aveva retto il pensiero assolutista.

Quanto le correnti di destra liberale anteponessero l'unificazione nazionale al potere parlamentare è confermato dalla vicenda del Deutscher Nationalverein, l'associazione fondata da Bennigsen e Rochau nell'agosto 1859, sull'esempio italiano della Società nazionale. La sua pragmatica preferenza per l'unificazione economica e politica sotto la guida del re di Prussia fu, in fondo, uno dei motivi della fallita unificazione dei liberali settentrionali con quelli meridionali nel momento migliore, l'epoca del «conflitto costituzionale» del periodo 1862-1866. L'orientamento piccolo-tedesco, cui faceva da forte collante la cultura evangelica, non collimava con le ambizioni parla-

[32] Engels a Marx, 13 aprile 1866, in K. Marx - F. Engels, *Opere complete*, 42, p. 226.

[33] L.A. von Rochau, *Grundsätze der Realpolitik*.

mentari federali e grandi-tedesche dei liberali meridionali[34]. In assenza di un progetto unificante delle frammentate borghesie tedesche, il liberalismo moderato prussiano era esposto alla logica cinica dei rapporti di forza su cui Bismarck impostava la sua strategia di unificazione piccolo-tedesca.

La duplice funzione antiaustriaca e nazionale della legge elettorale di Francoforte si ritrova anche nelle modalità con cui Bismarck gestì in una conferenza del luglio 1867 l'allargamento della Zollunion agli Stati meridionali. Si stabilì che il nuovo trattato doganale sarebbe entrato in vigore il 1° gennaio 1868 e si affidarono all'Unione doganale competenze sovrastatali esclusive sul commercio e le tariffe sotto il controllo di un parlamento apposito, costituito dai 295 membri del parlamento del Norddeutscher Bund più ulteriori 85 seggi per gli Stati meridionali, sulla base del suffragio generale. La resistenza degli Stati meridionali a quella soluzione, che ne sanciva una sorta di annessione sotto la schiacciante maggioranza dei deputati prussiani, fu vinta dalla minaccia di una loro esclusione dall'Unione doganale; e tuttavia quella opposizione indusse Bismarck a non proseguire l'integrazione economicista del parlamento nella Zollunion. Dopo la vittoria sulla Francia del 1870 egli sciolse la Zollunion incorporandola nel Reich, in modo da evitare che la federazione si polarizzasse attorno a conflitti esclusivamente economici[35].

In questo senso la nota dichiarazione di Bismarck che la legge elettorale di Francoforte andasse considerata una misura «costituzionale» del Reich va presa più seriamente di quanto ammettessero i suoi critici[36]. Bismarck venne incontro, seppure

[34] S. Na'aman, *Der Deutsche Nationalverein*; A. Biefang, *Politisches Bürgertum*.

[35] W. Siemann, *Gesellschaft im Aufbruch*, pp. 289-291. Il Zollparlament mostrò subito, sin dalle prime elezioni del 1868, di servire il particolarismo degli Stati e di alimentare l'opposizione meridionale alla soluzione piccolo-tedesca prussiana. Fu anche perciò che Bismarck si indirizzò verso una costituzione politica.

[36] *Stenographische Berichte des Reichstags des Norddeutschen Bunden*, 13 marzo 1869, p. 45; cfr. J. Hatschek, *Kommentar zum Wahlgesetz*, p. 3.

parzialmente, alla richiesta del progressista Schulze al Landtag prussiano di riprendere la carta costituzionale del 1849 per ricucire una cesura storica: «il re di Prussia già da tempo eletto (*erkoren*) attraverso un voto popolare, deve indossare la corona tedesca»[37]. Recependo la legge di Francoforte invece di quella prussiana, la Lega settentrionale si qualificava come federazione nazionale e non come mera estensione dello Stato dominante. Questa è una differenza rilevante rispetto, ad esempio, al processo di unificazione italiana.

Se nel contesto internazionale, in cui rientra anche la guerra civile americana combattuta tra il 1862 e il 1866, si era aperto «a much larger transatlantic struggle» tra un mondo conservatore agrario e un fronte repubblicano che nella causa della schiavitù vedeva un riflesso della lotta europea per l'emancipazione politica, in Germania si ebbe una soluzione politica opposta a quella statunitense[38]. Anche se la cultura storica imperiale avrebbe rapidamente rimosso la definizione coeva di guerra prusso-tedesca, il confronto con il caso statunitense appare plausibile. La guerra con l'Austria può essere intesa come una sorta di guerra civile tedesca, nella quale vinsero gli Stati settentrionali, in un regolamento definitivo dei conti all'interno del Deutscher Bund. La vittoria arrise a chi, avendo perso da tempo la rendita della gleba, si era più orientato al mercato; se la guida fu conservatrice, il suo orientamento modernizzatore le assicurò la possibilità di traguardare la prospettiva organicista nel costituendo Stato federale[39].

[37] Il discorso di Schulze è riportato in forma sintetica nel discorso di Bismarck del 12 settembre 1866, in O. von Bismarck, *Die politischen Reden*, pp. 82-83.

[38] D.H. Doyle, *The Cause of All Nations*, p. 313.

[39] Quella di cui sopra è una generalizzazione che prescinde dalle concrete divisioni assai più complesse di quella guerra, che aveva cause proprie, e che vide ad esempio uno Stato settentrionale membro dell'Unione doganale come il Regno di Hannover schierato dalla parte dell'Austria, assieme al Regno del Württemberg, ai granducati dell'Assia e del Baden, al ducato di Sassonia-Meiningen, al principato dell'Assia, al ducato di Nassau e alla città libera di Francoforte. Alcuni degli sconfitti, come Francoforte e Hannover, avrebbero perso la sovranità e sarebbero stati annessi alla Prussia dai trattati di pace.

Alla luce di queste sparse considerazioni, sembra di poter concludere che il cesarismo bismarckiano mirasse soprattutto a costituire organicamente il potere federale del Reich contro le resistenze degli Stati – incluso quello dominante prussiano – e dei loro riottosi parlamenti. In quel contesto, il suffragio universale maschile serve ad attrarre nell'orbita federale le speranze dei cittadini della Terza Germania e della Baviera e soprattutto a testimoniare l'unità romantica del popolo. L'investitura popolare non mira a decapitare il parlamentarismo, ma a sottrarre i contadini e la piccola borghesia all'influenza del radicalismo democratico attraverso la neutralizzazione della sua principale richiesta. Con tutte le sue contraddizioni, Bismarck esercitava una guida politica che andava oltre il mero uso della forza, e cercava invece di costruire una complessiva egemonia conservatrice che incorporasse alcune richieste degli avversari[40].

5. *Il dibattito sul suffragio costituente nel 1866*

La funzione legittimante del suffragio egualitario trova conferma nella analisi dei dibattiti parlamentari, segnati dalla prospettiva incerta di una transizione ad una federazione di cui nel 1866 ancora nessuno conosceva i contorni. Secondo gli accordi di agosto, la Costituzione federale avrebbe dovuto

[40] Il primato bismarckiano della politica sulla dimensione puramente militare della forza veniva rilevato in una nota da Gramsci (Q. 19, § 28), in A. Gramsci, *Risorgimento italiano*, p. 191, dove si osserva che nella conduzione della guerra «Bismarck, sulle tracce del Clausewitz, sosteneva la supremazia del momento politico su quello militare, mentre Guglielmo II, come riferisce Ludwig, annotò rabbiosamente un giornale in cui l'opinione del Bismarck era riportata». Gramsci coglie nel licenziamento di Bismarck un mutamento nella concezione della politica nel Reich. Se Guglielmo II voleva tornare alla tradizione centralista di Federico Guglielmo IV in vista di un vero Impero, Bismarck era ben più flessibile di lui e voleva conservare l'assetto confederale del 1871. Gramsci fa riferimento a E. Ludwig, *Guillaume II*, dove si racconta l'episodio del commento sulla «Frankfurter Zeitung», che Guglielmo II interpretava evidentemente come minaccia alle sue personali prerogative, senza intendere che proprio il re doveva svolgere un ruolo politico prima che militare. L'effetto della concezione di Bismarck sui rapporti tra governo e Corona meriterebbe maggior spazio di quanto non sia qui lecito dedicarvi.

essere sottoposta a un apposito parlamento *ad hoc*, il cui parere avrebbe dovuto essere tenuto obbligatoriamente in conto nella emanazione della Carta. Nel settembre 1866, quando il governo sottopose al Landtag prussiano il disegno di legge che introduceva il suffragio «generale, diretto e segreto» per le elezioni del parlamento provvisorio, il dibattito si accese sulla sua adeguatezza a favorire una vera integrazione nazionale. Non tanto il suffragio universale in sé, quanto il suo significato per il futuro assetto della federazione animò il dibattito delle due Camere prussiane.

Alla Camera dei deputati furono soprattutto i conservatori come Gerlach a manifestare perplessità contro il suffragio universale. Con l'argomento che «ogni elezione è una disgrazia di per sé», per «l'accendersi delle passioni, gli intrighi dei vari partiti e altre cose simili» il più autorevole difensore dell'organicismo *ständisch* vedeva nel suffragio universale un veicolo della sovranità popolare e dell'atomismo individualista[41]. Conservatori più pragmatici come Strosser, pur preferendo un sistema *ständisch*, si adeguarono invece all'impostazione del governo perché avrebbe «spuntato l'influenza elettorale dei democratici» o perché ritenevano, come von Kleißt-Retzow, che fosse necessaria «una forma di Stato più compiuta per rompere il particolarismo» dei piccoli Stati.

I liberali progressisti guidati dal medico berlinese Rudolf Virchow invece accolsero con grande preoccupazione un parlamento federale del Norddeutscher Bund che avrebbe potuto indebolire le pur limitate conquiste di quello prussiano e si opposero alla cessione di poteri semi-costituenti fino a che non se ne fossero chiariti i compiti e la composizione[42]. Si

[41] *Stenographische Berichte über die Verhandlungen des Preußischen Hauses der Abgeordneten*, I, 5 agosto - 27 settembre 1866, p. 299.

[42] Non entriamo qui nei dettagli che riguardavano soprattutto il controllo della spesa militare, in quanto il parlamento federale avrebbe dovuto occuparsene in potenziale conflitto con il Landtag prussiano. Se il Reichstag avrebbe avuto o no poteri di approvazione annuale o pluriennale della spesa, se il potere federale avrebbe creato una «Generalmaschine» di spesa automatica a disposizione del governo, come denunciava Virchow, e in che misura i trattati intergovernativi facessero trapelare un Reichstag debole o

spiega così perché il Fortschrittspartei proponesse di allargare il Landtag prussiano a rappresentanti degli altri Stati come alternativa al parlamento *ad hoc*. Per i deputati di uno Stato che pesava per circa l'80% della popolazione della Lega settentrionale, la difesa della sovranità e dell'identità prussiana poteva essere meglio esercitata sottoponendo al proprio vaglio la imminente costituzione federale. Dalla loro prospettiva un parlamento eletto con il suffragio universale sarebbe stato esposto a manipolazioni elettorali del governo e perciò debole nell'esame di una costituzione federale che avrebbe potuto svuotare le costituzioni statali. Per diffidenza verso Bismarck la maggioranza dei liberali prussiani perse l'occasione favorevole per chiedere un vero parlamento costituente e porsi sul terreno della democrazia.

La debolezza dei liberali stava nella loro adesione all'espansione della nazione a prescindere dai suoi effetti politici. Guardando alla espansione della nazione come a un ideale in sé, che emancipa la borghesia dai particolarismi feudali, i liberali appoggiarono l'incorporazione dei territori orientali nella nuova federazione «tedesca» nonostante le legittime proteste dei deputati polacchi il cui *status* di minoranza nazionale era tutelato da accordi risalenti al Congresso di Vienna, che avevano lasciato la Posnania e la Prussia Orientale fuori dal Bund. Incorporata nel Reich tedesco dal 1866, la minoranza polacca avrebbe costituito un duraturo problema politico nel fronte conservatore, di cui i liberali non seppero approfittare. Lo stesso avvenne per l'incorporazione dei territori che si erano appena alleati con l'Austria, in particolare il Regno di Hannover e la città libera di Francoforte che vennero acquisiti dalla Corona prussiana, creando risentimenti che avrebbero trovato in parte sbocco nel partito dei Guelfi e nel Zentrum cattolico per mancanza di alternative. Persino i progressisti prussiani, con poche eccezioni, ebbero una visione egoistica della vittoria militare. Uno dei loro fondatori, il giurista Karl Twesten, figlio di un teologo protestante, spiegò che sulla legge elettorale non c'era bisogno di consultare i parlamenti degli

autorevole, sono temi che non possiamo sviscerare ma che condizionavano la percezione del suffragio.

Stati sconfitti, perché il «principio nazionale», e le «necessità nazionali», costituivano un «principio etico che dà in Germania un altro significato al diritto di conquista»: l'incorporazione era quindi legittima e poteva superare le obiezioni della «sovranità popolare», piuttosto bisognava rafforzare il parlamento federale come autentica istanza tedesca[43]. L'assunzione del principio nazionale a etica borghese, così limpidamente formulata, rendeva i liberali incapaci di agire politicamente in modo autonomo e di guadagnare molti alleati nei territori non-prussiani di nuova acquisizione. Se ciò li portava a sostenere le linee generali della politica di Bismarck, nonostante le divergenze sui poteri e gli assetti del parlamento, è perché ancora una volta, i liberali ragionano in termini prepolitici, etici.

La Camera alta (*Herrenhaus*) seguì invece un diverso orientamento, orientato alla difesa di un assetto corporato nella costituzione federale. Essa raccomandò al governo di limitare in futuro il suffragio universale alla metà dei seggi e riservare l'altra metà ai «maggiori contribuenti del Reich». Richiamandosi alla Costituzione di Erfurt del 1849, essa voleva che il parlamento federale fosse una rappresentanza degli Stati, e che i collegi fossero assegnati per metà a deputati designati dagli Stati e per l'altra metà eletti dalle Camere basse[44]. Tali raccomandazioni non vincolavano il governo, in nome del quale fu Wagener a spiegare alla Camera alta che il suffragio universale doveva avere un «significato nazionale» in vista del futuro della Germania. Alla fine, nonostante le molte riserve e perplessità emerse dalle due Camere prussiane, la legge elettorale che entrò in vigore il 15 ottobre 1866 (*Wahlgesetz für den konstituierenden Reichstag des Norddeutschen Bundes*), rimase fedele a quella di Francoforte[45]. Bismarck infatti si oppose a

[43] Seduta del 11 settembre 1866, *ibidem*, p. 278.

[44] *Sitzungsprotokolle des Preußischen Herrenhauses*, seduta del 17 settembre, pp. 61-63.

[45] Si stabiliva che ogni 100.000 abitanti in media si eleggesse un deputato, e si attribuiva il diritto attivo ai maggiorenni maschi con i seguenti requisiti: almeno 25 anni; cittadinanza in uno Stato da almeno tre anni; incensurati (*Unbescholtenheit*), e con piena fruizione dei diritti di cittadinanza; non sottoposti a tutela o curatela o procedura fallimentare; non percettori di

ogni modifica significativa da parte del parlamento prussiano in nome del principio che la legge del 1849 era stata oggetto di un accordo internazionale e che un intervento unilaterale del Landtag prussiano avrebbe tradito gli accordi con gli alleati e dato adito a richieste di modifica delle loro Camere che avrebbero messo il governo «in grande imbarazzo»[46].

6. *Il suffragio generale nel dibattito costituzionale del 1867*

Per le elezioni del parlamento *ad hoc* del 12 febbraio 1867, il territorio del Norddeutscher Bund fu suddiviso in 297 collegi uninominali a doppio turno, di cui 235 in Prussia, e 23 in Sassonia[47]. I conservatori, divisi in due grandi gruppi, ottennero 106 mandati, i liberali si spaccarono tra i nazional-liberali, che divennero la frazione di maggioranza relativa con 80 deputati, il radicale Fortschrittpartei, che venne ridimensionato a 19 seggi, e altri gruppi sparsi con 42 seggi; dall'industrializzata Sassonia si affacciarono i 2 deputati (uno era Bebel) del radical-socialista Partito popolare sassone, che sarebbe confluito nel partito socialdemocratico di Bebel e Liebknecht (SDAP) nel 1869. Nonostante le limitazioni imposte al suo potere, quel parlamento – presieduto dallo stesso Eduard von Simson che aveva guidato l'Assemblea di Francoforte e poi quella di Erfurt venti anni prima – ebbe l'opportunità davvero eccezionale nella storia della Germania ottocentesca di discutere l'assetto della Costituzione che sarebbe stata promulgata nel luglio 1867 e che segnò il solco su cui si impiantò l'Impero nel 1870-1871. In quel dibattito, scandito dall'urgenza della scadenza di tre mesi fissata dagli accordi di pace per l'approvazione della

assistenza sociale da almeno un anno; residenti nel collegio; inclusi nelle liste elettorali. La legge prevedeva collegi uninominali maggioritari a doppio o se necessario a triplo turno, e l'espressione della preferenza su una scheda «nascosta» (*verdeckte*) e priva di firma.

[46] Si veda il discorso di Bismarck del 12 settembre 1866 al Landtag prussiano, in O. von Bismarck, *Die politischen Reden des Fürsten Bismarck*, III, 1866-1868, pp. 80-81.

[47] K.E. Pollmann, *Parlamentarismus*, pp. 167 ss.

costituzione, la dialettica tra la concezione apolitica dei liberali, quella centralista del governo e quella più coerentemente organicista e *ständisch* dei conservatori sparpagliati nei particolarismi territoriali trova una sintesi nella costruzione di un suffragio universale apolitico. Il grande compromesso costituzionale tra l'ala pragmatica dei conservatori e quella nazionale dei liberali emerse nel marzo 1867, quando il Reichstag affrontò il diritto elettorale del futuro Bund. Nonostante le riserve, pochi liberali si espressero contro il suffragio generale inserito nell'art. 20 della Costituzione, in parte per rassegnazione e realismo, e in parte perché sapevano che i veri poteri erano altrove, affidati al governo prussiano, alle Camere alte e al consiglio degli Stati. Invece aprirono una battaglia di principio sulla libertà di coscienza individuale e ottennero dal governo di inserire nella costituzione il voto segreto invece del voto palese[48].

Se possiamo parlare di un elemento cesarista del suffragio è in riferimento al voto palese, ossia al voto espresso pubblicamente dall'elettore, in vigore ad esempio nel sistema delle tre classi prussiano, il che avrebbe permesso un controllo locale sulle preferenze elettorali del popolo, e quindi conservato un legame organico tra gli *Stände* e il Reich. Se il cancelliere lo sacrificò fu alla ricerca di un accordo costituzionale con i liberali[49]. La concessione, che alla lunga avrebbe permesso ai partiti di crearsi spazi di manovra elettorali altrimenti impensabili, nell'immediato non sconvolgeva l'impianto conservatore che nella prassi avrebbe conosciuto interpretazioni molto lasche del segreto fino a fine XIX secolo. Ad esempio, la distribuzione di schede elettorali predisposte dai candidati e le interpretazioni estensive dei poteri del presidente delle commissioni elettorali avrebbero consentito un controllo sul voto in molte piccole realtà, nei piccoli borghi e nelle campagne. Tuttavia il principio dell'indipendenza dell'elettore era suscettibile di

48 A. Biefang, *Die andere Seite der Macht*, p. 48.

49 L'emendamento al testo bismarckiano fu presentato dal deputato Fries e accettato per due motivi: primo, perché essendo già stato adottato dall'Assemblea di Francoforte esso diveniva il naturale riferimento della costituzione; secondo perché Fries fece appello al realismo sulla libertà dell'elettorato. Cfr. J. Hatschek, *Kommentar zum Wahlgesetz*, pp. 182-183.

modificare nel tempo la percezione dei rapporti gerarchici tra subalterni e classi dirigenti, e se Bismarck lo accettò fu perché aveva bisogno dell'approvazione dei liberali.

Al compromesso con i liberali va ricondotta la sterilizzazione del ruolo politico dei *Beamten*, riconosciuti eleggibili alla Camera dall'art. 21 della Costituzione del 1867 con la specificazione che potevano restare in servizio e non dovevano mettersi in aspettativa. La formazione della frazione liberal-nazionale favorì in concreto l'accordo con i conservatori a tutela dei numerosi *Beamten* presenti nell'assemblea. Il governo aveva previsto l'ineleggibilità dei *Beamten* per assicurarsi della loro lealtà ed imparzialità, esattamente come per i militari. La questione di principio di cui erano oggetto coinvolgeva il diritto del governo di presentare propri candidati e sostenerli attraverso l'amministrazione, il che richiedeva che i *Beamten* fossero estranei al gioco elettorale. Tuttavia, la pretesa del governo di essere un arbitro attivo era del tutto irrealistica ed esposta alle obiezioni liberali. Come già era stato dibattuto negli anni della Restaurazione nella precoce esperienza parlamentare del Baden, l'interferenza del governo nelle campagne elettorali, diffusa anche nella Francia di Napoleone III, poteva politicizzare l'amministrazione e perciò suscitava incertezze sia tra i liberali sia tra i conservatori. Per i conservatori il governo aveva il dovere di istruire il popolo ma non poteva scendere sullo stesso terreno ideologico dei liberali senza danneggiare il proprio ruolo *super-partes*.

Invece i liberali difesero i *Beamten* eletti nelle proprie file dall'accusa di un latente conflitto di lealtà: l'obbedienza al governo poteva conciliarsi con la libertà della coscienza individuale? Per i liberali, il *Beamte* deputato, in quanto tecnico del diritto, avrebbe potuto separare la sfera dei doveri amministrativi da quella parlamentare, tutelata dal divieto costituzionale di vincoli di mandato. Sebbene esistessero differenze nell'interpretazione di quella sfera di autonomia tra i magistrati, difensori della supremazia del diritto, e i militari, fedeli alle gerarchie del comando, il postulato del ruolo apolitico del parlamento federale accomunava entrambi. In realtà anche quella posizione era esposta a critiche: furono proprio i progressisti liberali ad aprire una breccia nella filosofia apolitica del mandato parlamentare attraverso la presentazione di un proprio programma nazionale, che avrebbe potuto creare seri problemi di coscienza al *Beamte*[50].

Il secondo fondamentale bastione della neutralizzazione del suffragio universale era la gratuità del mandato, con l'esclusione di indennità e rimborsi spese per il deputato (art. 32). La gratuità postulava che non si candidassero individui in cerca di fortune personali, e che soltanto i candidati naturali per esperienza, ricchezza e competenze si dedicassero alla vita politica. La *Selbständigkeit*, affievolita per il diritto attivo, resisteva così come requisito implicito di quello passivo e restringeva il mandato al notabilato.

Se a quei due attributi si aggiungono l'incompatibilità tra mandato parlamentare e cariche pubbliche retribuite (art. 23), e quella tra membro del Reichstag e del Bundesrat (art. 9), il quadro di un parlamento superiore agli interessi di partito, dedito esclusivamente alla produzione legislativa e tenuto a distanza dagli affari correnti dell'esecutivo diventa quasi completo. Ultimo ma non meno importante era il reato, incluso nel codice penale prussiano, di propagandare idee pericolose per lo Stato.

Dopo aver così svuotato costituzionalmente di ogni carica rivoluzionaria il suffragio universale maschile, togliendo al parlamento federale la possibilità di incidere seriamente sui rapporti economici e sociali, i dettagli sul suo esercizio vennero demandati a una futura legge elettorale dall'art. 20 della Costituzione del Norddeutscher Bund:

> «Il Reichstag si forma (*geht hervor*) con elezioni dirette e segrete le quali fino all'emanazione di una legge elettorale del Reich si eseguiranno sulla base della legge elettorale con cui è stato eletto il primo Reichstag del Norddeutscher Bund».

In ottemperanza a quella indicazione, nel marzo 1869 Bismarck presentò al Reichstag un disegno di legge, con l'avvertimento

[50] E.R. HUBER, *Deutsche Verfassungsgeschichte*, III: *Bismarck und das Reich*, p. 648; K.E. POLLMANN, *Parlamentseinfluß*.

che non si trattava di «realizzare i nostri propri o altrui ideali, … ma solo di correggere gli inconvenienti che risultano dall'assenza di un'unica legge elettorale federale»[51]. Nella versione finale, licenziata il 31 maggio 1869, la legge manteneva l'impianto di quella di Francoforte e definiva i requisiti minimi per l'elettorato attivo, riconosciuto ai cittadini maschi di almeno 25 anni, nello Stato dove avessero domicilio da almeno un anno. Come nel 1849 la *Selbständigkeit* veniva accolta come criterio implicito di esclusione ma ristretta (art. 3) a pochi casi: coloro che fossero sotto curatela o sotto tutela giuridica; chi fosse sottoposto a procedura di fallimento ma solo per la durata della procedura; chi percepisse assistenza ai poveri o l'avesse percepita l'anno precedente alle elezioni, da fondi pubblici o degli enti locali; coloro che fossero stati privati dei diritti di cittadinanza per qualche reato ma soltanto per il periodo della pena; e in caso di reati politici l'esclusione valeva fino a che la pena non fosse stata scontata o fosse subentrata una grazia.

Il carattere notabilare del mandato fu rafforzato dalla scelta del sistema maggioritario uninominale a doppio turno, con ballottaggio tra i due candidati più votati (art. 12). Ci si distaccò dal modello di Francoforte che consentiva il maggioritario semplice all'inglese per ridurre la frammentazione partitica e assicurare ai notabili un maggior controllo.

Bismarck introdusse due novità a presidio del voto apolitico. La prima era il divieto all'art. 2 di esercitare il voto per i militari e i marinai in servizio; e la seconda era nell'art. 6 che affidava a un'ulteriore legge, e quindi alle Camere, la fissazione dei collegi, sottraendo all'amministrazione degli Stati un potere rilevante nella organizzazione delle elezioni.

Visto che nella costituzione si era scelta una soglia mobile di seggi al Reichstag, in ragione di 1 ogni 100.000 abitanti in media, era prevedibile che i collegi dovessero essere periodicamente ridefiniti a seconda delle dinamiche demografiche

[51] *Stenographische Berichte über die Verhandlungen des Reichstags des Norddeutschen Bundes*, seduta del 13 marzo 1869, I, p. 45; cfr. anche J. HATSCHEK, *Kommentar zum Wahlgesetz*, p. 2; G. MEYER, *Über die Entstehung und Ausbildung des allgemeinen Stimmrechts*, p. 21.

interne agli Stati e della mobilità tra gli Stati[52]. Il regolamento elettorale del 1870, ricalcato sul modello francese del 1852, conteneva in appendice la ripartizione dei collegi. Fu una vittoria per il parlamento porre sotto controllo un potere che la costituzione aveva lasciato all'amministrazione e agli Stati. L'esigenza di una legge per fissare i collegi emerse durante il dibattito del 13 marzo 1869 sulla legge elettorale, quando il liberale moderato Lasker fu il primo a notare che nessuno stato aveva sino allora dato alla burocrazia il potere di modificare il numero dei deputati automaticamente sulla base dei censimenti e a fare ammenda di aver trascurato le implicazioni di una norma costituzionale così delicata. Il Reichstag sviscerò a fondo la questione nel marzo 1869 e ottenne di esercitare un controllo legislativo sulle sue basi costitutive, necessario se si voleva un minimo di stabilità dei collegi, della ripartizione dei deputati tra gli Stati e di uniformità nella taglia minima e massima dei collegi stessi. Tuttavia l'affidamento del compito a una legge di rango costituzionale si rivelò alla lunga un'arma a doppio taglio perché avrebbe reso difficile ogni modifica e creato distorsioni nel peso relativo dei collegi. Ciò avrebbe lasciato spazio agli esecutivi nel disegno delle circoscrizioni elettorali (*Wahlbezirke*), che avrebbero dovuto essere piccole e possibilmente coincidenti con le unità amministrative locali (art. 6), ma soggette a modifiche che miravano a predeterminare gli equilibri locali (il cosiddetto *gerrymandering*). Il potere federale si affermava inoltre nella convocazione delle elezioni e delle Camere, affidata al Bundesrat, nella omogeneizzazione dei criteri amministrativi per la redazione di liste elettorali, nella decisione di avere liste elettorali stabili, in modo da evitare difformità tra gli aventi diritto al primo e secondo turno nei collegi uninominali, nelle direttive sulla composizione dei seggi e sulle modalità di voto.

Anche sulla composizione e sul ruolo del seggio si confrontavano due filosofie diverse, che trovarono nella legge una parziale sintesi. Da un lato la visione conservatrice vedeva

[52] Una clausola a tutela dei piccoli Stati garantiva loro almeno un seggio in caso di popolazione inferiore, e agli altri in caso di un resto superiore ai 50.000 abitanti l'attribuzione di un ulteriore mandato.

nell'elezione un atto amministrativo dello Stato, un dovere per i cittadini, e quindi affidava allo Stato la sorveglianza sulla sua esecuzione; dall'altro lato una prospettiva di autogoverno locale, sia liberale sia conservatrice, vedeva invece nel voto un momento dell'autodeterminazione del popolo che doveva essere autogestito. La legge lasciò allora aperta la presidenza del seggio sia ai *Landräte* (prefetti) di nomina governativa, sia ai sindaci in quanto espressione della comunità locale; e invece vietò di selezionare i *Beamten* come membri del seggio, per cui spesso sarebbe stato problematico trovare persone idonee alla funzione nei collegi rurali, dove le procedure e la segretezza vennero più frequentemente violate.

L'art. 2 sul congelamento del diritto di voto attivo dei militari era il segno dei tempi nuovi. Esso tamponava una falla che Bismarck aveva aperto nell'impianto organicista quando aveva previsto nella Costituzione del 1867 l'estensione del suffragio a tutti i cittadini adulti e quindi anche ai soldati. L'esercito in quanto corpo collettivo, in quanto *Stand*, doveva restare apolitico, come previsto dall'art. 38 della Costituzione prussiana, che vietava la diffusione delle ideologie, raduni e assembramenti di qualsiasi tipo tra i militari; ma i suoi membri individualmente potevano avere un ruolo attivo nel voto?[53]. L'emendamento per la libertà di coscienza dei liberali progressisti aveva risposto positivamente, ma nella misura in cui consentiva ai singoli militari di avere orientamenti diversi in base alla cultura di provenienza, l'autonomia individuale metteva in discussione la separatezza tra il suddito-soldato (*Untertan*) e il cittadino (*Bürger*), che fondava il credo militarista prussiano. Introducendo la sospensione del diritto attivo di voto dei militari, Bismarck trovò rimedio a un danno da lui prodotto, che avrebbe potuto aprire una breccia nella concezione apolitica dell'esercito. La sospensione dell'elettorato attivo non ledeva il principio della libertà di coscienza, mentre conservava traccia dell'idea *ständisch* con la eleggibilità dei militari a deputato. E il cancelliere poteva vantare una vittoria non scontata della concezione organicista per l'esclusione dall'esercizio del voto

[53] A. Dietz, *Das Primat*, pp. 91-93.

attivo non solo per il periodo di leva ma anche per quello della riserva[54].

Il cuore del compromesso tra conservatori e liberali stava infine nell'art. 57 della Costituzione del 1867, mantenuto intatto in quella del Reich del 1871: «Ogni tedesco è sottoposto all'obbligo di leva «e non si può fare rappresentare nell'esercizio di questo obbligo». Il verbo «rappresentare» segnala il nesso tra la leva di massa e l'introduzione all'art. 20 del suffragio universale maschile[55]. L'obbligo generale di leva, introdotto in Prussia dal 1814 e inglobato nella Costituzione prussiana del 1850, metteva i giovani maschi in posizione di parità giuridica ma la legge del 1814 consentiva delle deroghe di classe, che rendevano più tollerabile ai borghesi un dovere ritenuto tipico dei contadini[56]. Il divieto costituzionale di farsi sostituire cancellava le distinzioni di classe anche se di fatto, l'enorme base di reclutamento costituita da tutti i cittadini maschi adulti tra i 20 e i 28 anni comportò un esubero permanente di circa il 50% dei soldati e una selezione per «Rangierung und Losung», per rango e sorteggio, e quindi una parziale continuità con il sistema precedente[57]. Ciò che conta è che la nazionalizzazione delle masse avveniva per via militare e trovava poi nell'accesso al suffragio generale un riconoscimento che precedeva spesso il matrimonio e il ruolo di capofamiglia. Soprattutto negli Stati in cui il sistema elettorale escludeva o penalizzava i ceti popolari, il significato simbolico del suffragio al Reichstag non può essere sottovalutato.

Il triangolo reclutamento-suffragio-famiglia contribuisce a spiegare perché la questione dei crediti militari fosse una

[54] K.E. Pollmann, *Parlamentarismus*, pp. 322-323.

[55] G. Hahnenfeld, *Wehrpflichtgesetz*, pp. 4-6.

[56] M. Messerschmidt, *Das preußische Militärwesen*, pp. 365 ss.

[57] Il cosiddetto «conflitto costituzionale» del 1861-1866 sul bilancio militare prussiano scaturiva appunto dalla richiesta di finanziare l'allargamento della base di reclutamento in tempo di pace portando la leva annuale all'1% della popolazione. La questione, politicamente cruciale, per i liberali era che il reclutamento regio chiudeva ogni prospettiva di una guardia nazionale gestita localmente, dal basso, secondo la tradizione rivoluzionaria del 1848-1849.

questione politicamente delicatissima, che attraversa tutta la storia del Reich fino alla fine della Grande guerra. Era stato il re a chiedere al Landtag, nel suo discorso di apertura dei lavori dell'agosto 1866, la «legge sull'immunità» (*Indemnitätsgesetz*) che diede a Bismarck una sanatoria retroattiva per i 5 anni di bilancio provvisorio e separò i liberali in due tronconi. Tralasciando qui la annosa questione se la sanatoria del 1866 sancisse una sconfitta del parlamento prussiano o un compromesso, essa fu la premessa della Costituzione del 1867. Parte essenziale dell'accordo sottoscritto dai nazional-liberali fu la limitazione dei poteri di bilancio del Reichstag (art. 69 e seguenti). Alle Camere federali non si consentiva di intervenire sul bilancio militare, che era riservato al potere monarchico, per cui Bundesrat e Reichstag potevano soltanto approvarne i saldi e «prenderne conoscenza per memoria» (artt. 62 e 71). L'approvazione del parlamento sarebbe stata necessaria soltanto per modificare la base di reclutamento fissata nell'art. 61.

7. *Il suffragio universale nel Reich e lo Stato-persona*

La costituzione dell'Impero licenziata dal Reichstag il 16 aprile 1871 ricalcava quella del Norddeutscher Bund, seppure con modifiche dovute all'allargamento a 25 Stati (dal 1911 anche l'Alsazia-Lorena, che era rimasta sotto amministrazione prussiana dopo l'annessione del 1871) e al carattere più ambizioso del potere federale[58]. Gli articoli della costituzione sul suffragio universale maschile e sulle competenze del Reichstag del 1867 vennero ripresi senza modifiche, si mantenne inalterata anche la legge elettorale del 1869, e il regolamento dettagliato del 1870.

La concezione notabilare del deputato, legata al divieto di vincoli di mandato, di indennità o rimborsi spese (artt. 29, 30, 31, 32) restò, a grandi linee, inalterata fino alla fine della

[58] Consideriamo qui soltanto il testo costituzionale approvato nell'aprile 1871, e trascuriamo i passaggi intermedi e le complicazioni introdotte nel 1870 dai trattati per l'allargamento a 25 Stati, che comportarono la redazione di un testo costituzionale transitorio del dicembre 1870 che Huber ha definito un «monstrum»: E.R. HUBER, *Deutsche Verfassungsgeschichte*, III, p. 757; M. KOTULLA, *Deutsche Verfassungsgeschichte*, pp. 527 ss.

Prima guerra mondiale, nonostante fosse intaccata da alcune modifiche di cui diremo nel successivo capitolo. Per effetto dell'allargamento territoriale i collegi elettorali del Reichstag divennero 382 (poi 397). La maggiore età, fissata inizialmente a 25 anni, venne abbassata a 21 anni dal 1876 e sarebbe rimasta inalterata fino alla caduta dell'Impero. I militari rimasero soggetti al blocco dell'esercizio del voto attivo, e dato che in genere il servizio di leva veniva espletato prima dei 25 anni, ad essere esclusi permanentemente dal voto attivo erano soprattutto i militari di carriera. Requisito per l'iscrizione nelle liste elettorali diventava l'obbligo di residenza nel collegio, il che assicurava che nessuno potesse votare due volte e che i lavoratori stagionali e stranieri venissero esclusi, ma avrebbe in seguito penalizzato i residenti nelle colonie tedesche.

In quel modo, se prendiamo ad esempio il caso della Prussia, le barriere imposte dall'età e dalla cittadinanza restrinsero gli aventi diritto alle elezioni del Reichstag dal 1871 al 1912 a circa il 20-22% della popolazione, una cifra che va pesata sul circa 46% degli abitanti costituito dai cittadini maschi registrati nel Reich negli stessi anni[59]. Per quanto «generale», il voto non era universale ma restava un emblema di maturità, riservato ai maschi che servivano, in varia misura, lo Stato.

Per quanto ingessato dagli accorgimenti costituzionali, il suffragio generale creava una dinamica nuova tra potere federale e potere statale. Come evitare che si aprisse un conflitto tra il «principio monarchico» e quello nazionale-popolare? La rottura nel corso del *Kulturkampf* tra i conservatori tradizionalisti e quelli pragmatici, che fonderanno il partito Freikonservativ, aveva a che fare con quella domanda, a cui i primi rispondono in modo pessimista, ritenendo che soltanto sulla religione si potesse fondare una concezione superiore della monarchia e dell'autorità, mentre i secondi, e ancor più i liberali, insistono

[59] Dati tratti da G.A. Ritter - M. Niehuss, *Wahlgeschichtliches Arbeitsbuch*, pp. 33 e 83. Gli autori osservano inoltre (p. 65) che il numero degli aventi diritto era probabilmente inferiore a quello riportato dalle statistiche, per via dei rapidi spostamenti di popolazione, il che accrescerebbe il peso delle barriere all'accesso.

per una divisione tra Stato e Chiese, nella convinzione di dover fondare sul diritto un potere dello Stato finalmente autonomo[60]. Il *Kulturkampf* (1871-1887) innesca così il superamento della dottrina della scuola storica, che diventava insufficiente nel quadro di uno Stato nazionale.

La giustificazione teorica del nuovo assetto viene fornita in larga misura dalla dottrina positivista dello Stato-persona. Il compromesso costituzionale tra conservatori e nazional-liberali accompagna infatti la svolta del diritto pubblico degli anni Sessanta, che supera la vecchia scuola storica in nome della costruzione scientifica di un diritto tutto racchiuso nello Stato. La nuova dottrina, formulata da Carl von Gerber nel 1865 e poi sviluppata da Paul Laband, attribuisce allo Stato un potere proprio di dominio, indipendente sia dal monarca sia dal popolo, tanto da costruire uno Stato-persona, un genio astratto dotato di una volontà propria risolta nell'autonomia del diritto pubblico. La scientificità del «nuovo metodo», ha di recente osservato Stolleis, si basa su «categorie fondamentali dogmatiche» (*Grundbegriffe*) e sulla separazione tra questioni giuridiche e politiche. Con l'opera di Carl Friedrich von Gerber si eliminano dalla riflessione sullo Stato tutti quegli elementi, ritenuti pseudoscientifici, che erano propri della scuola storica. Secondo Gerber, infatti, il popolo poteva essere soggetto giuridico solo attraverso lo Stato: «lo Stato-persona che ne risulta, si realizza esprimendo la volontà di dominio»[61]. Non restava nessuno spazio per la sovranità popolare, assorbita dentro quella statale. L'ascesa di questa lettura positiva del diritto, perfezionata da Paul Laband a cavallo tra anni Settanta e Ottanta del XIX secolo, riflette la fiducia delle ali moderate dei conservatori e dei liberali di poter sussumere nel diritto pubblico sia il potere discrezionale del monarca sia quello del popolo-elettore. La condizione di possibilità di quella impostazione era la riduzione della politica ad amministrazione, la limitazione dell'ambito della lotta politica ai rapporti tra Stati,

60 *Die Vorgeschichte des Kulturkampfes*, pp. 33 ss., e R. Lill (ed), *Vatikanische Akten*, pp. 134 ss.

61 M. Fioravanti, *Giuristi*, p. 269. Cfr. C.F. von Gerber, *Grundzüge*.

l'idea che la politica potesse essere divisa in compartimenti su cui sovrintendono le istituzioni statali.

A quella stagione risale anche la teorizzazione, da parte del giurista nazional-liberale berlinese Rudolf Gneist (1816-1895), di un diritto amministrativo autopoietico, con una propria giurisdizione, capace di autocorreggersi e di sedimentare i saperi congiunti dell'autogoverno aristocratico e delle elite della competenza borghesi. Gneist propone l'autogoverno locale guidato a titolo gratuito ed onorifico da notabili mossi dal senso del dovere verso lo Stato, applicando a livello micro un modello di rappresentanza non lontano da quello gratuito del mandato al Reichstag. Lo Stato come soggetto giuridico del bene comune, privo di soggettività e di forze agenti, diventa il terreno provvisorio di incontro tra le idee liberali dell'autonomia del sociale e quelle conservatrici dell'autogoverno:

> «Lo 'Stato giuridico'... è rappresentabile dunque come un ideale politico moderato, opposto decisamente agli eccessi di stampo individualistico e contrattualistico, ma anche a quelli di stampo dirigistico e costruttivistico, che tende a predicare una società coesa»[62].

Dal periodo 1867-1871 fin quasi alla Prima guerra mondiale la mitopoiesi della borghesia tedesca passa attraverso un grande progetto di conciliazione, un tentativo di rappresentazione non conflittuale dello Stato e della società, e all'agganciamento al positivismo scientifico-tecnologico, tanto da apparire un «prodotto indiretto» del compromesso costituzionale ottenuto da Bismarck[63]. Sulle conseguenze apolitiche di quella logica razionalista che non si interroga più sui presupposti del potere si appunterà la critica del liberale Gierke alle rigidità di Laband, il quale aveva condannato all'«esilio dal campo della dogmatica le osservazioni storiche e teleologiche su una norma giuridica»[64].

62 M. Fioravanti, *Giuristi e costituzione politica nell'Ottocento tedesco*; dello stesso autore, *Stato e costituzione. Materiali per una storia delle dottrine costituzionali*, p. VII.

63 M. Stolleis, *Verwaltungslehre*, pp. 85-87.

64 O. Gierke, *Labands Staatsrecht*, p. 1097, citato da M. Stolleis, *Verwaltungslehre*, p. 89.

Bismarck, pur non identificabile con l'approccio giuspositivista, si appoggia sullo Stato giuridico per stabilizzare l'assetto apolitico della federazione. Non possiamo qui che accennare al suo tentativo di costruzione di uno «Stato neutro» per il contenimento della lotta politica parlamentare contro le sfide dei due emergenti partiti di massa nati sul terreno nuovo dello Stato federale.

Il primo fu il partito del Zentrum, che nel 1872 ottenne un clamoroso successo elettorale, nel quale si sommavano le proteste territoriali contro l'incorporazione nella Prussia alle difese dei diritti delle corporazioni religiose contro l'amministrazione prussiana. Avendo assorbito popolazioni meridionali di matrice cattolica, che pesavano per oltre un terzo del totale, il Reich era esposto a quelle tendenze ultramontane e centrifughe contro cui la Lega settentrionale era nata. Per quanto la costituzione tenesse conto della eterogeneità del Reich, e per quanto il re di Prussia avesse sempre avuto rapporti stretti con la Chiesa cattolica, a cui aveva assicurato piena autonomia, l'incorporazione di una popolazione con una cultura politica eterogenea poteva porre problemi alla tenuta del Reich, se si fosse saldata la questione confessionale con le rivendicazioni antiprussiane[65].

Quelle popolazioni avrebbero potuto orientarsi un domani verso la Francia e l'Austria? La posizione inconciliante verso gli Stati nazionali e liberali, assunta dal papa con il Sillabo e con il Concilio Vaticano I, divenne l'occasione per una lotta politica aspra, nota come *Kulturkampf*. La separazione tra Stato e Chiesa, voluta dal ministro prussiano liberale Falk, divenne l'occasione per mettere alla prova la lealtà del Zentrum alla concezione apolitica del nuovo Impero. La sfida lanciata da Bismarck con la legislazione anticlericale andava oltre l'affermazione della concezione protestante prussiana e la condanna delle pretese temporali dei vescovi tedeschi. A suo avviso il Zentrum si era posto sul terreno ideologico, come partito potenzialmente nemico del Reich, e su quel terreno la sua posizione, se avesse mobilitato i cattolici, avrebbe potuto

65 A. Heinen, *Umstrittene Moderne*; M. Borutta, *Antikatholizismus.*

spezzare il complesso equilibrio tra i tre pilastri – monarchico, federale, nazionale. Paradossalmente il rifiuto dell'ideologia religiosa condusse all'ideologizzazione del conflitto. Il conflitto religioso in quanto forma più alta di conflitto politico metteva in discussione il primato dello Stato neutro, e perciò Bismarck accolse il terreno scelto dai liberali come base di un duraturo accordo di governo. La costruzione di un nemico serviva, certo, a compattare la maggioranza, ma non sarebbe adeguato intendere il *Kulturkampf* come costruzione retorica, senza considerare l'effettiva fragilità della costruzione costituzionale del Reich e soprattutto l'esigenza di contenere la lotta politica su un terreno concreto, a-ideologico, neutro.

Per ricacciare la minaccia dell'ideologia, Bismarck accolse la netta separazione tra Stato e Chiesa invocata dai liberali, che in qualche misura rompeva con la tradizione *ständisch* dell'autonomia dei corpi sociali. Il «conflitto di civiltà», questa la traduzione forse più corretta del termine *Kulturkampf*, tra protestanti e cattolici toccava le basi della società e i rapporti infra-statali, nella misura in cui pezzi importanti del cattolicesimo tedesco aderirono alla lotta contro il laicismo «amorale» dello Stato. La forzatura stava invece nella dimensione limitata delle richieste cattoliche, nella fedeltà complessiva di quelle popolazioni all'unificazione, nel legittimo desiderio di trovare un riconoscimento alle proprie concezioni religiose e istanze educative. Il *Kulturkampf* servì a soddisfare le istanze di separazione tra Stato e Chiesa provenienti dalla cultura liberale evangelica, mentre creò difficoltà ai conservatori legati alla concezione sacrale della monarchia e a chi, sulla scia di un Görres e dei *Piusvereine*, già guardava al ruolo della religione cattolica come possibile freno al conflitto di classe.

Se nel 1878 Bismarck allentò quel conflitto, non era soltanto perché il compito di separare Stato e Chiesa era stato, a grandi linee, assolto dalla legislazione anticlericale, ma anche perché la scelta di abbandonare il liberismo manchesteriano in nome dell'accordo protezionista tra «segale e acciaio» pose fine all'accordo con i liberali[66].

[66] A. GERSCHENKRON, *Bread and Democracy*.

Forse non si è colto sin qui quanto la scelta protezionista rompesse uno dei presupposti essenziali della politica neutra. Fino a quel momento, la legislazione dello Stato federale poteva promuovere l'unificazione del mercato interno ma non dava al governo responsabilità dirette sull'assetto dell'economia in quanto tale, quanto piuttosto sui suoi effetti collaterali. Con la scelta del 1878, che va a favore di una sezione della classe dirigente, Bismarck avrebbe modificato le aspettative diffuse nei confronti dei doveri dello Stato federale. Per dare fiato a una proprietà terriera in difficoltà per la concorrenza dei grani americani, il governo passava dal ruolo di arbitro a quello di giocatore, portando il dibattito politico a scivolare su questioni economiche. La propaganda dei partiti e le campagne elettorali sarebbero da allora slittate su questioni concrete, che vedevano sovrapporsi ideologie, interessi e identità sociali. Nella misura in cui il governo favorì l'accelerata modernizzazione industriale del Paese, la svolta del 1878 preparò l'ideologizzazione del voto contro cui, ancora per un decennio, Bismarck schierò un possente apparato amministrativo[67].

La legge antisocialista, che accompagna la svolta protezionista, era del tutto coerente con lo sforzo di Bismarck di conservare la lotta politica su binari controllati e ristretti. A differenza del *Kulturkampf*, la legislazione antisocialista non toccò i singoli individui e la loro libertà di coscienza, mentre vietò un partito ritenuto pericoloso in quanto nemico dello Stato. Contro i socialisti Bismarck si comportò in modo opposto a quello che aveva fatto con il Zentrum. Se, per il Zentrum, non si era vietato il partito ma si tentò (con scarsi successi) di minarne le basi di consenso, tramite una legislazione molto severa contro il potere temporale del clero, controlli sulla stampa, sulle scuole confessionali e sulle nomine ecclesiastiche, la legislazione antisocialista andò in senso opposto: gli aspiranti parlamentari di orientamento socialista poterono continuare a candidarsi, ma dal 1878 al 1890 venne proibita l'organizzazione del partito, dei suoi strumenti di propaganda e delle sue associazioni collaterali.

[67] R. Lill - F. Traniello (edd), *Il Kulturkampf*; M. Valente, *Diplomazia pontificia e Kulturkampf*; *Vatikanische Akten*.

Tagliare l'erba sotto i piedi del socialismo fu per Bismarck un compito creativo, cui vanno ascritte le riforme del periodo 1883-1884 che introducono lo «Stato sociale». Le assicurazioni obbligatorie contro infortuni, malattia e vecchiaia che vedono una cooperazione trilaterale obbligatoria tra Stato, lavoratori e datori di lavoro sono per molti studiosi «un punto alto» della politica del cancelliere[68]. Se esse miravano a rendere superfluo il socialismo, assicurando alla classe operaia quelle tutele che avrebbero potuto prevenire il conflitto di classe, esse non ottennero nell'immediato l'obiettivo e non ottennero dai contemporanei i riconoscimenti tributati dagli storici. La socialdemocrazia continuò a crescere nonostante la duplice lotta, riformatrice e repressiva, impostata dal cancelliere. Bismarck non riuscì a impedire la crisi dell'organicismo *ständisch* e la costruzione di nuove identità sociali attorno agli ideali dei partiti che avrebbero fatto saltare il suo disegno paternalista del voto neutro. «Das Land der Programm-Parteien ist Deutschland»: così, alla vigilia della Prima guerra mondiale, un commentatore osservava sconsolato il fallimento del tentativo di Bismarck, di risparmiare alla Germania la divisione ideologica che aveva attraversato la Francia. La lotta tra partiti era un «effetto dell'idealismo tedesco, che a partire dal pensiero cerca di plasmare la realtà»[69].

[68] G. Corni, *Storia della Germania*, pp. 64 ss.
[69] W. von Blume, *Bedeutung und Aufgabe der Parlamente*, p. 375.

Capitolo quinto

La politica negativa: il suffragio universale nell'età guglielmina (1890-1918)

1. *Le radici della «politica negativa»*

Con la categoria di «politica negativa», Weber designa quasi *en passant* un blocco del sistema politico, che si verifica quando il processo di democratizzazione viene arrestato e prende la strada negativa della demagogia e della mera critica all'esistente, senza capacità di intervenirvi in concreto. Le masse che «non possono più venire trattate semplicemente come oggetto passivo di amministrazione, fanno sentire in qualche modo attivamente il loro peso»[1]. L'assenza di sbocco costruttivo alla pressione elettorale introduce allora elementi di degenerazione, di scontro, che si manifestano in forme personalistiche e discrezionali, lasciano spazio a poteri amministrativi incontrollati, e diseducano la nazione alla partecipazione attiva.

È significativo che Weber impiegasse quella pessimistica definizione nel 1917 a proposito della mancata riforma della legge prussiana delle tre classi, sulla quale da inizio secolo XX si concentrano le attenzioni di tutti i partiti e di molti intellettuali. Dato il potere di ultima istanza collocato nel governo prussiano, il problema dell'Impero, man mano che si avviluppa nella Grande guerra, è la permanenza del blocco di potere che nella legge delle tre classi trovava supporto[2].

[1] M. WEBER, *Parlamento e governo*, p. 106.

[2] R. PATEMANN, *Der Kampf um die preußische Wahlreform*; B. VOGEL - D. NOHLEN - R.-O. SCHULZE, *Wahlen in Deutschland*, con rinvii alla ricchissima pubblicistica coeva, tra cui G. SCHMOLLER, *Die preußische Wahlrechtsreform*; F. MEINECKE, *Die Reform*; O. HINTZE, *Zur Reform*.

Per esplorare il problema posto da Weber, conviene guardare non soltanto al peso delle singole componenti della società prussiana, cui si dedica una ampia storia sociale, quanto alla complessiva cultura politica «negativa» della Germania imperiale. Se consentiamo con alcuni recenti contributi storiografici, come quelli di M.L. Anderson e T. Kühne, che hanno suggerito l'esistenza di una tendenza alla democratizzazione dell'Impero alla vigilia della Prima guerra mondiale, il problema diventa cosa si intenda per «democratizzazione» dentro il sistema politico del Reich, al di là di una aumentata partecipazione popolare all'attività dei partiti e alle elezioni. Manfred Rauh preferiva parlare di «parlamentarizzazione silenziosa», riferendosi in modo più restrittivo all'incremento della attività e dell'influenza delle Camere basse. Il problema storiografico non riguarda soltanto il confronto numerico, senz'altro sorprendente, tra le dimensioni politiche di massa del caso tedesco e quelle di altri Paesi europei, quanto il carattere della lotta che vi si svolgeva e le culture politiche attraverso cui essa si elaborava. Fino a che punto si poteva mirare a una effettiva parlamentarizzazione del Reich, senza dover ricorrere ad una lotta rivoluzionaria? La risposta sarebbe stata positiva in caso di una disponibilità della monarchia verso una sua trasformazione in un potere arbitrale, lasciando al gioco delle forze politiche e alla società di determinare gli indirizzi dello Stato. Una simile strada era stata avviata dalla assemblea di Francoforte e ripresa, silenziosamente e quasi controvoglia, da Bismarck quando aveva istituito il ruolo elettivo del *Kaiser*, ma essa si arrestava davanti al potere discrezionale del re di Prussia e della sua Camera alta[3].

La cultura assolutista rendeva improbabile quella strada e laddove essa fu eccezionalmente intrapresa – ossia in Baviera dove, per la prolungata malattia mentale del sovrano Otto, il reggente nel 1913 dichiarò decaduto il trono – fu in nome della continuità della concezione monista e organicista del potere neutro, per cui la parlamentarizzazione della Baviera significò soprattutto l'autonomia dell'esecutivo e non modificò

[3] H. SPENKUCH, *Das Preußische Herrenhaus.*

la rigida divisione dei poteri costituzionali né il rapporto con la federazione.

Tra principio monarchico, principio federale e principio nazionale-popolare esisteva una latente tensione, che Bismarck aveva mediato con il suo «cesarismo» e soprattutto con il modello di integrazione politica che abbiamo chiamato «Stato neutro». Con il pensionamento forzato di Bismarck, e il protagonismo politico del giovane re Guglielmo II, l'equilibrio bismarckiano venne incrinato, senza che se ne sostituisse un altro. Davanti alla sfida di una compiuta trasformazione del Reich in uno Stato nazionale federale, non si intraprese una vera democratizzazione né la riforma costituzionale degli Stati membri. L'imperatore segue infatti una strada per così dire bonapartista, che ripropone la Corona prussiana come potere carismatico unitario del Reich. In quanto *summus episcopus* della Chiesa evangelica, Guglielmo II assume il compito dell'integrazione sociale della nazione e si rivolge alla classe operaia in quanto *Stand*. Mentre Bismarck consente al conflitto tra capitale e lavoro di crescere, per colpire con la forza ogni sua espressione politica, il nuovo re abbandona la strategia fondata sul nemico interno. La teologia politica della pacificazione del popolo fa appello alla legittimazione divina della carica imperiale, fusa nella Corona prussiana, e il rifiuto di riconoscimento di qualsiasi nemico interno in nome di una proiezione internazionale imperiale della Germania a fianco delle altre grandi potenze. L'esigenza di una compiuta integrazione politica dei vari pezzi dell'Impero era reale, dovuta alle esperienze di una generazione cresciuta nel Reich, ma la legittimazione venne ricercata in una età passata, nel rilancio di una teologia politica paternalista, che proietta la Germania su scala universale, e di una concezione aristocratica e militarista che negava la possibilità di dare sbocco costruttivo al conflitto ideologico dovuto alla nascita dei partiti di massa[4].

Il tentativo di fare dell'Impero uno Stato federale più omogeneo e accentrato, sotto il comando diretto di Guglielmo II,

[4] J. Röhl, *Wilhelm II.*; e soprattutto B. Hasselhorn, *Politische Theologie Wilhelms II.*

vide Bismarck negli ultimi anni di vita molto critico riguardo alle capacità del sovrano di reggere ad un compito così ambizioso e denso di rischi per la Corona. Tuttavia quel progetto rispondeva a bisogni del tempo, registrava l'indebolimento delle altre case sovrane, a partire da quella di Baviera, e si collegava idealmente alle ambizioni irrealizzate del suo predecessore. L'Impero guglielmino completa la prussianizzazione della Germania mentre rimuove i conflitti attraverso una cultura politica armonicista, in affanno rispetto alla gestione del conflitto industriale e alla polarizzazione tra città e campagna.

Con questa indicazione non intendiamo svalutare altre forze sottostanti alla trasformazione del Reich. Fu il successo di Bismarck nella rapida modernizzazione della Germania, trainata dalla ricerca scientifica e dallo sviluppo di grandi infrastrutture e industrie, a creare le basi di quella politica di massa che Weber lucidamente individuò come una sfida per le borghesie tedesche, vissute all'ombra del cancelliere e dei conservatori.

L'unificazione federale avviata da Bismarck con la complessa opera legislativa che inizia con il codice penale unificato del 1871, continua con la creazione di una giurisdizione federale nel 1877, e prosegue con lo sviluppo di un diritto amministrativo, trova compimento solo dopo il suo pensionamento, con il nuovo codice civile dell'Impero (BGB) del 1896. L'unificazione giuridica, non priva di contraddizioni, si estende al sistema politico tramite una più tollerante legislazione sulle associazioni che cancella la legislazione antisocialista e autorizza l'esistenza di partiti politici federali, e un incremento del potere e della spesa federale, ad esempio con gli ambiziosi programmi di costruzione navale di Tirpitz sostenuti fortemente dall'imperatore. Le riforme guglielmine, mentre raccolgono i frutti della costruzione di Bismarck, stravolgono la sua strategia di contenimento del conflitto politico nei singoli Stati. La «democratizzazione» – che forse sarebbe meglio chiamare liberalizzazione – della politica federale dà infatti luogo a una polarizzazione dei conflitti negli Stati membri, che a sua volta alimenta la partecipazione al voto federale[5].

5 M. STÜRMER, *L'impero inquieto.*

Il paradosso dell'età guglielmina è la politicizzazione di un impero in cui prevale una cultura apolitica. Se la dinamica tra Reich e Stati crea tensioni irrisolte, è anche perché la cultura del voto apolitico mantiene estranei dei partiti sempre più nazionali dai governi statali. Dalla autorizzazione dei partiti politici nazionali e dal più alto grado di organizzazione delle elezioni federali sorgerà una diffusa pressione verso riforme del suffragio negli Stati membri, ancora influenzati in gradi diversi da concezioni cetuali, e una tendenza alla politicizzazione delle elezioni ai parlamenti statali che contraddiceva l'assetto apolitico del Reich[6]. Molte delle riforme guglielmine avvengono sotto il segno della continuità con le scelte del cancelliere, ma nel nuovo contesto cresce il peso dello Stato amministrativo e quello discrezionale del monarca, mentre cala la mediazione dei conservatori che aveva assicurato l'equilibrio bismarckiano. Quel tanto di mediazione politica offerta da Bismarck viene meno forse, non tanto per le capacità individuali dei suoi successori, da von Caprivi a Bethmann-Hollweg, quanto per la frammentazione dei conservatori e il ripiegamento delle borghesie sui problemi interni, la complessiva contrarietà dei liberali a un governo politico dell'economia, la lealtà al potere dominante.

Se la borghesia liberale ebbe difficoltà a opporre all'imperatore una strada pienamente parlamentare è perché, nonostante gli sforzi di una intellettualità liberale che guarda al modello inglese, essa resta legata a una concezione moderata che le proibisce di aggredire la rigida divisione costituzionale dei poteri e il primato di una monarchia che era al tempo stesso organo di equilibrio federale e vertice della Chiesa evangelica. Essa oltretutto si frammenta perché perde in età guglielmina parte dei suoi bastioni elettorali. I *milieux*, termine con cui la storiografia ha definito la struttura socio-culturale che sorreggeva la tenuta di Conservatori e Liberali in Prussia e nella Terza Germania, Zentrum cattolico in Hannover e nelle aree occidentali cattoliche, cominciano a sfaldarsi in età guglielmina[7].

6 Cfr. *infra*, cap. 6.

7 L'adeguatezza del concetto di *milieu* come categoria applicabile all'intera Germania è oggetto di un'intensa discussione. Il concetto riferito ai quattro *milieux* conservatori, liberali, cattolici e socialdemocratici, è stato proposto

Il maggioritario uninominale del Reichstag dal 1890 non basta più a frenare la crescita dei socialdemocratici in Slesia, Prussia, in generale nelle aree industrializzate e urbane[8].

Le campagne elettorali del Reichstag conobbero una competizione crescente: se nel 1871 c'erano in media due candidati per collegio, nel 1881 erano tre e nel 1893 quattro[9]. In pratica si ebbe un passaggio da uno schema tendenzialmente bipolare (conservatori/liberali) su basi territoriali a uno tendenzialmente pentapartito (conservatori, liberali, cattolici, socialdemocratici, altri), che rifletteva il carattere nazionale del suffragio. I candidati furono sempre meno espressione diretta del territorio e piuttosto sostenuti dal partito, il che spiega in parte l'incremento delle candidature che, frammentando il voto, rese più frequente il ricorso al ballottaggio nei collegi: nel 1871 l'11,8%, nel 1881 il 26,4%, nel 1912 il 48,1% del totale[10]. La crescente competizione rese insicuri i mandati: a parte i 73 bastioni del Zentrum, i 13 dei *Polen* (polacchi) e i 4 degli alsaziani, tra il 1871 e il 1912 solo 14 seggi rimasero continuativamente allo stesso partito[11].

da M. Rainer Lepsius, *Parteiensystem und Sozialstruktur*, pp. 25-50 (originariamente pubblicato in W. Abel [ed], *Wirtschaft*). W.J. Mommsen, *Das deutsche Kaiserreich*, ha suggerito l'esistenza di un quinto *milieu*, dei liberali di sinistra; andrebbero poi considerate come *milieux* le minoranze etniche (i polacchi, soprattutto) che avevano rappresentanze autonome. Più di recente si insiste sulla frequente discrasia tra *milieu* e rappresentanza politica: se in alcune aree i cattolici votavano compatti per il Zentrum, in altre ciò non si verificava e si stima che il 50% dei cattolici votasse anche per altri partiti. Rispetto alla ampiezza concettuale del *milieu*, che postula una identità tra costellazione sociale e voto, Rohe suggerisce come più precisa la definizione di «Lager», ossia di campo politico, che identifica una appartenenza culturale-ideale e non solo una territoriale. Cfr. K. Rohe, *Introduction*.

[8] Enfatizzano la svolta degli anni Novanta D. Blackbourn, *Class Religion and Politics in Wilhelmine Germany*; G.A. Ritter, *Die Arbeiterbewegung im Wilhelminischen Reich*, pp. 14 ss., 134 ss.; T. Nipperdey, *Die Organisation der bürgerlichen Parteien in Deutschland vor 1918*, pp. 550-602.

[9] Cfr. H. Fenske, *Strukturprobleme der deutschen Parteiengeschichte*, pp. 108 ss., J.-D. Kühne, *Dreiklassenwahlrecht*, p. 242.

[10] Cfr. G.A. Ritter - M. Niehuss, *Wahlgeschichtliches Arbeitsbuch*; A. Milatz, *Reichstagswahlen und Mandatsverteilung 1871 bis 1918*.

[11] J. Schauff, *Das Wahlverhalten der deutschen Katholiken im Kaiserreich und in der Weimarer Republik*, p. 29.

Questi dati suggeriscono un passaggio dal voto territoriale, in cui si deve scegliere la guida dei notabili in rappresentanza del collegio, a un voto come espressione di appartenenza identitaria alla nazione. Il passaggio dal *milieu* al *Lager* corrisponde allo sgretolamento delle barriere alla mobilità sociale e territoriale, all'affermazione di un ceto medio in cui cresce il peso dei colletti bianchi e dei lavoratori specializzati mentre diminuisce quello degli artigiani, e alla ricerca di un riconoscimento – specie da parte delle opposizioni – della dignità delle loro richieste di integrazione.

Le retoriche dell'età guglielmina, così esposte a stereotipi radicalizzati, oppongono il «canone valoriale» prussiano di patriottismo, senso del dovere, etica del lavoro, obbedienza, autonomia e frugalità, alle narrazioni cattoliche di identità sociali cooperative e metanazionali e a quelle socialiste di un'emancipazione del lavoro. Mentre le opposizioni di sinistra liberale e socialdemocratica chiedevano riforme e magari anche democrazia, grandi e piccoli proprietari terrieri si attaccarono tenacemente ai loro diritti locali, al protezionismo e alle antiche concezioni *ständisch*. Con il Bund der Landwirte, il bavarese Bauernbünde e il cattolico Bauernverein dal 1893 in poi i contadini e i proprietari terrieri si organizzarono contro le politiche liberiste del governo del generale Leo von Caprivi, diventando condizionanti per i partiti moderati e conservatori[12]. Le campagne elettorali del 1898 e del 1903 (centrate sulla politica doganale e coloniale) ne recarono il segno[13]. Nonostante la crescita di influenza degli interessi agrari, le ricerche di Geoff Eley sulle campagne elettorali del 1898 e

[12] Gli *Junker*, pur detenendo anche enormi proprietà terriere, in media avevano aziende di dimensioni più ridotte ed erano esposti alla concorrenza quanto i contadini. Dopo la Lunga Depressione dei prezzi del 1873-1896 dovuta ai grani americani, essi furono contrari alle politiche di *laissez-faire* dei liberali e agli interessi della borghesia industriale proiettata nei traffici mondiali. Essi tuttavia avevano il privilegio di detenere posizioni chiave nella Camera alta prussiana. Cfr. C.S. MAIER, *Foreword* a A. GERSCHENKRON, *Bread and Democracy*, pp. XVI-XVIII.

[13] B. FAIRBAIRN, *Interpreting Wilhelmine Elections*, p. 40; T. NIPPERDEY, *Interessenverbände*, pp. 326, 333; D. BLACKBOURN, *Class, Religion and Local Politics in Wilhelmine Germany*.

del 1903 sembrano avere demolito la tesi che sosteneva la capacità dei conservatori di manipolare l'opinione pubblica agitando temi propagandistici in supporto dell'imperialismo. La definizione della nazione, e le funzioni di «partito nazionale», li frammentano e li costringono ad alleanze variabili con i liberali-nazionali[14].

Dal 1898, secondo le indagini di Reibel, viene a mancare un blocco dominante nel Reich, equivalente al cartello tra conservatori e liberali sotto Bismarck, o alla collaborazione tra le forze liberali o il blocco tra conservatori e liberali (*schwarz-blauer Block*). Negli accordi elettorali a livello di collegio si ha un panorama molto variopinto, con il Zentrum a fare da perno con i Nazional-liberali in chiave anti-SPD, oppure con la SPD contro i liberali nel periodo del blocco Bülow. Dai negoziati elettorali traggono vantaggio in ordine decrescente i seguenti partiti: *Reichspartei*, *Nationalliberale*, *Deutschkonservative* e Freisinn, meno il Zentrum e la SPD, meglio radicati in aree territoriali ben precise[15].

Una parziale parlamentarizzazione sarebbe forse stata possibile se il blocco conservatore-liberale avesse cercato un accordo con il Zentrum, che per alcuni anni fu il partito più votato del Reich e costituiva un punto di equilibrio tra conservatori e operai. Tuttavia la tradizione protestante, la memoria del *Kulturkampf* e la proiezione mercatista portano i liberali a prediligere come nel 1849 una strategia nazionale espansiva ad una di riforma parlamentarista. Quando il Zentrum si affianca alla SPD nel rifiutare i crediti alla sanguinosa guerra coloniale del 1904-1908 contro la rivolta degli Herero nella colonia dell'Africa sud-occidentale (Namibia), il «blocco Bülow» allea conservatori, liberali moderati e liberali progressisti contro il Zentrum e i socialdemocratici. Così il successo elettorale governativo del 1907 è leggibile nel canone culturale del voto neutro, che sacrifica alla nazione le proprie priorità parlamentariste: probabilmente fu l'ultima occasione persa dai liberali

14 G. Eley, *From Unification to Nazism*.

15 C.-W. Reibel, *Handbuch der Reichstagswahlen 1890-1918*, e la rassegna di T. Kühne, *Demokratisierung und Parlamentarisierung*.

per isolare i conservatori e rovesciare i rapporti di forza tra legislativo ed esecutivo.

Di democratizzazione negativa si può parlare anche perché l'incremento del potere federale a inizio del secolo XX non modifica seriamente i poteri del Reichstag né i presupposti del voto apolitico. Per quanto polarizzate ideologicamente, le elezioni al Reichstag non intaccano il mito del voto neutro ma ne ridefiniscono la portata. Non si trattava più soltanto di manifestare l'opinione del popolo al governo e all'imperatore, ma anche di indirizzare l'opinione pubblica degli Stati membri. I partiti del blocco Bülow, con 187 seggi, incorporano anche 16 rappresentanti della frazione antisemita e 5 deputati delle associazioni economiche, che mirano a incidere su un'opinione pubblica 'tedesca' per fare pressione su una struttura di potere racchiusa negli Stati membri. La forte competizione elettorale, favorita dall'assenza di responsabilità dei partiti, provoca cortocircuiti identitari e impulsi sciovinisti che fioriscono sul terreno delle identità corporate.

Andrebbe chiarito, ben oltre gli obiettivi circoscritti di questo saggio, quanto le nuove dimensioni dell'economia e delle imprese entrassero in conflitto con il compromesso corporato faticosamente costruito in età bismarckiana. La libertà di impresa stabilita dalla *Gewerbeordnung* del 1869 trovava un limite in un «bene comune» la cui supervisione era affidata alle autorità locali o ai tribunali, specie laddove poteva confliggere con le «corporazioni», e gli *Zünfte* (le Arti di mestiere)[16]. Il 22 maggio 1876, nel corso del dibattito alla Camera alta prussiana sul disegno di legge per la nuova costituzione della Chiesa evangelica, l'assimilazione della Chiesa protestante ad un soggetto privato «corporato» sollevò obiezioni da parte di Hugo von Kleist-Retzow, che in quel momento guidava la frazione degli *Altkonservativen*, separatasi dalla maggioranza del partito conservatore perché contraria alla rottura tra Stato e Chiese. La separazione tra Stato e Chiese andrebbe studiata, al di là del tema confessionale, per cogliere le interazioni

[16] Sul rapporto tra liberalismo, conservatorismo e mercato federale cfr. A. FISAHN, *Demokratie*, pp. 39 ss.

tra il diritto dell'impresa e quello degli interessi organizzati che vengono recepiti nello Stato amministrativo come eredi giuridici degli antichi *Stände*. Una società di mercato come si rapporta a strutture corporate che difendono ambiti sottratti alla concorrenza? Come interagisce con il diritto corporato l'unificazione federale e liberista affermata dal blocco Bülow? Se dalla concezione corporata della società sgorga l'idea che l'impresa abbia una funzione organica nei confronti dei suoi occupati e dei suoi clienti, è plausibile che nella politica di liberalizzazione di inizio secolo XX si annidasse una ragione della politicizzazione del Reich[17]. Se in quella lotta tra partiti si poteva combattere soltanto sui principi, un relativismo pluralista, proprio di una cultura democratica, ha difficoltà ad emergere.

La cultura neutra del voto, nella nuova forma territorialmente saturata del Reich, viene riformulata in chiave nazionale dal cancelliere del Reich, Bernhard von Bülow, il 16 marzo 1905 davanti al Reichstag:

> «Essere bravo e nobile per il tedesco in generale è un bisogno ancora oggi maggiore di agire nazionalmente e politicamente con abilità e finezza. Siamo in proposito all'opposto di altri popoli, che dicono e pensano: right or wrong, my country. Siamo predisposti come cittadini del mondo, proprio questo siamo. Se Loro avessero vissuto a lungo all'estero, come me, saprebbero che il popolo tedesco è il più predisposto al cosmopolitismo di tutti i popoli del mondo. Dobbiamo appunto costringerci a pensare in termini nazionali, e come ci insegna il momento attuale, ciò non riesce a molti nemmeno una volta. Nel corso della nostra storia ci siamo esaltati per tutti i popoli del mondo»[18].

Il paradosso di una nazionalità esaltata per compensare la sua assenza ripropone il canone etico del buon tedesco, che non

[17] È Rudolf Gneist (1816-1895) a costruire giuridicamente l'assetto corporato attraverso l'innovazione di una articolazione dello Stato-persona e della autoregolazione dei suoi organi. Per una lettura delle implicazioni politiche delle sue idee organiciste cfr. R. GNEIST, *Die nationale Rechtsidee*. Sul dibattito parlamentare cfr. PREUSSISCHES HERRENHAUS, *Stenographische Berichte über die Verhandlungen des Herrenhauses*, I, pp. 182-183.

[18] DEUTSCHER REICHSTAG, *Stenographische Berichte über die Verhandlungen des Reichstages*, 7, p. 5301, trad. mia; cfr. D. BUSSE, *«Deutsche Nation»*.

sa agire politicamente e cercare compromessi, ma afferma attraverso il voto la sua identità, il suo modo di essere tedesco. Non quindi la ricerca della politica, la disponibilità a compromessi nel riconoscimento della legittimità dell'avversario, quanto l'affermazione delle proprie idee come le uniche giuste e degne di fissare gli standard del Reich. Il voto neutro, che esprime una appartenenza su scala di massa, trova sbocco in accese campagne elettorali, la cui posta è la più corretta visione dell'interesse della nazione. All'interesse materiale si sovrappone la retorica religiosa dell'attribuzione all'avversario di colpe morali non mediabili, come nel caso del predicatore protestante Alfred Stoecker, cofondatore nel 1881 del partito cristiano-sociale poi assorbito dal partito nazionalista DKP, e noto per l'antisemitismo, più a sfondo religioso che razzista, e lo sciovinismo dei suoi discorsi[19]. Per Stoecker, l'ideologizzazione politica è un portato del socialismo e del giudaismo cui il credente deve replicare con l'impegno sociale e religioso, ossia un impegno metapolitico, in nome di una unità nazionale minacciata.

Le forze conservatrici, mentre chiedono una politica agraria, difendono accanitamente la nozione apolitica del popolo. Il nazionalismo, che trova ascolto nei partiti agrari, viene interpretato in chiave coloniale dal cancelliere von Bülow (1900-1909) che rivendica un «posto al sole» anche per i tedeschi, e sul piano interno trova corrispondenza nella legislazione federale del governo di Bethmann-Hollweg che introduce lo *ius sanguinis* nel 1912. Nel tentativo di rispondere alle pressioni delle periferie contro l'immigrazione il governo federale procede alla costruzione difensiva di una cittadinanza basata sullo *ius sanguinis*, che afferma la supremazia del Reich sulle legislazioni statali. La cittadinanza unificata sulla base del sangue prelude al passaggio del Reich verso un compiuto Stato federale, e quindi ripropone il nodo del ruolo della Prussia[20].

[19] G. Koch, *Adolf Stoecker 1835-1909*, p. 922.

[20] La questione della cittadinanza merita a questo punto una breve parentesi. La cittadinanza del Reich nel progetto costituzionale del 1848-1849 derivava da quella degli Stati membri (art. 1), e quindi non imponeva una uniformità tra gli Stati. Anche nella Costituzione del 1871 la cittadinanza del Reich

Alla vigilia della Prima guerra mondiale, la nazionalizzazione del suffragio nel Reich modifica le condizioni della lotta poli-

derivava dall'appartenenza a uno Stato membro ma l'art. 3 introduceva il concetto di «indigenat», ossia di nativo, come status attribuito ai cittadini del Reich per assicurare la coesione del mercato interno, tutelare i cittadini del Reich da discriminazioni interne tra gli Stati membri e garantire i diritti individuali e la mobilità su tutto il territorio. È plausibile che da quel concetto, già adottato dalla Costituzione della Baviera del 1818, si potessero creare sviluppi naturalistici di stampo positivista basati sullo *jus sanguinis*, nel tentativo di costruire barriere giuridiche all'immigrazione dai territori orientali di braccianti disposti a salari di fame. Le dinamiche del mercato del lavoro, studiate dagli intellettuali riformatori del Verein für Sozialpolitik e dai cosiddetti «socialisti della cattedra», animarono sul finire del secolo una ampia pubblicistica, della quale anche Weber fu protagonista. Dopo l'espansione economica straordinaria degli anni 1880-1910, che aveva consentito la fine dell'emigrazione trans-oceanica tedesca, si rovesciò il *trend* con l'assorbimento crescente di manodopera straniera. I problemi che ne derivarono in termini di concorrenza sui livelli salariali nelle campagne, urbanizzazione e sindacalizzazione nelle aree industriali, da fine secolo alimentarono una propaganda nazionalista e pangermanica che attraversa un po'tutti i partiti e soprattutto quelli agrari. I conservatori prussiani di varie tendenze e i partiti contadini cominciarono allora a guardare alla cittadinanza come freno all'immigrazione e come strumento di esclusione degli indigeni nelle colonie. Ne deriva la progressiva e sempre più netta separazione tra cittadinanza e residenza e la crescita di importanza della prima. Il liberale Württemberg, nella legge del 16 luglio 1906, § 135, non richiedeva più la residenza ma la cittadinanza per l'elezione dei deputati del Landtag; la residenza *in loco* non era più obbligatoria e poteva essere soddisfatta da quella in qualsiasi altro Stato del Reich. Per affermare la competenza del Reich su questa materia, lo *jus sanguinis* diventa il criterio prevalente della cittadinanza di tutto l'Impero nel 1913, in base ad una legge rimasta in vigore fino al riunificazione delle due Germanie, secondo la quale si sanciva la priorità e l'automaticità dello *jus sanguinis* sui precedenti criteri di acquisizione della cittadinanza; si prevedeva per gli altri casi la possibilità di concedere la cittadinanza su richiesta. Si escludeva così la massiccia immigrazione stagionale polacca dalla vita politica e quindi anche dal suffragio. I socialdemocratici, i *Freisinnige* e parte dei Nazional-liberali chiesero l'estensione automatica della cittadinanza a tutti gli abitanti dopo due anni di residenza, ma il governo prussiano volle mantenere un controllo discrezionale e impedire una «strisciante» polonizzazione. Sebbene i polacchi costituissero il problema principale, l'immigrazione massiccia di lavoratori riguardava anche gli italiani e le varie nazionalità dell'Impero austro-ungarico, nonché le popolazioni orientali confinanti con la Prussia. Trascurando le distinzioni tra le varie minoranze linguistiche e i molti polacchi che avevano acquisito la cittadinanza tedesca, nel giugno 1907 risultavano 800.000 lavoratori stranieri in Germania, di cui 441.000 nell'industria e 280.000 in agricoltura; 211.000 dall'Austria-Ungheria, 121.000 dall'Italia e 31.000 dall'Olanda; entro il 1914 erano diventati 1,2 milioni.

tica ma non cancella il mito del voto neutro, e trasferisce sugli Stati membri, e soprattutto sulla Prussia, il conflitto sull'assetto della federazione.

2. *Trasformazioni del diritto elettorale per il Reichstag*

Caduto il divieto antisocialista per volontà di Guglielmo II, vengono rimosse anche tre importanti barriere erette da Bismarck contro la politicizzazione dei partiti.

La prima, cui accennavamo in precedenza, era la restrizione al diritto di associazione politica. La legge prussiana sulle associazioni del 1850, emulata in Baviera, Brunswick, Assia, Oldenbourg e Sassonia, aveva proibito le federazioni tra i club politici (*Verbindungsverbot*)[21]. I partiti furono del tutto vietati in Prussia dal 1848 al 1866, ma associazioni temporanee a fini elettorali furono sempre permesse. Una deroga divenne indispensabile dopo l'introduzione del suffragio generale maschile per il Reichstag, per consentire accordi elettorali tra partiti di Stati diversi, e la legge elettorale del Reich del 1869 (§ 17) concede quanto segue:

> «Gli aventi diritto al voto hanno il diritto di formare associazioni per l'esercizio delle questioni elettorali concernenti il Reichstag e di organizzare manifestazioni pubbliche disarmate in luoghi pubblici».

La pratica elettorale del Reichstag forzò il cancelliere a tollerare cartelli sempre più stabili tra associazioni politiche, nelle cui pieghe si insediarono il Zentrum e la socialdemocrazia. Fu solo nel 1899, tuttavia, che il Reichstag con la legge Hohenlohe eliminò le restrizioni ai partiti nazionali. A quel punto sotto la spinta riformatrice di un blocco liberal-conservatore in cui cresceva il peso del Zentrum, caddero le altre due dighe costruite da Bismarck a presidio del voto apolitico. Le stringenti

Su tutto ciò cfr. R. Brubaker, *Citizenship and Nationhood*; e W. Zank, *The German Melting-Pot*, pp. 127-129. Si veda anche M. Ruby, *L'Evolution de la Nationalité allemande*; P. Costa, *Civitas*; M. Weber, *Dalla terra alla fabbrica.*

[21] B. Fairbarn, *Democracy in the Undemocratic State*, p. 19.

norme sulla segretezza nel 1903 (busta e cabina elettorale) e l'introduzione di diete nel 1906, che costituirono gli unici, ma non meno significativi, cambiamenti della legge elettorale per il Reichstag dopo il 1869, sdoganarono la professionalizzazione della politica e diedero piena legittimità ai partiti organizzati[22].

La cosiddetta legge Rickert del 1903, in apparenza, completava il dettato costituzionale del 1867, che aveva introdotto il voto segreto. Mentre M.L. Anderson vi ha visto un parziale successo del parlamentarismo contro il governo, Arsenschek ha documentato che essa rafforzava la posizione del governo contro i partiti, in quanto fu frutto dell'accordo tra governo e Zentrum per approvare la tariffa doganale liberale del dicembre 1902, che stava a cuore al cancelliere Bülow ma creava resistenze tra i conservatori[23]. Va comunque detto che la busta chiusa e la cabina elettorale ridussero solo in parte i margini di influenza sul voto degli operai e contadini, consentiti dalla distribuzione preventiva di schede precompilate, o dalle estensive interpretazioni del ruolo del presidente di seggio durante le elezioni, in quanto non impedivano di impilare le schede e identificare le preferenze in base all'ordine di voto.

Nelle piccole circoscrizioni tener traccia del voto era operazione relativamente facile. Come risulta dal lavoro di Anderson, la dimensione media nel 1874 era approssimativamente di 3.500 abitanti, ma la metà delle circoscrizioni aveva circa 100 elettori, che non era difficile seguire e tracciare nel corso delle operazioni di voto. Petizioni e dibattiti delle commissioni parlamentari all'inizio di ogni nuova legislatura avevano evidenziato soprattutto in Prussia irregolarità nelle modalità di voto, fino ad aprire una discussione sulla esigenza di una scheda a stampa prodotta dall'amministrazione, ma solo con l'introduzione dell'urna standardizzata del 1913 (dopo che l'ultima tornata elettorale era già avvenuta), si abbandona

[22] La legge del 21 maggio 1906 concesse un'indennità di 3.000 marchi all'anno, sottraendo 20 marchi per ogni assenza nei giorni di seduta. Si riconosceva così che il passaggio ai partiti di massa era un fatto compiuto.

[23] R. Arsenschek, *Der Kampf um die Wahlfreiheit im Kaiserreich*, pp. 356-360.

definitivamente la vecchia concezione conservatrice del voto come atto pubblico. L'impostazione liberale-giacobina dell'individuo sciolto dai legami sociali al momento di esprimere la sua preferenza non viene per questo automaticamente accolta, piuttosto il voto segreto lasciava libero l'individuo di scegliere la sua comunità di elezione[24].

Le indennità del 1906 prendevano invece atto di uno sviluppo già avanzato, che aveva posto fine alla gratuità del mandato. La misura, sollecitata soprattutto dal Zentrum, che nel frattempo esprimeva la maggiore frazione parlamentare, aveva molteplici finalità. Innanzitutto, consentiva la candidatura a tutti i cittadini, indipendentemente dal reddito, nella consapevolezza che la barriera non era servita a impedire l'elezione di deputati socialdemocratici di modesta provenienza. Dal 1890, grazie ai contributi dei tesserati e ai proventi delle attività collaterali, la socialdemocrazia retribuiva una struttura di quadri professionali[25]. Il riconoscimento delle spese e di una indennità mensile poneva inoltre parziale riparo alla crescente dipendenza dei deputati liberali e conservatori dai finanziamenti degli interessi organizzati per le loro campagne elettorali, che era una piaga capace di spezzare il vincolo del mandato assoluto[26].

L'indebolimento delle barriere alla politicizzazione del voto non era, tuttavia, soltanto dovuto alla tolleranza verso i partiti. I presupposti teorici del compromesso liberal-nazionale erano stati intaccati, dopo la svolta protezionista del maggio 1879, dalla crescita dello Stato sociale che ridefinisce i criteri di

[24] Una dettagliata analisi delle modalità di voto e delle sue dinamiche, attraverso l'analisi sistematica di 974 casi contestati e sottoposti a un'apposita commissione del Reichstag, che ne annullò in totale 89, in R. ARSENSCHEK, *Der Kampf um die Wahlfreiheit*, pp. 264-380; M. LAVINIA ANDERSON, *Lehrjahre der Demokratie*, pp. 35-66.

[25] Cfr. S. AMATO, *Il problema «partito»*, pp. 76-77.

[26] Il primo ad occuparsi di campagne elettorali guglielmine è stato forse G. DUNLAP CROTHERS, *The German Elections*; ma la discussione tedesca nel secondo dopoguerra è iniziata soprattutto con T. NIPPERDEY, *Die Organisation der deutschen Parteien* e J. BERTRAM, *Die Wahlen zum Deutschen Reichstag vom Jahre 1912*, per giungere allo studio sistematico di P. STEINBACH, *Die Zähmung des politischen Massenmarktes*.

esclusione contro i lavoratori più poveri, in quanto percettori di assistenza[27]. L'invenzione dello Stato sociale era perfettamente coerente con la strategia bismarckiana di depoliticizzazione che voleva tagliare l'erba sotto i piedi del socialismo in quanto provvedeva alla composizione dei conflitti tramite accordi obbligatori tra datori di lavoro e lavoratori con il supporto dello Stato. Tuttavia una tale politica lungimirante, nella misura in cui insisteva sulle responsabilità delle classi dirigenti nei confronti dei subalterni, non ebbe accoglienza unanime anche perché intaccava il concetto di autonomia individuale su cui si basava la cultura politica dei liberali moderati.

L'argomento liberale che la *Selbständigkeit* fosse una questione di libertà di coscienza più che una strettamente economica fu infatti da allora esposto alle obiezioni dei socialisti i quali sostenevano che i lavoratori moralmente degni dovessero comunque essere ammessi al voto, anche se in difficoltà economica. Il 19 marzo 1869, durante la discussione sulla legge elettorale al Norddeutscher Bund, il carismatico Bebel aveva presentato un emendamento contro l'esclusione di chi fosse costretto ad accettare l'assistenza ai poveri senza avere «colpa» della propria situazione. L'argomento di Bebel sottintendeva che lo Stato avesse delle responsabilità nell'andamento dell'economia, per cui non toccava al singolo farsi carico degli effetti di scelte fuori dal suo controllo. Quest'ultimo argomento non persuadeva una maggioranza liberal-conservatrice che vedeva ancora nella contribuzione fiscale la radice del suffragio, e trovava obiezioni da parte dei manchesteriani sostenitori del libero mercato e dello Stato federale minimo, così che l'assemblea non ebbe dubbi a respingerlo. Ma negli anni successivi l'obiezione di Bebel si fece strada.

Le riforme bismarckiane con le assicurazioni obbligatorie per malattia, vecchiaia e infortuni del periodo 1883-1884, se da un lato irrobustirono la trama dello Stato neutro, dall'altro intervennero a ridefinire i confini della *Selbständigkeit* e dei doveri dello Stato nel mercato. I confini della povertà, con cui terminava la *Selbständigkeit*, furono così costantemente

[27] P. Schiera, *Il laboratorio borghese*, pp. 153-158.

spostati in base alla legislazione sociale. Lo Stato sociale non poteva più escludere i lavoratori assistiti dal diritto attivo, come nell'impostazione liberale. Il principio generale era che i percettori di assistenza venissero esclusi dalle liste elettorali anche qualora l'assistenza fosse percepita da membri del nucleo familiare, inclusi i figli fino al sedicesimo anno di età, ma l'interpretazione di cosa fosse «assistenza ai poveri» si restrinse nel tempo fino quasi a rovesciarsi. Se negli anni Settanta si tendeva a escludere dal voto i percettori di qualunque tipo di aiuto, già alla fine degli anni Ottanta si riconobbe che affitti abitativi agevolati e locazioni agevolate di terreni (*Pacht*) da parte delle *Gemeinde* erano ammissibili. Inoltre con legge del 10 maggio 1892 si stabilì che gli aiuti economici alle famiglie resi necessari dalla mobilitazione militare non venissero considerati causa di povertà, in quanto temporanei e imputati al Reich. Questo passaggio sanzionava la responsabilità del Reich a intervenire nell'economia a fini sociali, principio del resto già affermato da Bismarck. Nel 1878 la commissione elettorale del Reichstag considerò inammissibili le prestazioni sanitarie gratuite in medicinali e assistenza ospedaliera, ma le perplessità della sinistra dell'assemblea e le pressioni di alcuni enti di assistenza come il *Verein für Armenpflege* avrebbero portato nel 1909 a una legge che autorizzava le prestazioni sanitarie e i medicinali. Gli aiuti scolastici, almeno quelli in forme non monetarie, come libri, regali natalizi, ecc. furono invece autorizzati legislativamente già nel 1907; le prestazioni assicurative obbligatorie furono riconosciute come lecite nel 1911[28].

Si giunse così a ritenere non solo che aiuti «temporanei» dovessero essere esclusi, ma anche che Bebel avesse in parte ragione. Nel 1909 venne presentato un emendamento simile a quello di Bebel, ma questa volta nel respingerlo il Reichstag addusse meno ragioni di principio e più motivi pratici, in quanto le commissioni elettorali non avrebbero potuto distinguere tra chi fosse «responsabile» delle proprie difficoltà e chi non ne avesse colpa[29]. In virtù delle deroghe pian piano introdotte,

[28] Su tutto ciò J. HATSCHEK, *Kommentar zum Wahlgesetz*, pp. 41-42.

[29] *Ibidem*, pp. 48-49.

gli aventi diritto al voto crebbero: se nel 1874 venne escluso dalle liste circa il 12% dei maschi adulti, grazie all'evoluzione della legislazione sull'assistenza e a una più tollerante prassi nell'iscrizione alle liste nel 1912 venne escluso solo il 5,9%[30].

3. *La questione del voto alle donne*

Il principio liberale della *Selbständigkeit* mostrò la corda anche davanti alla crescita del ruolo femminile nella forza lavoro e alla apertura di fine secolo alle elite femminili urbane degli studi superiori e universitari. Sulla sola base della capacità contrattuale, l'esclusione delle donne dal suffragio non era mai stata giustificabile, specialmente quando la donna fosse proprietaria, lavorasse o addirittura mantenesse il nucleo familiare, come nel caso di vedove capifamiglia[31]. Se con l'unificazione del Reich cadeva l'*ALR*, e si doveva pensare a un codice civile unificato – che sarebbe stato redatto soltanto nel 1896 – le barriere contro il voto femminile potevano reggere solo contaminando la *Selbständigkeit* con altri criteri. Si ricorreva allora alla supposizione naturalista di una inferiorità

[30] T. NIPPERDEY, *Deutsche Geschichte*, p. 497.

[31] Specie per le famiglie aristocratiche dotate di privilegi politici nelle Camere alte e/o basse l'esclusione delle donne capofamiglia era quasi impossibile e dette luogo a formule derogatorie. Nelle elezioni locali in alcuni Stati legati a vecchie concezioni *ständisch* le donne proprietarie di terreni o immobili ebbero il voto attivo, mai quello passivo, come nelle città del granducato Sassonia-Weimar-Eisenach, nel principato di Schwarzburg-Rudolstadt e Schwarzburg-Sonderhausen e nella Baviera a destra del Reno, ma soltanto nella cittadina di Travemünde potevano esercitare il diritto personalmente, senza avvalersi di un rappresentante maschile. In Sassonia le donne proprietarie di terreni avevano il diritto di voto solo se non sposate, altrimenti esso veniva trasferito al marito. Laddove il diritto comunale si basava sui diritti del cittadino e sulla *Selbständigkeit* liberale esse vennero escluse, come in Württemberg, Baden, Pfalz, Hessen, Oldenbourg, Anhalt, Gotha e Reuß j.L. NEI comuni prussiani in cui esisteva un limitato diritto elettorale femminile le donne potevano partecipare in modo diretto o indiretto alle elezioni per la rappresentanza dei parlamenti distrettuali (Kreistagen), e nelle elezioni degli *Stände*. Le modalità del voto femminile e il loro effetto culturale in quei contesti meriterebbero un approfondimento ben oltre l'economia di questo saggio. Cfr. *supra*, nota 30 e *infra*, nota 32.

femminile, che assumeva una connaturata irresponsabilità e una mancanza di universalità delle donne. Il famoso giurista e deputato nazional-liberale Robert von Mohl ebbe a dire al Reichstag che il criterio della responsabilità escludeva a maggior ragione le donne:

«Il limite minimo di età e la totale esclusione del sesso femminile previsti al par. 1 della legge elettorale non può incontrare nessun (*kaum ein*) ragionevole dubbio nemmeno tra coloro che ritengono la partecipazione alle elezioni statali come un diritto naturale. Anche essi devono riconoscere che l'immissione delle donne nella vita politica è contro la loro natura e avrebbe le più deleterie conseguenze per tutti. E si vorrebbe dar loro anche il diritto passivo, che in base alle attuali norme è un correlato di quello attivo? Allo stesso modo la fissazione di un età in cui sia almeno possibile un proprio giudizio sulla cosa pubblica, è una necessità di natura. Persino il più brillante demagogo non può voler far votare i bambini»[32].

Se Mohl si richiamava alla tradizione della Terza Germania e al dibattito della Paulskirche, i suoi vecchi argomenti non avevano nel Reich la stessa solidità del 1848. Il requisito di «selbständig» mutava funzione perché non si escludevano più dal voto i lavoratori dipendenti e la stessa contribuzione fiscale aveva perso la sua centralità. Quindi – per mantenere apolitica la sfera privata – la *Selbständigkeit* assunse una più netta coloritura prescrittiva maschile. A ben guardare la legge elettorale del 1869 non scriveva da nessuna parte che le donne erano escluse, ma utilizzando il maschile l'art. 1 riservava il voto al cittadino maschio e richiedeva solo il compimento del venticinquesimo anno di età e la residenza nel Reich. Una volta di più, il criterio liberale della autonomia individuale si fuse con il pensiero conservatore organicista, commutando il diritto di voto nell'altra faccia del dovere riservato ai cittadini maschi, il servizio militare. La concezione del suffragio come dovere di partecipazione agli affari collettivi – non solo a quelli economici ma anche a quelli militari – trasformava il vecchio principio di esclusione in un diritto positivo riservato ai maschi[33].

[32] R. von Mohl, *Kritische Bemerkungen*, p. 17, qui citato da H. Hiery, *Reichstagswahlen*, p. 115, nota 1, trad. mia.

[33] Un emendamento per introdurre la *Selbständigkeit* fu respinto con 422 voti contro 21: cfr. *Stenographische Berichte über die Verhandlungen*

Se impostazione naturalista e diritto positivo dello Stato si reggevano reciprocamente, le loro lacune avrebbero lasciato alla opposizione socialdemocratica il compito di sostenere, sin dal programma di Erfurt del 1891, la causa dell'eguaglianza del diritto di voto e della emancipazione femminile. Contro la discriminazione delle donne Bebel pubblicò nel 1878 uno dei libri più venduti dell'epoca, nel 1905 era già alla cinquantesima edizione ed era stato tradotto in quattordici lingue, nel quale si contestavano sia le argomentazioni naturaliste sia quelle conservatrici[34]. Contro l'idea diffusa nella scienza positivista che la famiglia borghese fosse un'unità naturale e astorica, Bebel – sulla scorta dei noti saggi di Engels sulla famiglia e della letteratura antropologica darwiniana – mostrava in chiave comparata l'esistenza di una evoluzione storica, a suo avviso determinata dalla organizzazione sociale della produzione. Su quella scia, egli argomentava una sostanziale unità tra l'emancipazione femminile e quella del lavoro, prospettando la soluzione di entrambe nel socialismo. All'argomento conservatore del voto come corrispettivo del servizio militare, Bebel oppone la gravidanza e la mortalità delle puerpere come modalità femminile di sacrificio per lo Stato. La richiesta socialdemocratica del voto alle donne forse non portava molti voti maschili, ma incideva sull'opinione liberale e sollecitava il sostegno delle donne lavoratrici o istruite alle organizzazioni collaterali e alle campagne elettorali della socialdemocrazia. Fu soprattutto l'ala radicale del partito a contestare la separazione tra sfera pubblica e sfera privata, che aveva accompagnato la costruzione del voto neutro, prodotta dalla legislazione sulle associazioni attraverso l'esclusione delle donne dalle manifestazioni pubbliche; anzi in Stati conservatori come la Prussia la loro presenza poteva comportare lo scioglimento delle assemblee elettorali. A inizio secolo, coadiuvate dal clima giuridico più favorevole introdotto dal Codice civile, e dall'introduzione del suffragio femminile in alcuni Stati americani, in Nuova Zelanda (1893) e in Australia (1908), attiviste della socialdemocrazia come Lily

des Reichstags des Norddeutschen Bundes, 13 marzo 1869, p. 45, citato da J. Hatschek, *Kommentar zum Wahlgesetz*, p. 6.

[34] A. Bebel, *Die Frau und der Sozialismus*, in particolare pp. 335-341.

Braun e Clara Zetkin cominciarono a tenere comizi, e dal 1908 la legislazione federale sulle associazioni consentì la partecipazione femminile[35]. Le principali obiezioni al voto femminile avevano a che fare proprio con il desiderio di preservare la sfera privata dal conflitto politico, con il rischio di trasferire conflitti ideologici in famiglia, ossia con la percezione che una società dell'armonia fosse possibile soltanto sottraendo la sfera sociale alla sfera della politica[36].

4. *L'integrazione negativa*

Se a inizio secolo si espandeva il potere federale e di conseguenza cresceva il ruolo del Reichstag – ad esempio, con l'introduzione al Reichstag del voto di sfiducia verso il cancelliere nel 1913, dopo le polemiche dell'affare Zabern in cui i militari procedettero illegittimamente a repressioni contro i civili alsaziani – possiamo parlare di una «parlamentarizzazione» dell'Impero? Una risposta affermativa, che ha vari elementi a suo favore, non deve offuscare i limiti di questo aumentato ruolo e il peso della tradizione del voto apolitico. Più preciso sarebbe forse parlare di una polarizzazione e quindi di una politicizzazione del voto, segnata tuttavia dal carattere complessivamente «negativo» segnalato da Weber. La crescita delle opposizioni non inficia la possibilità di parlare di una 'democratizzazione negativa', ossia bloccata. Manca infatti ogni sbocco costituzionale verso una vera parlamentarizzazione, intesa come controllo sull'esecutivo, anche se le esigenze finanziarie delle politiche imperiali accrescono i margini di

[35] Sul diritto elettorale femminile cfr. U. FREVERT, *Mann und Weib*, pp. 64-125; G. BOCK, *Frauen in der europäischen Geschichte*; M.L. ANDERSON, *Lehrjahre der Demokratie*, pp. 363-364.

[36] Questi temi tipici delle campagne elettorali emergono dall'analisi di casi circostanziati, come nel liberale Württemberg, dove le donne non erano soggette ai divieti della legge sulle associazioni prussiane e potevano partecipare alle associazioni politiche già prima del 1908, e tuttavia l'iscrizione femminile ai partiti fu estremamente ridotta fino alle elezioni del 1912. Nel 1908, con una media di iscrizioni femminili ai partiti del 10%, in Württemberg furono appena l'1,8%. Cfr. A. GAWATZ, *Wahlkämpfe in Württemberg*, pp. 57-67.

intervento del Reichstag. Fino al 1914 molto si discute di riforma dei sistemi elettorali, incluso quello del Reichstag, ma le riforme riguardano più la qualità «rappresentativa» delle Camere basse che i loro poteri. Con i conservatori e parte dei liberali arroccati in difesa del primato e della composizione delle Camere alte, e un Zentrum incline a evitare avventure, nemmeno le opposizioni sono convinte di potere, o di volere, rompere le barriere tra esecutivi e legislativi.

La stessa socialdemocrazia, che è la forza che più radicalmente contesta l'assetto politico e reclama una democrazia, non si sottrae alla fascinazione di una cultura apolitica organicista, e adotta una strategia che alcuni studiosi hanno sintetizzato con la categoria di «integrazione negativa». L'integrazione negativa allude alla difesa di una identità separata, a una subcultura socialdemocratica organizzata attorno a una possente rete associativa e sindacale, che produce con il programma di Erfurt e di Gotha una strategia attendista, la quale mentre contesta l'assetto del potere inclina all'estraneità nei confronti delle istituzioni[37].

La difesa di una separata identità esponeva i socialdemocratici ad una percezione di se stessi come un quarto *Stand*, un quarto stato in cerca di riconoscimento nell'ordine imperiale a fianco e non contro gli altri gruppi sociali. I socialdemocratici, che secondo alcune stime nel 1912 avevano un 20% di aderenti non-operai, oscillavano tra un'interpretazione operaista e una nazionale della rappresentanza[38]. Se tutti convenivano sulla natura di classe del partito, definire il rapporto tra classe operaia e le altre classi sociali in attesa del «crollo» della società borghese aprì più di un dilemma. Dopo gli anni Novanta, una volta riammessi alla vita politica, i socialisti tedeschi non poterono fare a meno di confrontarsi con la propria realtà minoritaria a livello elettorale e furono perciò pronti a estendere il concetto di classe operaia per incorporarvi parte dei ceti urbani, artigiani e impiegati, e costruire delle maggioranze nei

37 G. ROTH, *I socialdemocratici*; D. GROH, *Negative Integration und revolutionärer Attentismus*.

38 Cfr. A. PRZEWORSKI - J. SPRAGUE, *Paper Stones*; G. RITTER, *The Social Bases*.

collegi. La collocazione istituzionale, di un'opposizione senza accesso al potere, portava il partito ad agitare slogan radicali, raccogliendo il voto di protesta di vari ceti[39].

Il concetto di lavoro – sostituito a quello di classe – servì a permettere questo allargamento della rappresentanza ma il nodo del partito, se operaio o socialista, non fu mai del tutto sciolto. C'era un problema teorico aperto, costituito dalla lettura determinista del marxismo che induceva la SPD a ritenere che se non proprio la classe operaia almeno quella lavoratrice sarebbe divenuta inevitabilmente la maggioranza dell'elettorato e quindi che il compimento della sua funzione emancipatrice fosse solo una questione di tempo. Quella teleologia consentiva di evitare la difficile scelta tra una linea politica volta a democratizzare il Reich e una linea sindacale e moderata che cercava invece riforme parziali. Di tale ambiguità si trova traccia non soltanto nei dibattiti teorici attorno alle tesi revisioniste di Eduard Bernstein, o nelle tesi di Kautsky sulla questione agraria, ma anche in piccoli dettagli, ad esempio nella versione tedesca dell'Internazionale di Emil Luckhardt (1910), l'inno che chiudeva le campagne elettorali. Mentre la versione francese aspirava alla liberazione del genere umano, in quella tedesca si menzionava il riscatto dei lavoratori dallo stato di «unmündig», ossia di incapace, l'opposto della *Selbständigkeit*, su cui si fondavano le restrizioni al suffragio; la meta finale era l'avvento dei diritti dell'uomo, non il potere della classe[40].

[39] C.E. Schorske, *German Social Democracy 1905-1917*, pp. 116-123; G.P. Steenson, *«Not One Man! Not One Penny»*, p. 28; T. Nipperdey, *Die Organisation der deutschen Parteien*, pp. 315-337.

[40] «Wacht auf, Verdammte dieser Erde, die stets man noch zum Hungern zwingt! / Das Recht wie Glut im Kraterherde nun mit Macht zum Durchbruch dringt. / Reinen Tisch macht mit dem Bedränger! Heer der Sklaven, wache auf! / Ein nichts zu sein, tragt es nicht länger Alles zu werden, strömt zuhauf! / Coro: Völker, hört die Signale! Auf, zum letzten Gefecht! / Die Internationale Erkämpft das Menschenrecht / Es rettet uns kein höh'res Wesen kein Gott, kein Kaiser, noch Tribun / Uns aus dem Elend zu erlösen können wir nur selber tun! / Leeres Wort: des armen Rechte! Leeres Wort: des Reichen Pflicht! / Unmündig nennt man uns Knechte, duldet die Schmach länger nicht!». W. Mossmann - P. Schleuning, *Alte und neue politische Lieder*.

L'anima sindacalista e operaia reclamava, assieme ad una pari dignità dello *status* di lavoratore rispetto al cittadino borghese e all'aristocratico che godevano ancora nelle rappresentanze territoriali di diritti politici privilegiati, anche parità del peso del voto, senza però giungere alla presa del potere. Sulle ragioni della sua moderazione non è il caso di insistere in questa sede. Günther Roth ha spiegato come l'integrazione del sindacato in alcuni ambiti amministrativi e nelle casse mutue e la prassi della doppia tessera sindacato-partito contribuisse alla formazione di una sub-cultura socialdemocratica che vede una scissione tra una teoria rivoluzionaria e una prassi moderata. L'autorizzazione precoce delle associazioni sindacali, purché prive di finalità politiche, aiuta a spiegare l'influenza della matrice *ständisch* sul movimento operaio, che trova nel sindacalismo cattolico una variante moderata non sospetta di subalternità alla Prussia[41].

A questi classici argomenti possiamo aggiungere il ruolo della cultura armonicista nell'anima lassalliana e riformista, anima che trapela persino nell'aspettativa di Bebel che il voto democratico e la burocrazia dello Stato socialista avrebbero eliminato tutti i conflitti mettendo obbligatoriamente tutti i cittadini al lavoro[42].

In qualche misura, si può parlare dell'integrazione negativa come strategia di una classe che si percepisce come *Stand* di tipo nuovo, in quanto soggetto federale e nazionale. Molti indizi convergono verso l'ipotesi di una complessiva esposizione del movimento operaio tedesco alla fascinazione della cultura organicista e apolitica del suffragio. Questa pista di ricerca spiegherebbe, ad esempio, perché la SPD lottasse, più che per assumere il potere, contro ogni discriminazione dei suoi elettori. Nello Stato federale guglielmino, la cultura del voto neutro si polarizza tra chi difende le antiche concezioni

[41] La legge federale sul diritto di impresa, la *Gewerbeordnung* del 1869, abrogava i precedenti divieti di coalizione, e anche se non dava un pieno diritto al sindacato, che sarebbe maturato solo a Weimar, apriva la strada al radicamento delle organizzazioni dei lavoratori. G. GOZZI, *Democrazia e pluralismo*, p. 87; dello stesso autore si vedano, *Questione costituzionale*, e *Verfassungsfrage*.

[42] A. BEBEL, *Die Frau und der Sozialismus*, pp. 419-424.

ständisch e chi invece cerca di affermare la parità tra i membri della nazione.

L'importanza attribuita dalla SPD al sistema elettorale del Reichstag non trova spiegazione se non nel suo valore simbolico nazionale e nell'aspettativa apolitica che il suffragio avrebbe prodotto automaticamente una modifica degli equilibri di potere. Tale convinzione teleologica porta la SPD a concentrare le sue energie su una questione simbolica come la riforma dei collegi e del maggioritario. A cavallo del XX secolo, la rigidità dei collegi stabiliti nel 1870 produceva infatti delle distorsioni palesi a favore delle campagne rispetto alle grandi città e agli insediamenti industriali[43]. Dal programma di Erfurt del 1891 in avanti, il partito socialdemocratico obiettò al sistema elettorale maggioritario di non rappresentare adeguatamente la nazione e di penalizzare le minoranze territoriali. Propugnando il sistema proporzionale e il voto di lista, la *leadership* socialdemocratica si proponeva di sostituire l'inerente iniquità del sistema bismarckiano con una rappresentazione fedele delle correnti ideologiche del Paese[44].

Ma la questione meritava davvero tanto rilievo da diventare una delle priorità del partito? Le tipiche distorsioni del sistema maggioritario a favore dei partiti con base nelle campagne, come i conservatori e la destra dei nazional-liberali, raggiunsero il massimo effetto nel 1887 – quando il voto alla SPD pesò 3,5 volte meno di quello medio agli altri partiti, ma si ridussero nel tempo e nel 1912, quando la SPD con 4,5 milioni di voti e 110 mandati divenne addirittura il primo partito al Reichstag,

[43] Tra 1871 e 1910 la popolazione totale dell'Impero passò da 41,059 milioni a 64,926 milioni, mentre la popolazione rurale calava dal 63,9% al 40% del totale. Le città dell'Impero sopra i 100.000 abitanti aumentarono da 7 nel 1871 a 48 nel 1910. Al tempo stesso si modificava la composizione dell'apparato produttivo a favore dell'industria pesante. Sulla questione sociale nella cultura tedesca cfr. P. SCHIERA, *Il laboratorio borghese*, pp. 190-205.

[44] A. BEBEL, *Die Sozialdemokratie*, p. 54, raccomandava il voto di lista perché avrebbe spersonalizzato la lotta politica «In quanto invece della persona vengono alla ribalta delle dichiarazioni i partiti, la campagna elettorale perde il carattere personale, si approfondisce e verte sui principi, sulle questioni di fondo». Cfr. N. URBAN, *Die Diätenfrage*, p. 58.

lo svantaggio per la SPD fu quasi cancellato. In un sistema maggioritario a doppio turno, infatti, oltre alla dimensione dei collegi contavano le alleanze tra partiti, e a partire dagli anni Ottanta, nel corso delle leggi antisocialiste, i socialisti dovettero apprendere malvolentieri a tessere alleanze a livello locale con i liberali e anche con altri, sfondando persino in aree agrarie[45]. Dal 1893 in poi, come si accennava all'inizio del capitolo, circa la metà dei collegi del Reichstag fu sempre assegnata al secondo turno, imponendo accordi locali che favorivano tendenzialmente i partiti in posizione intermedia, specie i liberali delle varie coloriture, in grado di negoziare su due fronti. Nonostante l'isolamento all'opposizione, la SPD imparò a gestire gli accordi con i liberali negoziando l'appoggio tra collegi, e su circa 672 elezioni di secondo turno ottenne pur sempre il 27% circa dei collegi contesi (cfr. tab. 1).

Certo, non possiamo trascurare che il maggioritario nel 1907 costò una temporanea ma pesante sconfitta della SPD la quale, contro il cartello liberal-conservatore del «blocco Bülow», mantenne all'incirca i voti del 1903 ma perse circa la metà dei mandati, mentre il Zentrum resse all'assalto. Pur non trascurando il rilievo pratico della proporzionale, l'enfasi sulla riforma elettorale poggiava sull'aspettativa che essa avrebbe permesso di diventare maggioranza assoluta nel Paese e che ciò bastasse a conquistare il comando dello Stato. Quell'aspettativa consentiva di eludere scelte più sostanziali e difficili nei rapporti con i liberali e con i cattolici, e di assumere i compromessi necessari per costruire una alternativa di governo e una seria riforma costituzionale. Quanto di quell'attendismo derivava dalla concezione *ständisch* e dalla cultura neutra del voto? Dato il crescente successo elettorale, all'inizio del Novecento la dirigenza del partito prese a dubitare non solo della fattibilità ma anche del vantaggio che avrebbe ricavato dal superamento del regime parlamentare, al punto che il suo tatticismo la lasciò esposta alle critiche di quelle frazioni di sinistra che videro nel comportamento assunto dal partito nella

45 S. Suval, *Electoral Politics in Wilhelmine Germany*, pp. 26-27; B. Fairbarn, *Democracy*, p. 19; T. Nipperdey, *Deutsche Geschichte*, 2, pp. 500-502.

Tab. 1: *Elezioni al Reichstag, 1871-1914*

	Nazional-liberali	sinistra liberale	Conserv.	Zentrum	Sociald.	Antisem.	Altri	Abitanti (mill.)	Aventi diritto %	Partecipazione elettorale % (tot. seggi)
03.03.1871	30,1	9,3	23,0	18,6	3,2	-	15,8	39,4	19,4	50,7 (382)
10.01.1874	29,7	9,0	14,1	27,9	6,8	-	12,4	41,0	20,8	60,8 (397)
10.01.1877	27,2	8,5	17,6	24,8	9,1	-	10,1	42,7	20,9	60,3 (397)
30.07.1878	23,1	7,8	26,6	23,1	7,6	-	9,0	42,7	21,4	63,1 (397)
27.10.1881	14,7	23,1	23,7	23,2	6,1	-	9,1	45,2	20,1	56,1 (397)
28.10.1884	17,6	19,3	22,1	22,6	9,7	-	8,7	45,2	20,7	60,3 (397)
21.02.1887	22,2	14,1	25,0	20,1	10,1	0,2	8,3	46,8	20,9	77,5 (397)
20.02.1890	16,3	18,0	19,1	18,6	19,8	0,7	8,6	46,8	21,7	71,2 (397)
15.06.1893	13,0	14,8	19,3	19,1	23,4	3,5	7,7	49,4	21,5	72,2 (397)
16.06.1898	12,5	11,1	15,5	18,8	27,2	3,3	10,6	52,2	21,9	67,7 (397)
16.06.1903	13,9	9,3	13,5	19,8	31,7	2,6	9,5	56,3	22,2	75,3 (397)
25.01.1907	14,5	10,9	13,6	19,4	28,9	3,9	8,8	60,6	22,0	84,3 (397)
12.01.1912	13,6	12,3	12,2	16,4	34,8	2,9	7,7	64,9	22,2	84,5 (397)

Voti in percentuale; tra parentesi il numero dei seggi.

Fonte: G. Hohorst - J. Kocka - G.A Ritter (edd), *Sozialgeschichtliches Arbeitsbuch*, 2, pp. 173-176; G.A. Ritter - M. Niehuss, *Wahlgeschichtliches Arbeitsbuch*.

crisi del 1910 – in occasione della discussione parlamentare sulla riforma elettorale prussiana – un ostacolo a ogni possibile sviluppo rivoluzionario[46]. L'esposizione della socialdemocrazia alla cultura corporata del voto neutro fu colta sia da Marx, nella sua critica al programma di Gotha, sia da Engels. Sin dalla vigilia delle promettenti elezioni del 1890, Friederich Engels dal suo esilio londinese percepiva lucidamente la forza del modello corporatista di integrazione proposto da Bismarck con lo Stato sociale e le difficoltà che comportava per la costruzione di un partito autenticamente socialista:

«Per le elezioni stesse mi rallegro enormemente. Lì i nostri lavoratori tedeschi mostreranno un'altra volta al mondo di quale acciaio siano forgiati. È possibile che voi riceviate nel Reichstag un nuovo elemento: rappresentanti dei lavoratori, che non sono ancora socialisti»[47].

L'enorme successo del 1890 che consegnò al primo turno 1,43 milioni di voti e 20 mandati, e al secondo turno altri 15 seggi, in totale circa il 19,7% dei voti, ossia il doppio del 1887, aveva lasciato aperto il problema della costruzione culturale del partito e la sua capacità di orientamento della classe operaia. Engels avvertiva Bebel che alla SPD si sarebbero posti problemi analoghi a quelli dei laburisti inglesi: mentre i partiti borghesi avrebbero con la loro politica scosso la classe operaia «dal suo letargo» a difesa dei diritti del lavoro, non era chiaro se i partiti socialisti avrebbero avuto la capacità di assumere la guida di quella mobilitazione. La sconfitta del boulangismo, la debolezza dello zarismo, la dinamica politica britannica, e le condizioni relativamente pacifiche del continente lo rendevano comunque ottimista sulle prospettive aperte dall'«inarrestabile affluenza delle masse».

46 Anche per via della separazione tra sindacato e partito, la *leadership* socialdemocratica non volle mai prendere seriamente in considerazione lo sciopero generale come strumento per ottenere riforme del sistema elettorale, sebbene tale opzione fosse stata accettata al congresso del partito del 1906, temendo di unificare il fronte degli avversari e considerando lo sciopero generale piuttosto come possibile strumento di difesa dei diritti acquisiti in caso di attacchi da destra.

47 Engels a Bebel, 23 gennaio 1890, in K. MARX - F. ENGELS, *Werke*, 37, p. 350 (trad. mia).

5. *La tenuta del voto neutro e la mancata riforma del sistema elettorale federale e di quello prussiano*

Se si può parlare di democratizzazione negativa è per via di un autentico blocco sociale e politico contro ogni possibile espansione di un potere parlamentare pluralista. Un osservatore coevo di grande spessore come lo storico Otto Hintze rilevava nel 1911 che senza una rivoluzione il principio monarchico «non può essere sostituito dal principio di un governo parlamentare». Il sistema organicista non avrebbe tollerato un sistema fondato sul riconoscimento del conflitto perché postulava l'armonia delle sue parti: «un permanente venirsi incontro, imparare a comprendersi, adattarsi reciprocamente descrive il carattere di questa forma di governo»[48].

L'armonia sottesa alle profezie liberali e socialdemocratiche che vedevano una possibile evoluzione senza scosse al sistema parlamentare quanto era debitrice di quella visione? Quelle forze politiche davano per presupposto che il potere discrezionale del re e la separatezza dei militari dalla sfera della società civile sarebbero crollati di schianto una volta riconosciuto attraverso il voto al Reichstag che la maggioranza del popolo non era dalla loro parte. Assieme a qualche ingenuità sulle capacità di resistenza dell'avversario, la loro aspettativa aveva un nucleo di verità nel presupposto del consenso che reggeva il voto apolitico. E anche per questo la riforma parlamentare, nonostante qualche generica dichiarazione di Guglielmo II, non troverà sbocco sino al 1918, quando il comando militare, prossimo alla sconfitta, cerca di scaricarne la responsabilità sui partiti e sul parlamento.

Lo scoppio della Grande guerra rivela la subalternità del parlamento alla concezione apolitica del legislativo, che vieta al Reichstag di incidere sulla politica estera e di assumere un ruolo politico di interlocuzione sugli obiettivi della guerra anche quando si manifestano evidenti dissensi tra le priorità dei militari e quelle del governo di Bethmann-Hollweg. Dall'agosto 1916 il potere neutro fu salvaguardato da una dittatura

[48] O. HINTZE, *Monarchische Prinzip*, pp. 741, 743.

militare cui si piegarono anche le opposizioni parlamentari, che avevano unanimemente votato la concessione dei crediti di guerra nell'agosto 1914. Nonostante la sua contrarietà, per fedeltà di frazione persino Karl Liebknecht si era provvisoriamente piegato alla volontà della maggioranza del partito socialdemocratico di partecipare alla guerra in chiave antirussa, rompendo la solidarietà pacifista della II Internazionale.

La delega del potere ai militari implica dall'agosto 1916 la soppressione di qualsiasi dialettica parlamentare e il rinvio al dopoguerra di ogni questione politica. Fu soltanto nel corso del 1917 che la pressione per una riforma costituzionale trovò spazio, quando Guglielmo II, con la sua «dichiarazione pasquale» (*Osterbotschaft*) del 30 marzo 1917 cominciò a cedere alle pressioni per la riforma davanti alle difficoltà sul fronte occidentale, allo scoppio della rivoluzione in Russia e ai molti errori di politica estera che avevano reso impossibile un accordo con la Russia zarista e portarono all'entrata in guerra degli Stati Uniti contro le potenze centrali. Se il superamento del potere neutro era possibile soltanto in modo consensuale, le previsioni di Otto Hintze si rivelavano corrette: bastarono le titubanze della monarchia e dei militari a rallentare il percorso costituzionale sino a quando il rischio di una rivoluzione impose un passaggio di consegne alla democrazia parlamentare.

La nota ricostruzione di quella fase ad opera di Arthur Rosenberg, tratta dai lavori della commissione parlamentare di inchiesta sul crollo dell'Impero, contiene spunti utili ancora oggi laddove rileva il dualismo tra potere militare e potere civile, da cui si generò l'illusione della riforma costituzionale annunciata dal messaggio pasquale e da quello successivo del 7 aprile che prometteva per il dopoguerra la riforma elettorale prussiana assieme alla riforma della Camera alta. L'opposizione dei militari a qualsiasi apertura parlamentarista nasceva dall'idea di non politicizzare non soltanto la conduzione delle operazioni al fronte ma gli stessi obiettivi della guerra, e in questo senso rispondeva alla concezione del potere neutro. La logica dei comandi militari era animata dal principio della massimizzazione della forza e del territorio, e mancava della visione politica che nasce dalla capacità di mediazione dei conflitti, quella che in diversa misura aveva permesso, soprattutto sotto Bismarck, la crescita della Prussia per un secolo[49].

Il rovesciamento del rapporto tra militari e politica in tempo di guerra – quello che Carl Schmitt chiama «stato di emergenza» – esemplifica plasticamente gli effetti perversi di una concezione neutra del suffragio. La separatezza tra ambiti funzionali, che si propone di essere apolitica, predetermina l'ambito decisionale e in condizioni di emergenza si sostituisce del tutto alla politica. Se il Reichstag e il Landtag prussiano furono così apatici non è spiegabile con il nazionalismo degli Junker né con un supposto condizionamento manipolatorio ad opera dei militari. Senza il mito del voto apolitico non si spiegherebbe l'illusione delle forze parlamentari, inclusa la frazione maggioritaria della SPD, che bastasse una riforma del sistema elettorale per aggiustare gli equilibri traballanti del Reich.

Appare retrospettivamente eccessiva l'attenzione storiografica alla riforma elettorale, tra l'altro mancata, mentre più rilevante è il tema della riforma costituzionale, che venne intrapresa soltanto in circostanze deteriorate. Il 30 marzo 1917 il Reichstag nominò una commissione per la riforma costituzionale, nella quale la discussione affrontò anche la riforma del diritto elettorale degli Stati, inclusa la Prussia, in senso egualitario. Il cancelliere Bethmann-Hollweg, pur favorevole alla riforma elettorale in vista del ritorno dei reduci, non ebbe però la forza di prendere le distanze dai conservatori più riluttanti, come aveva fatto Bismarck, e la ricerca di un accordo ampio trascina la discussione per oltre un anno[50].

Nel luglio 1917 per la prima volta il Reichstag prese la parola sul tema della guerra chiedendo a maggioranza una pace negoziata senza acquisizioni territoriali. La risoluzione tuttavia era generica, si appoggiava più ai richiami di Benedetto XV

[49] Per dettagli si rinvia a A. ROSENBERG, *Origini della Repubblica di Weimar* e a T. NIPPERDEY, *Deutsche Geschichte*, II, pp. 729-741. Si potrebbe argomentare, naturalmente, che i comandi militari agivano come se si trovassero nelle guerre napoleoniche, il che confermerebbe che i militari pensavano alla tradizione *ständisch*, e si percepivano come istanza apolitica.

[50] M. RAUH, *Die Parlamentarisierung*, pp. 424 ss.

contro l'inutile strage che a un progetto politico, non diceva nulla sugli obiettivi di guerra e sul tipo di pace da costruire, e il neo-cancelliere Michaelis non ne tenne conto. Solo con il beneplacito dei militari, il Bundesrat licenziò nel febbraio 1918 un disegno di legge per il dopoguerra in cui, tenendo conto dell'aumento di popolazione, si portavano i mandati da 397 a 441, e come compromesso con la SPD si introduceva una quota apposita per 26 collegi plurinominali, quelli più popolosi delle grandi città, per un totale di 80 deputati cui si sarebbe applicato un sistema proporzionale. Il Reichstag lo approvò il 12 luglio, con voto favorevole dei partiti liberali, del Zentrum e dei socialdemocratici maggioritari, e l'opposizione dei conservatori, dei polacchi e dei socialdemocratici indipendenti. La riforma correggeva le distorsioni principali del vecchio sistema uninominale e in fondo lo rafforzava, lasciando impregiudicata la divisione dei poteri dello Stato. La sua importanza stava piuttosto nel suo lascito, si delineava infatti la maggioranza che avrebbe retto la Repubblica di Weimar, attorno a una concezione continuista e collaborativa del potere, che resta predominante anche nel parlamento prussiano.

Nel frattempo il Landtag prussiano, nel maggio 1918, approva a maggioranza la riforma del sistema delle tre classi, ma mentre accoglie il suffragio generale, diretto e segreto, con 235 voti contro 183 rifiuta il principio del voto uguale introducendo sul modello belga il voto plurimo in base all'età, al numero dei figli, al censo e all'istruzione[51]. Si riapre allora in circostanze più drammatiche l'antica discussione sulla *Selbständigkeit*, per conservare delle barriere di classe a favore della borghesia e dei possidenti. Il Landtag si rivela succube della concezione conservatrice appoggiata dalla dittatura di Ludenddorf il quale, convinto dopo la pace di Brest-Litovsk con la Russia di poter ancora vincere in Francia e concludere una pace favorevole alla Germania, insiste per la difesa di un assetto «ständisch», l'unico presuntivamente «apolitico». Alla fine in luglio si licenzia un testo che prevede un solo voto aggiuntivo oltre a quello

[51] Dettagli sul disegno di legge in B. VOGEL - D. NOHLEN - R.-O. SCHULTZE, *Wahlen in Deutschland*, pp. 129-130.

riconosciuto a tutti gli elettori, e lo riserva a chi avesse oltre 50 anni o ricoprisse funzioni direttive o avesse incarichi di responsabilità. Tale sistema elettorale, che avrebbe premiato i ceti medi a scapito dei lavoratori manuali e degli ex soldati, viene fatto cadere quando a settembre l'Austria comincia le trattative per la pace e Ludenddorf capisce che la Germania è in una posizione precaria.

La rottura del fronte occidentale in agosto modifica le prospettive e mette in discussione il dualismo tra potere militare e civile, ma soltanto in ottobre, alla vigilia del crollo, quando il comando militare si trova nelle condizioni di dover coinvolgere il Reichstag nella firma della pace, il Ministero dell'Interno prussiano presenta al Bundesrat una riforma costituzionale che cerca di salvare il salvabile. Mentre cadevano le incompatibilità tra mandato parlamentare e cariche politiche la responsabilità del governo davanti alle Camere non vi era ancora inclusa ma venne imposta al cancelliere Max von Baden dalla maggioranza parlamentare, ormai consapevole di dover gestire la sconfitta[52]. E soltanto allora, mentre si discute la nuova forma di Stato, la Camera alta prussiana accetta in prima lettura il 24 ottobre 1918 il voto egualitario per il Landtag.

Il nesso tra potere esecutivo autonomo e concezione apolitica del parlamento si mantiene fino alla caduta dell'Impero, trainata dall'ammutinamento dei marinai di Kiel del 29 ottobre, e al passaggio alla repubblica, ad opera del cancelliere Max von Baden, del 9 novembre. Con la richiesta di armistizio è lo stesso comando militare a chiedere il passaggio al sistema parlamentare voluto dal Presidente statunitense Wilson. Il 24 ottobre il Reichstag decide il passaggio al governo parlamentare con la modifica dell'art. 15 della Costituzione del Reich, che entra in vigore il 28 ottobre. I grandi partiti, quando finalmente puntano a un governo parlamentare che richiedeva la pace, accogliendo il programma di Wilson, finiscono per accollarsi

[52] Il 3 ottobre viene presentato al Bundesrat un primo progetto di riforma parziale, mentre nel corso del mese si aggiungono proposte sempre più radicali, sostenute da Max von Baden: cfr. E.R. HUBER, *Deutsche Verfassungsgeschichte*, pp. 584-585.

le responsabilità di una sconfitta che i militari non riconosceranno. Il dualismo del potere neutro tra esecutivo e legislativo si era così perpetuato in una rottura repubblicana tra militari e partiti. La tradizione consensuale e organicista dello Stato assolutista, come ha scritto Nipperdey, era «molto di più di quanto si potesse cancellare dalla faccia della terra attraverso alcune, per quanto fondamentali, modifiche di norme costituzionali»[53]. Il passaggio al proporzionale e all'allargamento del suffragio alle donne, introdotto dalla rivoluzione di novembre, era stato preparato dal dibattito precedente e non cancellò il mito del suffragio apolitico.

[53] T. NIPPERDEY, *Deutsche Geschichte*, II, pp. 868-869.

Capitolo sesto

Una tassonomia dei sistemi di rappresentanza dal 1866 al 1918

1. *Una proposta interpretativa*

Quali effetti ha la nascita dello Stato federale sulla rappresentanza negli Stati membri? Dal momento in cui il popolonazione trova espressione nel Reichstag, che ruolo si affida alla rappresentanza dei singoli Stati? Una lettura comparata delle numerose riforme costituzionali e legislative che si susseguono negli Stati membri dopo il 1866 può contribuire a verificare in che misura il suffragio apolitico, che nella costruzione assolutista era un'espressione della pluralità degli *Stände*, si modifichi per assorbire gli interessi organizzati della modernizzazione capitalista. Agli Stati membri tocca infatti affrontare il problema degli interessi concreti dei gruppi sociali dominanti localmente, quella che Rotteck sin dalla Restaurazione chiama una «rappresentazione fedele della volontà popolare»[1].

Gli sviluppi del pensiero liberale su come colmare lo scarto inevitabile tra i gruppi rappresentati in parlamento e gli interessi dispersi esclusi dalla rappresentanza non rientrano tra gli obiettivi modesti di questa rassegna. Contro i mali dell'esclusione delle minoranze, la funzione taumaturgica affidata dai liberali alla società civile e alla pubblica opinione trova una corrispondenza nel ruolo che l'ala lassalliana della socialdemocrazia attribuisce al partito di massa e al suffragio universale con il sistema proporzionale. Entrambe vedono nel progresso della nazione la trama del loro futuro, il terreno su cui si dovrà dissolvere il particolarismo del potere discrezionale.

[1] H. Hofmann, *Rappresentanza-rappresentazione*, pp. 543-552.

L'ipotesi di lavoro è piuttosto di una tenuta del voto apolitico grazie ai successi complessivi dell'Impero, in termini di prestigio e di crescita economica. Quando diciamo 'tenuta' del voto apolitico non intendiamo stasi ma un adattamento dinamico, che dia voce almeno parziale alle forze del capitale mobile e del lavoro, senza riconoscere loro un potere autonomo. Così inteso, il mito del voto neutro potrebbe essere stato cementato dalla coesione delle forze parlamentari degli Stati membri, sia contro le interferenze del governo federale sia contro lo schiacciamento delle loro autonomie e specificità ad opera dello strapotere della Prussia. La divisione tra gli Stati «prussiani» e quelli «non-prussiani» spiegherebbe almeno in parte la tenuta complessiva del voto apolitico, in quanto subordinerebbe l'identità ideologica di partito a compromessi per la difesa di identità territoriali. Il particolarismo tedesco è il primo nemico del parlamentarismo federale; e non è il caso di insistere sull'eterogeneità regionale tra i liberalismi e i conservatorismi meridionali, segnati dal rapporto con il cattolicesimo e dall'aspirazione grande-tedesca, e quelli prussiani di matrice protestante[2].

Sul piano metodologico, l'indagine sulla tenuta della rappresentanza organicista impone di allargare il campo abituale di analisi dal sistema elettorale all'insieme della rappresentanza nelle Camere basse e nelle Camere alte. Il significato del suffragio nel Kaiserreich non può essere colto appieno da una storia interna del suffragio e dei sistemi elettorali che dia per scontato un processo di transizione verso la democrazia. Un esempio dei problemi metodologici che ne possono conseguire è fornito dall'ampia indagine comparativa di Simone Lässig, la quale suddivide le regioni tedesche in quattro gruppi, a seconda dell'esito delle riforme del 1848:

a) il Sud della Germania, «largamente democratizzato»;

2 D. Thränhardt, *Wahlen und politische Strukturen in Bayern 1848-1953*; dello stesso autore, *Regionale historische Wahlanalysen*; H.-G. Kiehl, *Albert Hänel*; B. Liebert, *Politische Wahlen*; L. Gall - D. Langewiesche (edd), *Liberalismus und Region*; T. Kühne, *Dreiklassenwahlrecht*, con amplissima bibliografia; S. Lässig, *Wahlrechtskämpfe*; T. Kühne, *Historische Wahlforschung*, p. 39.

b) gli Stati senza riforme (piccoli Stati), con prevalenza della rappresentanza cetuale;
c) quelli delle «riforme moderate» (Sassonia);
d) quelli delle riforme fallite (Prussia, Braunschweig, Sassonia-Altenberg)[3].

Lässig giudica la «democratizzazione» sulla base dello spazio che queste riforme elettorali lasciano alla socialdemocrazia, ma trascura l'ipotesi che le riforme potessero mirare ad assorbire la socialdemocrazia nel sistema politico di quegli Stati, ossia che la SPD potesse essere subalterna in singoli casi ad assetti di potere locali che favorivano il «voto apolitico». Se una suddivisione geografica individua delle distinzioni effettive, l'assenza di una caratterizzazione precisa della democratizzazione comporta, assieme alla scomparsa dei conflitti tra liberali e democratici, l'oscuramento del rapporto di potere tra parlamenti e governi. Guardare all'esito elettorale per valutare la struttura del potere sociale può servire, entro certi limiti, nelle democrazie contemporanee, mentre impone delle cautele per un regime che vedeva nella democrazia un nemico.

Il legame tra parlamentarismo e «democratizzazione», oltre a una buona dose di soggettività nel giudizio, richiede una connotazione specifica della lotta politica. La storiografia sull'Impero tedesco, nonostante la grande mole degli studi, non ha ancora prodotto un quadro di sintesi a carattere comparato sulle modifiche dei poteri operativi dei parlamenti in tema di bilancio, di esercito, di politica estera, in altri termini sulle eventuali modifiche effettive del limitato controllo delle Camere basse sugli esecutivi. Pertanto non possiamo che lasciare aperte molte questioni sul grado di parlamentarizzazione effettiva e avvalerci della letteratura e delle fonti costituzionali per tracciare una assai parziale tassonomia dei sistemi di rappresentanza, basata sul peso della tradizione *ständisch*. Rispetto a possibili alternative, ad esempio una classificazione tra i sistemi monocamerali dei piccoli Stati e quelli bicamerali di quelli maggiori[4], oppure tra

[3] S. Lässig, *Wahlrechtsreformen in den deutschen Einzelstaaten*, p. 136.

[4] Sistemi monocamerali vigevano in Sassonia-Coburg-Gotha; Sassonia-Meiningen; Sassonia-Weimar-Eisenach; Schaumburg Lippe; Schwarzburg

rappresentanza elettiva e nomina nelle cariche pubbliche, la struttura *ständisch* ha il vantaggio di riflettere una dinamica storica peculiare del caso tedesco e di tracciarne alcune dinamiche. Soprattutto questo criterio impone di guardare alle Camere alte e non soltanto alle Camere basse, sulle quali si concentra gran parte della letteratura sul Reich.

Da quest'ottica proponiamo di distinguere tra quattro modelli di rappresentanza, rispondenti a filosofie diverse:

1) modelli vetero-cetuali, con forte peso delle aristocrazie e del clero, e restrizioni di *status* per l'accesso al voto attivo;
2) modelli neo-*ständisch*, con peso elevato delle monarchie e delle aristocrazie terriere, e sistemi di rappresentanza per quote, con peso forte della rappresentanza agraria, che lascino spazio alla borghesia e al criterio della contribuzione fiscale, con sistemi elettorali censitari delle Camere basse;
3) modelli neo-corporati, in cui prevale una rappresentanza per categorie professionali e interessi organizzati, di tipo capitalistico e urbano, con restrizioni censitarie e/o patrimoniali, sia nell'accesso alle cariche pubbliche sia nel diritto di voto;
4) modelli misti, tra i quali rientra anche lo Stato federale con la Camera bassa a suffragio universale.

Questi idealtipi si presentano raramente in forma pura, e nella realtà prevale piuttosto il caso dei modelli misti, ma servono da orientamento per cogliere le caratteristiche di fondo degli equilibri costituzionali degli Stati. I sistemi elettorali per le Camere basse possono essere ricondotti entro questa ripartizione di massima, seppure con qualche ulteriore specificazione, legata ai criteri adottati per l'esclusione (*status*, proprietà, censo, genere) ovvero al peso del voto (discriminatorio con peso differenziato per classe o ordine; plurale, ossia con più voti a seconda di censo, istruzione, età o altro; egualitario, ossia con eguali diritti tra i votanti), o alle modalità di voto (diretto, indiretto; palese o segreto).

Rudolfstadt; Schwarzburg-Sonderhausen; Waldeck; Anhalt; Braunschweig; Lippe; Oldenburg; Reuß ältere Line; Reuß jüngere Linie; Sassonia-Altenberg.

I quattro idealtipi possono susseguirsi nel tempo in uno stesso Stato, o sovrapporsi tra loro. La loro dinamica va commisurata alle differenze intuibili tra i sistemi precocemente costituzionali, ossia quelli più prossimi alla Francia, e quelli a costituzionalizzazione tardiva come la Prussia. Più antica è la costituzionalizzazione, più forte e duratura risulta, tendenzialmente, l'influenza del modello adottato nella Restaurazione, di solito quello vetero-cetuale nei piccoli Stati signorili, quello neo-*ständisch* nelle monarchie liberali, e quello neo-corporato nelle città-stato. Viceversa gli Stati a costituzionalizazione tardiva sono quelli più esposti al suffragio censitario esteso, per la radicalità dello scontro apertosi nel 1848.

Fatte salve queste avvertenze sommarie, possiamo individuare nella vicenda post-1866 due grandi fasi di riforme dei sistemi elettorali, che invertono solo parzialmente la rotta della Restaurazione degli anni Cinquanta, la quale era stata caratterizzata da un parziale ritorno a soluzioni vetero-cetuali nelle Camere alte, particolarmente spiccato negli Stati più piccoli, e da una riduzione del potere legislativo delle Camere basse[5]. Nella

[5] Negli anni 1851-1853 si avviò una vivace discussione intellettuale e politica sul senso e le possibilità del recupero del sistema cetuale e sul suo potenziale conflitto con l'autonomia dei comuni che avevano rappresentanze elette. L'art. 105, unico articolo del titolo IX della Costituzione prussiana del 1850, «Von den Gemeinden, Kreis-, Bezirks und Provinzialverbänden», che disciplinava gli enti locali, al comma 1 stabiliva che assemblee elette localmente deliberavano sulle questioni interne di province, circoscrizioni, distretti e comuni, che le loro deliberazioni erano rese esecutive dai presidenti delle singole unità territoriali, aggiungendo che si sarebbero definiti per legge i casi in cui le loro deliberazioni sarebbero state sottoposte all'autorizzazione di un superiore organismo rappresentativo (*höhere Vertretung*) o del governo. Il comma 2 affidava al re la nomina dei presidenti di province, circoscrizioni e distretti; il comma 3 dava ai comuni un'autonomia amministrativa relativamente alle loro necessità, fatta salva la sovrintendenza statale, definita per legge. Una legge dell'11 marzo 1850 – *Verordnung über die Verhütung eines die gesetzliche Freiheit und Ordnung gefährdenden Mißbrauchs des Versammlungs- und Vereinigungsrecht* – definiva competenza e esercizio dell'autonomia degli enti locali (cfr. E. HUBER, *Dokumente*, pp. 519-521). Su questo terreno il governo Manteuffel nel maggio 1851 aveva ripristinato le rappresentanze per *Stände* dei distretti e delle province (*Kreis- und Provinzialstände*), suscitando l'opposizione di una parte della stessa destra, riunita attorno a Bethmann-Hollweg, il quale scrisse nell' articolo *Die Reactivierung der Preussischen Provinziallandtage*, nel «Wochenblatt», attorno all'ottobre

prima fase dell'unificazione nazionale, tra gli anni Sessanta e Settanta, vennero intraprese riforme elettorali in vario modo 'progressiste', che da un lato tenevano conto del nuovo standard del suffragio generale del Reich, dall'altro tendevano ad adattare i modelli degli Stati a quello dominante prussiano e a fare posto al capitale e all'alta borghesia. La seconda ondata di riforme, seguita non casualmente al pensionamento forzato di Bismarck, ebbe il risultato di allargare la partecipazione popolare e il peso dei partiti anche in sistemi istituzionali ancora influenzati da concezioni cetuali[6].

Il segno di queste riforme è sempre alterno. Ogni allargamento del suffragio era accompagnato da misure che almeno in parte miravano a contenerne l'impatto. Resistono meccanismi di salvaguardia di due tipi: da un lato per il vecchio sistema corporato, garantendo ad esempio a nobili e proprietari terrieri il controllo della Prima Camera nei sistemi bicamerali o una quota fissa dei deputati negli Stati con sistemi monocamerali, (e tutelando con leggi federali i fideicommissi ancora a inizio XX secolo); dall'altro creando contrappesi istituzionali al suffragio universale e alla crescita della socialdemocrazia. Si mantengono quasi dovunque sistemi istituzionali misti, con quote differenziate per le antiche rappresentanze terriere e aristocratiche, per quelle 'moderne', censitarie o professionali, e per le rappresentanze elettive popolari, che rivestono funzioni

1851, di essere dell'avviso che le Diete provinciali potessero esercitare, in base alla Costituzione del 1850, la competenza sulle questioni amministrative locali, ma non che avessero il diritto di arrogarsi facoltà legislative, che voleva lasciare ai Comuni. L'articolo era una replica a Ernst Ludwig von Gerlach, che nel settembre 1851 aveva invece asserito sulla «Kreuzzeitung» che gli *Stände* provinciali e le Diete godevano del potere legislativo. Cfr. I CERVELLI, *Realismo politico e liberalismo moderato*, pp. 214-215; G. GRÜNTHAL, *Konstitutionalismus und konservative Politik*, pp. 151-152; E.R. HUBER, *Dokumente*, pp. 513-521.

[6] Riforme nel sistema di rappresentanza vennero introdotte in: Braunschweig 1899, Baden 1904, Lübeck 1905, Hamburg 1906 (per la Camera bassa), Württemberg e Baviera 1906, Sassonia-Weimar 1906 e 1909, Oldenburg 1909, Hessen e Elsaß-Lothringen 1911, Anhalt, Reuß jüngere Linie e Reuß ältere Linie (1867) 1913. Modifiche delle leggi elettorali in Sassonia-Coburg e Gotha (1852) 1904, Schaumburg-Lippe (1868) 1906, Lippe (1876) 1912, Schwarzburg-Sonderhausen (1856) 1912, Prussia (1893 e 1906).

e proporzioni diverse a seconda della tradizione costituzionale e politica degli Stati. Se rappresentanze cetuali o censitarie o professionali erano fortemente garantite in una Camera, l'altra poteva essere più aperta al suffragio popolare egualitario[7].

2. *Il modello neo-«ständisch» della Prussia*

Nel caso prussiano, dopo il 1850 si oscilla tra un recupero del modello vetero-cetuale degli anni Venti e Trenta, negli enti locali e nella Camera alta, e un compromesso neo-cetuale che lascia spazio all'alta borghesia attraverso il sistema elettorale censitario e «discriminatore» per la Camera bassa delle tre classi. La riforma di una Camera alta che si era riappropriata rapidamente del ruolo che le riforme costituzionali del dicembre 1848 le avevano sottratto, apre un dibattito forse decisivo sul futuro dello Stato attorno al ruolo degli *Stände*, dello Stato e della monarchia, nonché delle autonomie locali, durante il quale il conservatore Manteuffel, fautore di un bonapartismo monarchico (un'ipotesi di dittatura del monarca), entrò in rotta con il costituzionalismo conservatore della «Kreuzzeitung». Bocciata la proposta del 1850 di Federico Guglielmo IV, che aveva mirato a un modello neo-*ständisch* per quote, in parte dinastico, in parte di nomina regia e in parte elettivo[8], nel 1852-1853 la Camera alta, abrogando gli artt. 65-68 della Costituzione, trovò un punto di incontro nel modello aristocratico della Camera dei Pari inglese, e nell'affidamento

[7] Le fonti utilizzate per il confronto sono, oltre alle costituzioni alle leggi elettorali e alla bibliografia ulteriormente citata, le sinossi curate da G. Meyer, *Das parlamentarische Wahlrecht*, e F.W. von Rauchhaupt, *Handbuch der Deutschen Wahlgesetze und Geschäftsordungen*.

[8] Il modello per quote proposto da Federico Guglielmo IV prevedeva: a) i prìncipi reali maggiorenni; b) i capi (*Haüpter*) delle case aventi diritto di voto nel Sacro Romano Impero; c) i membri nominati a vita dal sovrano, non oltre il numero di a + b; d) 90 membri in rappresentanza di collegi territoriali, scelti da un numero 30 volte superiore (90x30) di elettori. La base elettorale sarebbe stata formata dai maggiori contribuenti delle imposte statali dirette. L'elezione avrebbe dovuto essere diretta; e) 30 membri scelti dal *Gemeinderat* (consiglio) delle grandi città del *Land*.

al sovrano della nomina a vita di membri designati dagli *Stände*, garantendosi il predominio nobiliare anche nel nome di *Herrenhaus*, Camera dei signori[9].

Il prodotto fu un modello neo-*ständisch*, regolato dal decreto regio del 12 ottobre 1854 in vigore, con qualche modifica, fino alla Prima guerra mondiale[10]. Esso eliminava del tutto le quote elettive, mentre ricalcava le linee del 1850 per le quote delle aristocrazie, allargate anche ai rappresentanti delle curie vescovili (opere del duomo di Brandeburgo, Merseburg e Naumburg); ai rappresentanti di varie famiglie in possesso di grandi proprietà terriere, eletti in base a «Landschaftsbezirke» su base provinciale, con preponderanza delle proprietà dell'Est (18 Prussia, 15 Brandeburgo, 13 Pomerania, 18 Slesia, 7 Posen, 10 Sassonia, 4 Westfalia, 5 province del Reno); a un rappresentante per ogni università statale; ai titolari delle quattro cariche principali del *Land* di Prussia, a singoli individui di fiducia del sovrano, e ai rappresentanti di alcune città scelte dal sovrano nel 1854 (Königsberg, Danzica, Berlino, Münster, Krefeld, Düsseldorf ecc.), poi estese nel 1867 a vecchi centri esclusi o a nuovi centri, come Francoforte, Kassel, Hannover, Altona e Flensburg, e nel 1876, 1879, 1892 e 1905 a molti altri centri urbani.

Se in questo modo nella Camera alta si recuperava, rinnovato, il vecchio criterio delle curie (aristocrazia, clero, città e contadini), si mantenne per la Camera bassa il sistema delle tre classi, che dava spazio ad un compromesso tra notabilato urbano e aristocrazia terriera su basi censitarie[11]. Il sistema delle tre classi, introdotto nel 1849 sul modello della «rheinische Gemeindeordnung» (organizzazione comunale renana) del 1845, non può essere trattato in questa sede, se non per

[9] Sulla polemica Manteuffel-Kreuzzeitung e la questione degli enti locali, troppo complessa per essere sviscerata in questa sede, cfr. G. GRÜNTHAL, *Parlamentarismus in Preußen*, pp. 46-48, e I. CERVELLI, *Liberalismo e conservatorismo*, pp. 274-314.

[10] Una riforma del sistema elettorale, invocata già da Bismarck, fu respinta a più riprese dalla Camera dei deputati, per opposizione dei liberali (nel 1873) o del governo (nel 1883).

[11] J. RÖSSELL, *Soziale Mobilisierung und Demokratie*, p. 148.

qualche accenno[12]. Il pagamento delle imposte diventava per suo tramite l'equivalente secolare della grazia calvinista. Se il debito era una colpa (e in tedesco si usa «Schuld» per entrambi) il successo economico diventava una virtù pubblica[13]. L'incentivo alla virtù fiscale stava nel pesare il voto in tre classi a seconda del livello contributivo dell'elettore[14].

A parte l'iniquità del sistema elettorale – fatto 1 il voto teorico della proporzionale, in media ogni elettore della prima classe ebbe un peso di 9,4 quello della seconda 2,6 e quello dell'ultima 0,4[15] – esso non funzionò mai davvero in base al principio della virtù fiscale, sia per squilibri territoriali sia per le modalità di calcolo delle imposte. Ciò specie dopo la rivoluzionaria riforma fiscale del ministro delle Finanze J. Miquel del 1891-1893, che prendeva atto della «transizione della Germania da Stato agrario e commerciale a un moderno Stato

12 Aventi diritto al voto erano i prussiani di almeno 24 anni compiuti, in possesso dei diritti di cittadinanza e *selbständig*. Non avevano diritto al voto le persone in fallimento e quelle che avessero in corso una condanna penale; anche i percettori di sussidi sociali venivano automaticamente esclusi, ma solo per il periodo in cui percepivano l'assistenza. Si richiedeva la residenza nella circoscrizione da almeno 6 mesi. L'elettore era sempre indicato al maschile, e quel requisito non era «sinora mai stato messo in discussione» (C. BORNHAK, *Preußisches Staatsrecht*, p. 410). Come i *Beamten*, i militari avevano diritto al voto attivo e passivo, ma in genere assolvevano il servizio prima dei 24 anni, e comunque l'esercizio era soggetto a vincoli di residenza che escludevano molti soldati; infine il voto palese rendeva difficile l'espressione di voti difformi da quelli degli ufficiali. In conformità alla legislazione federale l'esercizio venne sospeso dopo la creazione del Reich dalla legge militare del 2 maggio 1874; rimase, comunque, il diritto di essere eletti. Cfr. G. GRÜNTHAL, *Das preussische Dreiklassenwahlrecht*; il testo dell'ordinanza regia in E.R. HUBER (ed), *Dokumente*, pp. 497-500. Sul sistema comunale renano, in vigore dal 1845 al 1856, cfr. F. LÄNGER, *Bürgertum in rheinischen Großstädten*.

13 J. DROZ, *Liberale Anschauungen*, pp. 232-251.

14 La seguente tabella, riprodotta da E.R. HUBER, *Deutsche Verfassungsgeschichte*, III, p. 91, fornisce un'idea dell'effetto del sistema delle tre classi sulla rappresentatività individuale.

	I	II	III	
1850	153.000 (4,7%)	409.000 (12,6%)	2.691.000 (82,7%)	elettori (*Urwähler*)
1903	239.000 (3,36%)	857.000 (12,07%)	6.006.000 (85,57%)	elettori (*Urwähler*)

15 J. RÖSSELL, *Soziale Mobilisierung und Demokratie*, p. 202.

industriale»[16]. L'imposta progressiva sui redditi di Miquel, che aumentava i carichi sui ceti abbienti ed esentava i redditi sotto la soglia dei 900 marchi, comportava l'esclusione dal voto dei redditi bassi e richiese quindi modifiche alla legge elettorale. L'occasione fu colta al Landtag da un blocco conservatore che con il sostegno del Zentrum spostò la base di calcolo delle imposte dal collegio alla circoscrizione[17], per consolidare le elite terriere e allentare la presa dei liberali di sinistra nelle città[18]. In quel modo l'odiosità 'plutocratica' del sistema delle tre classi si accentuò per alcuni anni, e si incrinò a livello locale il rapporto tra reddito, status e classe elettorale[19].

La tenuta del modello neo-*ständisch* è confermata da una serie di disposizioni solo apparentemente secondarie, quali la

[16] V. HENTSCHEL, *Deutsche Wirtschafts- und Sozialpolitik*, p. 33 per la citazione. Come segnalava F. CATALANO, *Stato e società*, III/1, pp. 846-47 e 852 ss., la tassazione progressiva faceva parte di una discussione nota, su cui non ci si può soffermare, generata dall'approccio marginalista e ampiamente recepita in Italia, cui dalla Germania dettero un contributo rilevante C. MENGER, *Fondamenti di scienza economica*, e, dello stesso autore, Il *metodo della scienza economica*; E. SAX, *Fondamenti per una teoria dell'economia*, e K. WICKSELL, *Saggi di finanza teorica*; cfr. anche J.A. SCHUMPETER, *Storia dell'analisi economica*, III. Il marginalismo dette fondamento teorico alla tassazione progressiva attraverso la legge delle utilità decrescenti, in base alla quale si riconobbe che l'utilità marginale differiva per i redditi superiori, incidendo sui consumi «edonistici» e non sugli investimenti e il risparmio.

[17] Cfr. G. GRÜNTHAL, *Parlamentarismus*, pp. 76-83, 88-89, nota 100; sulle differenze territoriali previste dai decreti (*Verordnungen*) 30 maggio 1849; decreto 14 settembre 1867, art. 1; legge del 29 giugno 1893, C. VON BORNHAK, *Preußisches Staatsrecht*, p. 415.

[18] Cfr. W. GAGEL, *Die Wahlrechtsfrage*, cap. 3. Cfr. G. MEYER, *Das parlamentarische Wahlrecht*, pp. 259-260; J. RÖSSELL, *Soziale Mobilisierung und Demokratie*, pp. 152-153.

[19] Il caso di Berlino è significativo. In media, nel 1891, apparteneva alla seconda classe chi pagasse tra 180 e 850 marchi; alla prima chi più di 850 marchi. Ma la media non dice che mentre in circoscrizioni povere in periferia bastavano 12 marchi per rientrare nella prima classe, nella ricca circoscrizione di Berlin-Voßstrasse persino chi pagasse 27.000 marchi di tasse rientrava nella terza classe! Così il cancelliere Caprivi e vari ministri votarono per i due *Wahlmänner* della terza classe con altri 270 elettori, mentre il fabbricante di *Würst* Heffter eleggeva da solo due *Wahlmänner* per la stessa circoscrizione. Cfr. E.R. HUBER, *Deutsche Verfassungsgeschichte*, III, pp. 91-92; G. RITTER, *Wahlgeschichtliches Arbeitsbuch*, cap. 2.

divisione dei collegi, che sovrappesa le aree agrarie e le province tradizionali prussiane, il controllo amministrativo sulle circoscrizioni[20]; la decisiva rappresentanza indiretta, per cui gli elettori (*Urwähler*), eleggevano con voto palese un corpo elettorale ristretto di 200 «grandi elettori» (*Wahlmänner*), a cui si affidava la scelta dei deputati (inizialmente 350, poi aumentati). I circa 70.000 *Wahlmänner*, che controllavano le loro circoscrizioni più di quanto non fossero controllati dagli elettori, erano la vera classe politica della Prussia. Il carattere notabilare di quel ceto politico sarebbe stato messo in questione dopo il 1866 dalle elezioni al Reichstag, attraverso comitati elettorali prima e i partiti di massa poi, ma non eliminato[21].

Proprio gli squilibri del sistema neo-*ständisch* diventano oggetto di una intensa lotta tra i partiti, che però mira più a correggere il sistema che a renderlo democratico. La crescita demografica turbinosa – gli abitanti della Prussia passarono da 24.6 milioni nel 1871 a 40.1 milioni nel 1912[22] – squilibrò la ripartizione dei collegi fissati per legge il 14 sett. 1867[23]. Le province prussiane tradizionalmente agrarie, premiate in origine, assunsero pesi sproporzionati: Königsberg 15, Berlino 12, Potsdam 20, Francoforte sull'Oder aveva 18 deputati, Colonia solo 11, Düsseldorf 22 mentre sottopesata era la sempre più popolosa area della Ruhr.

Il sistema neo-*ständisch* resse fino a fine 1918 e non consentì i tentativi di riforma elettorale, a partire da quello del governo Bethmann Hollweg, del 10 febbraio 1910, che avrebbe introdotto un voto plurimo, lasciando il voto palese e le tre classi,

[20] Per una descrizione esemplificativa di alcune delle iniquità territoriali cfr. anche M.S. PIRETTI, *La fabbrica del voto*, cap. 2.

[21] Possiamo qui solo elencare alcune delle molte caratteristiche che presiedono al contenimento del conflitto e alla sua depoliticizzazione, quali T. KÜHNE, *Handbuch der Wahlen*, pp. 15-16.

[22] G.A. RITTER - M. NIEHUSS, *Wahlgeschichtliches Arbeitsbuch*, p. 83.

[23] Le leggi elettorali prussiane furono quelle dell'11 marzo 1869, il regolamento elettorale del 4 settembre 1882, la legge per la modifica delle procedure elettorali del 29 giugno 1893 e il regolamento elettorale del 14 marzo 1903.

sino a quelli successivi, bloccati da maggioranze costituite dai partiti, incluso il Zentrum, con base nei collegi agrari[24].

3. *Gli altri Stati del Reich: tra rappresentanza neo-corporata e rappresentanza neo-«ständisch»*

Se è noto che il modello prussiano delle tre classi fu un riferimento per molti Stati del Norddeutscher Bund, è forse meno evidente cogliere complessivamente il segno di modelli di rappresentanza mutevoli e non sempre coincidenti con quelli dello Stato dominante.

Un valido esempio di una variante conservatrice del modello prussiano è offerto dal Regno di Sassonia, che con tre milioni e mezzo di abitanti nel 1890 costituiva per grandezza il terzo Stato del Paese. Qui si passò progressivamente dal sistema vetero-cetuale del 1831, ristabilito nel 1850 anche per la Camera bassa, a un compromesso neo-*ständisch* alla Camera alta, per la quale erano previste elezioni solo per i 12 rappresentanti dei proprietari dei «Rittergüter», le proprietà della bassa nobiltà. Gli altri 35 membri erano ereditari o designati, come i rappresentanti di alta nobiltà e clero, oltre a 10 membri di nomina regia tratti dalla bassa nobiltà, 1 per l'Università di Lipsia e 8 magistrati. In Sassonia, la filosofia liberale della *Selbständigkeit* non prese piede e ciò comportò, in caso di proprietà femminile, il diritto di voto attivo cui si rimedia nel

[24] Con la sottoscrizione dei crediti di guerra del 4 agosto 1914 vennero meno tutte le giustificazioni liberali al sistema delle tre classi. Le ulteriori promesse di riforma fallite furono del governo Bethmann-Hollweg il 7 aprile 1917 sulla base di un diritto egualitario, che divide i conservatori e il Zentrum dai liberali e dai socialdemocratici. Proposte di riforma elettorale sulla base del suffragio del Reichstag si accompagnano finalmente alla riforma della Camera alta prussiana (ministro degli Interni Drews, 25 novembre 1917), mentre la Camera dei deputati prussiana respinge il diritto egualitario in tre letture (dicembre 1917, aprile e maggio 1918), contrari sia i Nazionalliberali sia il Zentrum, che fanno da stampella ai conservatori. In quarta e quinta lettura si propone un compromesso sul voto plurimo con 2 voti supplementari, mentre il governo insiste sulla legge elettorale del Reichstag. Solo dopo il crollo ci si arrende al voto eguale. Cfr. K.E. BORN, *Preußen im deutschen Kaiserreich*, p. 139; T. KÜHNE, *Dreiklassenwahlrecht*, pp. 529 ss., e la fine del cap. 5.

Tab. 1. *Elezioni al Landtag prussiano, 1870-1913*

	DkP	FkP	Z/DZP	Alt.-lib.	NLB	L.-lib. - DFP - FVP	Pol. Frakt.	SPD	n. ins.
1870-1873	114	41	58	11	123	49	19	-	17
1873-1876	30	35	88	3	174	68	18	-	16
1877-1879	41	35	89	-	169	63	15	-	21
1879-1882	110	51	97	-	85	57	19	-	14
1882-1885	122	57	99	-	66	53	18	-	18
1886-1888	133	62	98	-	72	40	15	-	13
1889-1893	129	64	98	-	86	29	15	-	12
1894-1898	144	65	95	-	84	18	17	-	8
1899-1903	144	58	100	-	75	36	13	-	7
1904-1908	144	64	96	-	76	33	13	-	7
1908-1913	152	60	104	-	65	36	15	7	4
1913-1918	147	53	103	-	73	37	12	10	8

Mandati: fino al 1877: 432; 1877-1908: 433; 1908-18: 443.

Fonte: K.E. BORN, *Preußen im deutschen Kaiserreich*, p. 148.

Abbreviazioni: DkP = Deutschkonservative Partei; FkP = Freikonservative Partei; Z/DZP = Deutsche Zentrumspartei; Alt.-lib. = Altliberale; NLB = Nationalliberale Partei; L.-lib. = Linksliberale; DFP = Deutsch-freisinnige Partei; FVP = Fortschrittliche Volkspartei; SPD = Sozialdemokratische Partei Deutschlands; Pol. Frakt. = Polnische Fraktion; n. ins. = non iscritti.

1868 affidandone l'esercizio ai parenti maschi più prossimi[25]. La Camera alta rimase fino alla prima guerra mondiale «neoständisch»; i liberali ottennero però dal 1861 di integrare la Camera alta con rappresentanti di nomina regia designati dalla Camera di commercio e industria, contaminando così il modello neo-*ständisch* con quello neo-corporatista.

Anche per la Camera bassa si ebbe dapprima una continuità con il sistema cetuale per quote, per poi passare nel 1861 a un sistema censitario diretto, modifica moderatamente liberale che si cercò di equilibrare con il privilegiamento della proprietà terriera, attribuendo 35 collegi alle città e 45 alla campagna. Per l'accesso al voto attivo si introdusse la soglia minima del possesso di un terreno con casa o del pagamento di almeno 3 marchi di tasse dirette, che in base al sistema fiscale in vigore tra 1878 e 1894 corrispondeva a un reddito annuo di minimo 600 marchi[26]. Tale soglia escludeva all'inizio del Kaiserreich circa la metà dei cittadini aventi diritto al voto per il Reichstag, nel 1895 un terzo[27].

Il carattere reazionario del Regno di Sassonia era evidenziato, oltre al ritardo con cui fu accolto il mandato assoluto per i deputati nel 1868, dalla possibilità di escludere dal voto non solo i pregiudicati, come usuale, ma anche chi fosse sottoposto a «controllo della polizia». L'industrializzazione accelerata portò con sé la crescita della classe operaia e dei redditi medi, mettendo in evidenza che il censo fissato nel 1861 era insufficiente a frenare la socialdemocrazia. Pertanto dal febbraio 1896 al 1908 si adottò il modello prussiano delle tre classi. Il passo avanti nella integrazione dei ceti popolari a basso reddito veniva compensato da uno indietro nell'eguaglianza dell'elettore, in quanto si riduceva il peso della piccola borghesia e dei ceti medi. Nonostante i correttivi adottati rispetto alla Prussia – abbassando per esempio a 300 marchi la soglia per l'ingresso nella prima classe, escludendo dal calcolo le tasse oltre la soglia

[25] Legge 3 dicembre 1868, § 5, GBBl. 1868, p. 1369.

[26] F. Hettner, *Die Wahlgesetze*, pp. 16-18.

[27] G.A. Ritter, *Die deutschen Parteien 1830-1914*, p. 40.

di 2.000 marchi ed eliminando le imposte locali dal calcolo per la ripartizione delle classi – la sua carica discriminatoria nei confronti della seconda e terza classe fu talmente forte da radicalizzare il conflitto politico e indurre il governo a presentare un disegno di modifica[28]. Tra 1903 e 1907, con il 45,4% dei voti, la locale socialdemocrazia ottenne solo uno degli 82 mandati disponibili, il che ne radicalizzò l'orientamento[29].

Dopo un lungo dibattito promosso dai liberali – durante il quale si discusse se far eleggere una quota dei deputati in base a requisiti professionali dalla Camera dell'Industria e commercio, o se adottare la proporzionale come avrebbe voluto il governo – un sistema originale venne adottato nel 1908, sul modello della riforma belga del 1893[30]. Vi venivano distinte ben quattro classi di votanti. Il criterio non era puramente patrimoniale, ma un misto di proprietà terriera, tasse versate, istruzione ed età. Il voto attivo veniva ristretto a tutti i cittadini maschi con minimo 25 anni di età, con il requisito di due anni di cittadinanza e sei mesi di residenza, soggetti a imposte dirette. Si escludeva chi fosse in ritardo con il pagamento delle imposte statali o locali; un diploma dava diritto a un voto in più, così come il superamento della soglia dei cinquant'anni. Imposte elevate e proprietà terriere potevano da sole attribuire fino a tre voti. Un elettore poteva così disporre da un minimo di uno a un massimo di quattro voti[31].

Negli altri Stati, il sistema delle tre classi ebbe poca fortuna. Esso fu introdotto obbligatoriamente nelle province e territori

[28] F. HETTNER, *Die Wahlgesetze*, p. 24.

[29] G.A. RITTER, *Die deutschen Parteien*, p. 41.

[30] P. ROSANVALLON, *Le peuple introuvable*, pp. 114-115. La riforma belga dette vita a una discussione su scala europea: come introdurre un principio di rappresentanza che tenesse conto dell'articolazione della società all'interno del suffragio universale? Il ritardo relativo con cui il Belgio arrivava al suffragio universale era un'occasione per evitare gli errori altrui. L'ipotesi di rappresentanze professionali – simili a quelle di alcuni Stati tedeschi – non ebbe sbocchi legislativi, e il voto plurimo mantenne criteri non professionali.

[31] F. HETTNER, *Die Wahlgesetze für den Landtag in Königreich Sachsen*, pp. 50-53; la «Wahlgesetz für die zweite Kammer der Ständerversammlung», 5 maggio 1909, è riprodotta *ibidem*, pp. 93-161.

incorporati alla Prussia (nel 1866 Hannover, Assia, dove del resto era stato già in vigore dal 1850 al 1856, Nassau, Francoforte; nel 1876 Lauenburg, e nel 1891 Helgoland); altrimenti si affermò con varie modifiche in piccoli Stati satelliti, nella Turingia e in qualche altro Stato: nel principato del Lippe (dove tutto il *Land* venne diviso in tre classi, ognuna dotata di un terzo dei 21 mandati, l'ingresso nella seconda classe fissato a partire da 180 marchi di tasse statali sul reddito e quello nella prima da 90 marchi di tasse sulla proprietà terriera), nel principato di Reuß jüngere Linie, la cui legge elettorale del maggio 1913 univa il modello neo-*ständisch* con quello neo-corporato borghese (su 21 deputati, mentre 4 erano scelti per quote – 1 del casato principesco, 3 dei massimi contribuenti – i rimanenti 17 venivano nominati con elezioni dirette e segrete con un meccanismo di voto plurale comparabile a quello belga); Sassonia-Altenburg, dove similmente al caso precedente, una quota di 9 deputati su 32 era riservata ai massimi contribuenti, mentre città e campagna con il sistema delle tre classi eleggevano rispettivamente 11 e 12 deputati; Waldeck, che adottò il sistema prussiano sin dal 1852; Sassonia tra il 1896 e il 1908; Anhalt e Braunschweig. Quest'ultimo segue un modello neo-corporato più protettivo, rispetto al modello prussiano, degli interessi dei proprietari terrieri e della borghesia. Sui 48 deputati della unica Camera, 30 venivano eletti con il sistema delle tre classi, con voto indiretto; gli altri 18 dagli «Stände professionali». Quest'ultima espressione designava sia i residui dei vecchi *Stände* feudali sia i nuovi ceti borghesi. Per la precisione, vi si includevano 2 rappresentanti della Chiesa evangelica in quanto «professione spirituale»; 4 dei grandi proprietari; 3 degli imprenditori; 4 delle professioni scientifiche (con diploma di laurea, esame di stato e 5 anni di esperienza); e infine 5 dei maggiori contribuenti. Il voto attivo era esercitabile dai 25 anni, quello passivo dai 30, ma per le professioni 'scientifiche' il limite si elevava ai 35 anni[32].

[32] *Wahlgesetz* 6 maggio 1899, n. 31, art. 2.

L'«influenza plutocratica» che inquinava il sistema elettorale delle tre classi, si accompagnava spesso dunque a modelli neo-*ständisch*, nei quali pesavano più gli squilibri tra città e campagna e tra strutture agrarie e industria della mera divisione in classi. La discriminazione di classe assumeva forme del tutto diverse negli Stati in cui vigeva il «Censuswahlrecht», il diritto elettorale basato sul censo che era in vigore nella maggior parte degli altri Stati tedeschi[33].

I sistemi censitari, con enormi differenze interne, si ritrovano prevalentemente in Stati con modelli neo-corporati di rappresentanza per quote. In sistemi bicamerali, le quote possono essere esclusivamente nella Camera alta, altre volte anche in quella bassa. Anche laddove essi adottino sistemi elettorali relativamente vantaggiosi per i liberali e la socialdemocrazia è dubbio considerarli automaticamente più «democratici» di quello prussiano, non foss'altro perché queste ripartizioni rompevano l'unità del corpo elettorale, contraddicevano il mandato assoluto e riproducevano logiche del vecchio sistema cetuale[34]. Si andava da Stati in cui per il voto attivo nell'unica Camera prevista si richiedeva soltanto il pagamento di tasse dirette *tout court*, come in Sassonia-Coburg-Gotha, dove la riforma del 1904 confermava le riforme costituzionali del 1852, ossia il voto attivo dai 25 anni, con voto segreto ma indiretto, e escludeva dal voto solo coloro che non pagavano tasse e i domestici, fino al caso dell'Anhalt, in cui la ripartizione dei mandati parlamentari per quote faceva del sistema elettorale una variante conservatrice di quello delle tre classi[35].

33 Cfr. voce *Dreiklassenwahlsystem*, 5, p. 500.

34 Ci distanziamo dal giudizio di S. Lässig, *Wahlrechtsreformen in den deutschen Einzelstaaten*, p. 141, nota 31.

35 Nell'Anhalt, Stato monocamerale, la riforma del 1913 estendeva il numero dei mandati a 46 deputati invece dei 36 menzionati dalla legge del 1872. Il sistema delle quote veniva sostanzialmente conservato: 2 deputati di nomina sovrana; 17 dei massimi contribuenti (13) e delle Camere professionali (4); gli altri 27 con voto diretto e segreto, discriminando tra due classi in base al reddito sopra e sotto i 3.600 marchi di reddito. *Landatagswahlgesetz* del 27 aprile 1913, §§ 2 e 7.

Il suffragio egualitario, che prevaleva in alcuni piccoli Stati della Turingia, era diluito da quote neo-cetuali o neo-corporative[36]. In Sassonia-Meiningen, sin dal 1873, 16 dei 24 deputati, ossia i due terzi del totale, erano eletti secondo le regole del Reichstag, l'altro terzo, per metà (4 deputati) tra i massimi contribuenti delle tasse sui redditi, e per metà tra i massimi contribuenti dei proprietari terrieri; in Schwarzburg-Rudolstadt la legge elettorale del novembre 1870 prevedeva che su 16 deputati 12, ossia tre quarti, fossero eletti con un suffragio censitario che escludeva solo chi non pagasse imposte, mentre i rimanenti 4 dai maggiori contribuenti. In Sassonia-Weimar-Eisenach su 38 deputati 23, ossia il 60,5%, erano eletti con scrutinio generale, diretto e segreto come per il Reichstag; per gli altri 15 vigevano quote riservate ai grandi proprietari e ai maggiori contribuenti (10), all'Università di Jena (1), ai rappresentanti delle Camere di commercio, agricoltura, artigianato e lavoro (4). La quota elettiva era addirittura minoritaria nel principato di Reuß ältere Linie, dove su 15 deputati 8 erano per quote neo-cetuali (3 di nomina sovrana, 2 dei grandi proprietari terrieri, 3 dei sindaci) e 7 dagli elettori, purchè godessero del requisito minimo della proprietà di una casa e della residenza da un anno[37].

Le tre città anseatiche – Lubecca, Amburgo e Brema – possono essere considerate come esempio puro del modello neo-corporato. Questi Stati, tradizionalmente liberali, tutelano le elite urbane e le borghesie imprenditoriali con il sistema censitario ma, dopo l'avvento del suffragio universale, devono mediarlo con accorgimenti che imbriglino il voto popolare.

Tutte e tre, sebbene relativamente piccole, avevano due Camere. Il loro Senato, un po' come quello veneziano, aveva funzioni di

[36] Cfr. anche E. Wörfel, *Liberalismus in den thüringischen Staaten*, pp. 217-257, e U. Hess, *Die Zentralverwaltung*.

[37] La legge elettorale del 28 marzo 1867 prevedeva un sistema di voto per quote e, per i cittadini indiretto. La legge del 18 maggio 1913 trasformava il voto in diretto e segreto, fissando il voto attivo ai 25 anni e quello passivo ai 30. F.W. von Rauchhaupt, *Handbuch der Deutschen Wahlgesetze und Geschäftsordungen*, pp. 415 ss.

governo e i senatori erano nominati a vita, così che le elezioni per il Senato avevano grande peso e si svolgevano di rado. Qui le restrizioni al voto passivo erano forti, basate sul titolo di studio o sull'appartenenza alla professione di imprenditore, in genere nel commercio. Ad Amburgo, su 18 senatori almeno 9 dovevano essere o giuristi o, con linguaggio odierno, esperti in scienza economica (*Kameralwissenschaft*), oltre a un minimo di 7 membri del ceto degli imprenditori. A Brema, su 18 senatori, 10 dovevano essere giuristi e 5 commercianti; solo per 3 non erano necessari prerequisiti. A Lubecca, su 14 senatori, 8 dovevano essere «istruiti» (di cui almeno 6 giuristi) e 5 imprenditori. Le restrizioni maggiori, tuttavia, erano previste per la rappresentanza della Camera bassa (*Bürgerschaft*), in cui una quota fissa era riservata alla medio-alta borghesia. Ad Amburgo, il caso più progressista dei tre, il sistema neo-corporato si reggeva su un compromesso tra il suffragio egualitario e quello censitario. La metà dei 160 deputati era eletta a scrutinio segreto e diretto, ma al suo interno 40 deputati erano eletti dai cittadini con redditi di almeno 2.500 marchi annui, e solo 40 deputati da tutti gli altri cittadini. L'altra metà era riservata ai proprietari di suoli (40), al Senato e alla Camera bassa (40). La maggiore particolarità progressista di Amburgo consisteva nel sistema proporzionale per la quota urbana elettiva (72 su 80 deputati)[38]. A Brema, su 150 deputati, ben 82 erano eletti da varie categorie professionali, inclusi i proprietari di suoli, e solo 68 erano eletti dai cittadini. A Lubecca infine, il caso più conservatore, su 120 deputati addirittura 105 venivano eletti dai maggiori contribuenti, con redditi oltre i 2.100 marchi, e appena 15 da tutti i cittadini.

La 'democraticità' dei regni meridionali va intesa con cautela, come riferimento piuttosto alla precoce tradizione liberale della prima metà dell'Ottocento che alla prassi dell'età bismarckiana, e dagli anni Settanta essa viene messa sotto pressione dal suffragio universale del Reichstag. In questi Länder il ruolo costi-

[38] *Wahlgesetz für die Wahlen zur Bürgerschaft*, 5 marzo 1906, art. 1 in F.W. von Rauchhaupt, *Handbuch der Deutschen Wahlgesetze und Geschäftsordungen*, pp. 232-233.

tuzionale della Camera bassa era in generale limitato, la teoria costituzionale attribuiva alle Camere un diritto di consultazione nella formazione della volontà generale, la cui formulazione finale spettava però al monarca[39]. Inoltre solo insieme le due Camere formavano la rappresentanza del popolo, e quindi il peso e la formazione della Camera alta non va sottovalutato. Ciò che colpisce è la modernità di alcuni tratti dei sistemi elettorali che, specie in Württemberg, legittimavano il ruolo dei partiti e mostravano cautele garantiste inusuali nel resto della Germania.

In Baviera la composizione della Prima Camera rimase veterocetuale fino alla Prima guerra mondiale. I membri venivano nominati dal sovrano o scelti per ufficio o nascita[40]. Per la Camera bassa, invece, le riforme introdotte nel giugno 1848 abrogarono la composizione neo-*ständisch* prevista dalla Costituzione del 1818[41]. La legge del 4 giugno 1848 introdusse una nuova ripartizione dei collegi in base alla popolazione, il voto indiretto e il suffragio generale, togliendo agli *Stände* la funzione mediatrice tra popolo e sovrano e rimpiazzandoli con i *Wahlmänner*. Si richiedevano invece il giuramento di fede alla costituzione – che implicava la fede cristiana – il godimento dei diritti civili, la maggiore età, il sesso maschile e il pagamento di tasse dirette. Tali riforme di impronta liberale rimasero in vigore praticamente fino alla Prima guerra mondiale, con alcune modifiche di rilievo quali il voto segreto, introdotto nel 1881, il passaggio dal voto indiretto a quello diretto e l'adozione del maggioritario semplice invece di quello assoluto nell'aprile

39 F. WIELANDT, *Das Staatsrecht des Großherzogthums Baden*, pp. 50-52.

40 I 91 membri della «Kammer der Reichsräte» erano composti da: i principi maggiorenni della famiglia del sovrano, i «funzionari della corona» (*Kronbeamten*), i due arcivescovi, i capi delle famiglie principesche o dei granduchi, un vescovo protestante di nomina sovrana e il presidente del concistoro generale evangelico, oltre a persone di fiducia del sovrano.

41 Per la Seconda Camera, la Costituzione del 1818 prevedeva un sistema di quote: 1/8 per la piccola nobiltà, 1/8 per le due Chiese, 1/4 per le città e i mercati, 1/2 per i proprietari terrieri, più 1 deputato ciascuna per le tre università. Cfr. *Verfassungsurkunde*, in E.R. HUBER, *Dokumente*, pp. 161-165; M. VON SEYDEL, *Das Staatsrecht*, p. 58.

1906[42]. Rispetto al 1848, la riforma del 1906, altrove definita come progresso verso la democratizzazione[43], non allargò ma restrinse il numero degli aventi diritto, dell'1% in media, attraverso l'innalzamento dell'età minima da 21 a 25 anni e l'allungamento a un anno del periodo minimo di possesso della cittadinanza. Si stima che in età guglielmina appena il 17% dei bavaresi avesse diritto al voto per il Landtag, ben un terzo in meno degli aventi diritto al Reichstag[44].

Le novità che spinsero la SPD bavarese ad approvare la riforma elettorale del 1906 consistevano nel passaggio al voto diretto, che ridusse drasticamente il ruolo giocato sino ad allora dai notabili, incluso il clero[45], nella parificazione dei criteri per il voto passivo a quelli del voto attivo, con l'abbassamento dell'eleggibilità dai 30 ai 25 anni, e nella liberalizzazione del giuramento alla costituzione, per cui i non cristiani vennero autorizzati a non giurare fede ai vangeli[46]. Rilevante per la crescita dell'opposizione fu l'adozione del maggioritario semplice che evitava ai socialdemocratici di sottoporsi allo scontro abituale con forze locali ricompattate al secondo turno; al tempo stesso esso favoriva gli accordi programmatici tra i partiti piccoli e quelli grandi, per esempio tra i liberali di sinistra e i socialdemocratici, e premiava quindi le tendenze riformiste su quelle di sinistra radicale. Quel sistema accresceva il consenso ma diminuiva la rappresentatività territoriale dei deputati e in retrospettiva non appare di per sé più democratico del precedente: era piuttosto un riconoscimento del ruolo dei partiti a rendere sensato quell'esperimento[47].

42 F.W. von Rauchhaupt, *Handbuch der Deutschen Wahlgesetze und Geschäftsordnungen*, p. 103.

43 G.A. Ritter, *Die deutschen Parteien 1830-1914*, p. 38.

44 *Ibidem*, p. 39; G.A. Ritter - M. Niehuss, *Wahlgeschichtliches Arbeitsbuch*, p. 157.

45 Nel 1869, preti cattolici e evangelici rappresentarono l'11% dei *Wahlmänner*; i *Beamten* il 5%, gli insegnanti di scuola il 2%. Cfr. G.A. Ritter - M. Niehuss, *Wahlgeschichtliches Arbeitsbuch*, p. 159.

46 *Landtagswahlgesetz* del 9 aprile 1906, art. 5.

47 La moderazione e la lealtà isitituzionale dei parlamentari era tale da consentire di mantenere intatta la costituzione nonostante la rinuncia del

Per il voto attivo, dopo il 1906 permasero più o meno gli stessi requisiti della *Selbständigkeit* introdotti nel 1848, con il pagamento di tasse statali dirette (senza limiti minimi). Indennità fisse per i parlamentari non vennero riconosciute, e si prese a modello il sistema del Reichstag, con rimborsi solo per trasferte e sedute[48]. Si trattava in fondo di un modello misto abbastanza tipico, neo-cetuale per la Prima Camera e moderatamente «censitario» per la Seconda.

Nel Württemberg si passa da un modello vetero-cetuale nella Restaurazione a uno neo-corporato e pienamente liberale in età guglielmina. Tutta la vicenda è anomala rispetto alla storia dell'assolutismo tedesco, perché qui il re non governa. Un po' come in Inghilterra, la Prima Camera del Württemberg era concepita sin dalla Costituzione del 25 settembre 1819 come con-titolare della sovranità e composta dalle famiglie aristocratiche per titolo dinastico e da rappresentanti eletti degli *Standesherren* e da alcuni dei «migliori» cittadini su nomina reale a vita. Essa non aveva un numero fisso di mandati; la quota dei principi oscillava tra 9 e 12 seggi, e quella dei territori degli *Standesherren* tra 26 e 36; le nomine regie non potevano eccedere un terzo del totale, in media circa 44 membri. La Seconda Camera invece era il luogo della rappresentanza organica di tutto il popolo, così che vi convissero quote dei vari *Stände*, inclusi i nobili, ciascuna eletta secondo proprie regole. Un totale di 23 deputati era in rappresentanza degli *Stände* dotati di privilegi (13 dell'aristocrazia dei cavalieri [*Ritterschaft*], 6 della Chiesa protestante, 3 della Chiesa cattolica e il rettore dell'Università statale) mentre 70 deputati erano eletti dal popolo (tramite voto indiretto, fino al 1848). Di questi ultimi, c'erano 63 *Oberämter* (circoscrizioni amministrative comprendenti piccoli e medi centri) e 7 città. Le città, e soprattutto Stoccarda che crebbe molto più delle altre, erano

reggente alla monarchia. Una costituzione repubblicana non venne ritenuta indispensabile.

[48] Legge elettorale del 9 aprile 1906, legge del 30 gennaio 1908 e *Anlage zur Geschäftsordung der Kammer der Abgeordneten*, in F.W. von Rauchhaupt, *Handbuch der Deutschen Wahlgesetze und Geschäftsordungen*, pp. 157-158.

penalizzate: già nel 1871, ci volevano 13.000 elettori per un deputato a Stoccarda contro 3.000-5.000 in campagna.

Il peculiare equilibrio tra una casa regnante e delle aristocrazie di differenti confessioni genera politiche religiose positivamente tolleranti: a differenza della Prussia e del vicino Baden, il Württemberg rimase estraneo al *Kulturkampf*. Caso piuttosto eccezionale, i cattolici non sentirono il bisogno di organizzarsi localmente in forma partitica fino a quando la lotta elettorale non si nazionalizzò: il Zentrum vi fu fondato solo nel 1894. La peculiarità derivava dal compromesso confessionale della Costituzione del 1819, che era particolarmente avanzata in tema di associazioni e libertà di espressione, e che si ripercuote sul sistema di quote nella Seconda Camera per i vari *Stände* e le città. Per la quota urbana vigeva un sistema censitario con voto indiretto, si richiedeva la cittadinanza nello Stato, la residenza nel collegio e l'appartenenza a una delle tre confessioni cristiane (cattolici, luterani, calvinisti). Il sistema elettorale per questa quota del Landtag anticipava in modo significativo quello prussiano post-quarantottesco: i *Wahlmänner* venivano eletti per 2/3 dai maggiori contribuenti e per 1/3 dal resto della popolazione; il voto era palese, il collegio uninominale con maggioritario semplice[49].

La rivoluzione produsse una legge elettorale datata 1° luglio 1849 per la convocazione di una costituente, che sarebbe divenuta un importante riferimento per la piccola borghesia e per gli artigiani, in base alla quale il voto divenne diretto, generale e segreto, con deputati ripartiti in 64 collegi amministrativi, sul modello dei *départements* francesi. La reazione conservatrice riportò in vigore il vecchio sistema elettorale indiretto e censitario, fino a che la pressione dei partiti della piccola e media borghesia e la prospettiva dell'unificazione nazionale condussero alla riforma costituzionale del 1868. Questa introdusse il voto

[49] Sulla scorta di una tradizione che insisteva sulla autonomia della proprietà terriera, vennero dichiarati inelleggibili tutti i dipendenti della Corona, i funzionari pubblici, i sottoufficiali e i soldati. Ciò avrebbe indebolito la Corona, anche se tra le ragioni dell'esclusioni vi erano considerazioni del re sulla scarsa affidabilità politica dei pubblici funzionari. Cfr. H. Brandt, *Parlamentarismus in Württemberg 1819-1870*, p. 37.

diretto, uguale e segreto, con maggioritario semplice e collegi uninominali per la quota elettiva della Seconda Camera. Per il voto attivo e passivo scomparvero le restrizioni censitarie e si separò la cittadinanza dall'appartenenza confessionale. Anche l'esclusione dei percettori di assistenza ai poveri venne resa meno rigida da varie deroghe. Tuttavia la tradizione *ständisch*» non fu abbandonata ma mantenuta dalle quote per gli interessi prevalenti.

Il conflitto della piccola e media borghesia liberale urbana con i notabili dell'aristocrazia e dell'alta borghesia – che si era manifestato già alle elezioni del 1831, quando i *Wahlmänner* cominciarono ad accordarsi autonomamente nei primi club e comitati politici delle città come Stoccarda, Waiblingen, Ulma, Tubinga ecc., e proseguito nel 1848-1850 – contribuì a una relativa precocità dei partiti e ad una articolazione della competizione elettorale maggiore che in altre aree del Reich. Dalla frattura del liberale Fortschrittspartei nel periodo 1863-1866 si generarono un partito piccolo-tedesco Deutsche Partei e la popolare Volkspartei, di orientamento anti-prussiano e con una forte componente cattolica[50].

Oltre venti anni di dibattito dalla fondazione del Reich dovettero trascorrere per una modifica del sistema della rappresentanza, che fu intrapresa dopo che le elezioni del 1895 portarono al successo della sempre più trasversale Volkspartei, che si opponeva duramente alla permanenza di una quota per gli *Stände* privilegiati[51]. Nel 1906 si emanò una nuova legge elettorale assieme a una più ampia riscrittura della costituzione. L'idea di fondo fu di riunire nella Camera alta i rappresentanti delle classi e degli *Stände*, lasciando quelli eletti dal popolo alla Seconda Camera. A tale modifica si opposero soprattutto i cattolici, che avevano paura di perdere la maggioranza di cui godevano tra gli aristocratici nella Camera alta nonché la rappresentanza per il clero alla Seconda Camera; dopo la

50 H. Brandt, *Parlamentarismus in Württemberg 1819-1870*, pp. 162-166; C. Janssen, *Einheit, Macht und Freiheit*, pp. 482-490.

51 A. Gawatz, *Wahlkämpfe in Württemberg*, pp. 40-41.

nascita del Zentrum, la resistenza cattolica si fece più tenace[52]. Un compromesso fu possibile solo sotto la pressione crescente della socialdemocrazia. Dal luglio 1906, i 51 deputati della Prima Camera erano composti da 13 rappresentanti delle proprietà della nobiltà (*Ritterschaft*), 6 per la Chiesa protestante, uno per il capitolo del duomo e uno per l'università; gli altri erano rappresentanti, per nascita, di ufficio o eletti, dell'aristocrazia o degli interessi delle Camere di commercio e delle organizzazioni professionali. Il sistema elettorale per la Seconda Camera fu effettivamente 'democratizzato', essendo diretto, generale e segreto (con busta timbrata dalla commissione). Come compromesso con il Zentrum, permasero però le vecchie quote tra città e campagna (6 deputati delle grandi città, 63 deputati degli *Oberamtsbezirke*), mentre con una grande innovazione si redistribuirono i 23 seggi divenuti vacanti, attribuendo 6 seggi a Stoccarda e 17 seggi a due nuovi collegi statali su base proporzionale. Merita sottolineare che per risolvere il problema della tutela delle minoranze si ricorse all'elezione di più deputati nei nuovi collegi – caso eccezionale in controtendenza con la Prussia – e si adottò persino il voto di lista, formalizzando il ruolo dei partiti[53]. Si ammettevano in proposito 6 voti, con linguaggio moderno si parlerebbe di preferenze, per ogni elettore, di cui tre potevano essere attribuiti allo stesso candidato, e tre anche a candidati di altre liste (probabilmente un residuo della concezione notabilare del voto, che valeva a limitare la forza dei socialdemocratici). Si trattava di un sistema «proporzionale per candidato», un misto tra il voto plurimo e il *panachage*[54]. Della riforma avrebbe approfittato soprattutto la socialdemocrazia, che nel 1906 triplicò i suoi rappresentanti e, sebbene rimanendo sottorappresentata nel Landtag, conquistò Stoccarda. Ciò spiega la fama democratica del Württemberg, a dispetto di un sistema costituzionale che si caratterizzava per le forti garanzie al capitale offerte dal compromesso cetuale-neo-corporatista tra vecchia proprietà

[52] M. NIEHUSS, *Party Configurations*, pp. 92-96.

[53] *Wahlgesetz* del 16 luglio 1906, II cap., artt. 27-39.

[54] *Ibidem*, artt. 31-35.

terriera e nuove forze, industriali, commerciali e finanziarie, borghesi.

Il Baden viene in genere annoverato dalla storiografia tra gli Stati più democratici, sulla scorta ad esempio del giudizio di G. Meyer e dei costituzionalisti liberali successivi, che notano l'abolizione del sistema cetuale per il Landtag dal 1818, e l'introduzione di un sistema censitario indiretto che sopravvisse inalterato al 1848, con la sola modifica della rinuncia alla confessione cristiana per l'elettorato passivo[55]. Va precisato che anche qui, nonostante i rilevanti scarti rispetto alle assai più restrittive costituzioni di altri Stati, la rappresentanza parlamentare era in realtà neo-*ständisch*. Tra il 1866 e il 1905, il Baden rimase decisamente bloccato nella sua evoluzione parlamentare, a causa soprattutto delle incertezze del partito liberale rispetto a una riforma del voto indiretto e palese.

Sin dal 1818, la Seconda Camera era composta da 63 membri in rappresentanza di «Städte und Ämter», eletti in 56 collegi (*Wahlbezirken*) definiti dalla legge, di cui 5 plurinominali e gli altri uninominali, con rinnovo della metà dei seggi ogni due anni. I collegi urbani, a differenza di tutti gli altri Stati federati, erano sovra-rappresentati il che favorì la crescita rapida di un forte partito liberale. In pratica, ciò significava che il «popolo» si restringeva alla piccola, media e alta borghesia; così la teoria liberale e progressista della rappresentanza generale poteva convivere con robuste esclusioni.

Le riforme avviate dopo il 1866 andarono nel senso di una liberalizzazione graduata. Si eliminò con legge del 21 ottobre 1867 l'obbligo di provare il proprio patrimonio per il diritto passivo ma in compenso nel 1869 si passò dalla cittadinanza alla residenza per il voto attivo[56]. Per la Seconda Camera, le modifiche dell'agosto 1876 e del luglio 1896 eliminarono i limiti

[55] F. WIELANDT, *Staatsrecht des Großherzogthums Baden*, p. 53. È interessante che G. MEYER, *Das parlamentarische Wahlrecht*, pp. 190-191, trascurasse di narrare la contorta evoluzione del sistema elettorale del Baden e si limitasse a scrivere che si trattava di un sistema diretto, contribuendo al consolidamento di un diffuso pregiudizio sulla «democraticità» di quello Stato.

[56] G. MEYER, *Das parlamentarische Wahlrecht*, p. 245.

censitari ma mantennero il sistema indiretto. Il voto attivo si esercitava a partire dai 25 anni, l'eleggibilità a deputato dai 30 anni. Con una particolare cautela garantista nell'evitare abusi di influenza nei collegi, del tutto inusuale nel resto della Germania, si faceva divieto a preti, medici, *Beamten* e altri funzionari pubblici e professionisti che esercitassero servizi locali di candidarsi come deputati nei collegi in cui esercitavano la loro professione. Ai deputati si faceva anche divieto di assumere uffici statali retribuiti[57]. Si ammetteva la maggioranza relativa per l'elezione dei *Wahlmänner*, con ovvia semplificazione delle procedure, ma si richiedeva quella assoluta nei primi due turni per i deputati (a partire dal terzo si ammetteva quella relativa, in caso di parità si passava al sorteggio).

L'elezione dei *Wahlmänner* aveva luogo in distretti di almeno 200 anime. Il diritto passivo e attivo era accordato a tutti i cittadini del Baden di almeno 25 anni e con residenza nel collegio (*Wahlbezirk*). L'eleggibilità a deputato richiedeva i 30 anni di età, l'eleggibilità a *Wahlmann* e, fino alla totale abolizione dei requisiti censitari nell'ottobre 1866 (in relazione alla guerra con l'Austria), una proprietà di valore di almeno 1.000 fiorini o una rendita annuale di 1.500 fiorini[58].

Fu forse proprio l'eccezionale tolleranza confessionale assicurata dalle elite della Camera alta a ispirare il pensiero politico di un Robert von Mohl e del liberalismo badense, così preoccupato del voto delle masse. Fu solo con la legge elettorale del 24 agosto 1904 che si introdusse il voto generale e diretto per la Camera bassa, sul modello del Reichstag. Il voto attivo veniva esercitato a partire dai 25 anni, quello passivo dai 30 anni; non c'erano limitazioni di censo[59]. La stessa legge – che accom-

[57] Voce *Wahlrecht und Wahlfähigkeit*.

[58] R. Ehrismann, *Der Regierende Liberalismus in der Defensive*, pp. 133-134.

[59] Nella Costituzione del 1818 si prevedeva che per la nomina a deputato bisognasse essere iscritti al catasto, per proprietà terriera, abitazione o impresa, con un capitale di minimo 10.000 fiorini, o possedere una rendita di 1.500 fiorini all'anno. Tale disposizione venne abrogata nel 1867 e la nomina a deputato sottoposta agli stessi criteri per Wahlmann. Cfr. il testo in E.R. Huber, *Dokumente*, p. 177.

pagnò un'ampia riforma costituzionale – compensò la portata democratica della riforma accentuando il ruolo della Camera alta, innalzando i limiti di età rispetto alla Costituzione del 1818 che prevedeva invece rispettivamente 21, 25 e 30 anni per voto attivo e passivo (a *Wahlmann* e deputato), portando a due anni la durata minima della residenza in Baden e rafforzando l'elettorato di campagna a spese di quello urbano attraverso la ripartizione dei seggi nella Camera bassa[60]. L'arretramento fu dovuto ad un compromesso tra i maggiori partiti del Landtag per ottenere l'approvazione della riforma elettorale. Dal 1890 i socialdemocratici avviarono trattative con il Zentrum, i liberali di sinistra e i democratici. Per ottenere una modifica dei collegi e il voto diretto, i socialdemocratici accettarono di abbandonare le loro richieste per il voto proporzionale e accettarono le restrizioni nell'accesso al voto, che permisero ai nazional-liberali di conservare in sostanza il loro potere[61].

La liberalità del Baden si evidenzia non tanto nel suffragio quanto nell'insieme delle garanzie riconosciute dalla legge: dall'uguaglianza di diritti per tutti i cittadini – a parte le eccezioni previste dalla legge – sin dalla Costituzione del 1818, fino al forte decentramento amministrativo e alle rappresentanze elettive anche nella Camera alta, dove già nel 1818 la rappresentanza dell'aristocrazia terriera mediatizzata (*Grundherren*) venne trasformata da ereditaria in elettiva[62]. Con la riforma costituzionale del 1904, nella Camera alta i vecchi *Stände*

[60] F.W. von Rauchhaupt, *Handbuch der Deutschen Wahlgesetze und Geschäftsordnungen*, p. 69.

[61] Cfr. M. Niehuss, *Party Configurations*, pp. 98-100.

[62] La Costituzione del 29 agosto 1818 prevedeva che la Prima Camera fosse composta dai principi del casato regnante, dai capi (*Häupter*) delle famiglie «standesherrlich», dal vescovo (*Landbischof*) cattolico e da un rappresentante della Chiesa protestante nominato dal sovrano, più membri eletti, ossia 8 rappresentanti della nobiltà terriera eletti tra i suoi membri per otto anni, con diritto passivo a partire dai 25 anni, eletti a scrutinio segreto con scheda e busta chiusa, 2 delle Università di Heidelberg e Friburgo, eletti per 4 anni a scrutinio segreto come i *Grundherren*, da almeno ¾ dei professori ordinari in assemblea straordinaria, e infine da 8 membri nominati dal sovrano. Cfr. H. Rosin, *Das Wahlrecht der Grundherren*; F. Wielandt, *Das Staatsrecht des Großherzogthums Baden*, p. 52.

sopravvivevano, affiancati però dai nuovi *Stände* imprenditoriali eletti dalle Camere di commercio[63]. Erano inoltre i forti poteri in materia fiscale concessi alla seconda Camera sin dal 1818 (artt. 60-61 costituzione), a fare del Baden un caso esemplare. Si trattava di un coerente sistema liberale, tra gli stati tedeschi forse il più vicino all'ispirazione costituzionale francese, che a inizio XX secolo aveva assunto una coloritura neo-corporata.

4. *Un bilancio provvisorio*

Se un esame puramente formale, come quello qui proposto, permette di sollevare alcuni quesiti di carattere generale, questi riguardano il rapporto tra il parlamentarismo liberale e la struttura della rappresentanza. Proprio negli Stati con tradizione liberale pre-quarantottesca, specie quelli meridionali, si può osservare un elevato peso relativo dell'aristocrazia nella Camera alta (16 su 38 nel Baden, 32 su 51 nel Württemberg) in coincidenza con una forte legittimazione del sistema dei partiti nella Camera bassa. Andrebbe meglio esplorato se si possa stabilire un rapporto tra il potere esecutivo delle Camere alte e lo sviluppo di una moderna cultura politica capace di misurarsi con il conflitto. D'altra parte, colpisce che laddove la borghesia esprimeva una propria rappresentanza politica autonoma da quella aristocratica – si pensi soprattutto alle tre città anseatiche – le restrizioni della *Selbständigkeit* appaiano più forti. È possibile che una aristocrazia aperta alla tolleranza confessionale favorisse la crescita del pluralismo politico? E che una borghesia imprenditoriale liberale temesse forse più dell'aristocrazia un proletariato moderno organizzato e capace di condizionare anche il mercato del lavoro? A maggior ragione laddove le basi confessionali di classe fossero eterogenee? Nei piccoli Stati monocamerali, in genere confessionalmente omogenei, sembra si sia sviluppato un modello originale di

[63] Si trattava di 38 membri, in specie dei principi della famiglia del sovrano, dei capi delle famiglie dell'aristocrazia, dei vescovi cattolici e dei prelati evangelici, 8 rappresentanti eletti della nobiltà terriera, 6 rappresentanti eletti delle Camere di commercio, industria e agricoltura, 4 formati dai sindaci o da membri delle amministrazioni locali e di membri di nomina sovrana.

compromesso tra rappresentanza neo-cetuale e rappresentanza borghese neo-corporata, sia con il suffragio censitario sia nelle rare eccezioni che aprono al suffragio generale del Reichstag. Vi si registra un forte peso delle quote riservate ai «massimi contribuenti»: in Anhalt 13 su 46, con una soglia di reddito molto elevata, a partire da 18.000 marchi (che contrasta con i 2.500 marchi dei «massimi contribuenti» di Lubecca), e un terzo in Lippe, Sassonia-Sonderhausen e Sassonia-Meiningen.

Volendo tracciare un bilancio complessivo, va ribadito che non è nostro obiettivo dare un giudizio, che sarebbe comunque problematico, sul carattere liberale o conservatore di ciascuno Stato tedesco, specialmente per un arco così ampio di anni e da una prospettiva così volutamente istituzionale come quella qui scelta. È fuorviante sia identificare liberalismo e democrazia sia separare nettamente l'aggettivo liberale da quello conservatore, mentre è indispensabile qualificare quelle correnti in modo puntuale all'interno di singoli Stati. Si può tuttavia dire che, specialmente a partire dalle riforme per il Reichstag del 1866 e poi con le riforme a cavallo dei due secoli, mentre si colgono i segnali di una forte modernizzazione del sistema elettorale, le borghesie si adattarono a una ampia gamma di soluzioni moderate accettando soluzioni neo-*ständisch* negli Stati monarchici, oppure modelli neo-corporati censitari laddove aristocrazie locali illuminate fossero aperte al liberalismo in chiave anti-assolutista.

Sin dalla Restaurazione l'interrogativo sollevato da Rotteck circa il criterio di esclusione delle masse, trovò una varietà di risposte[64]. In una prima fase, il cui termine *ad quem* è il 1848-1849, si ebbe un allargamento di quello che abbiamo chiamato sistema vetero-cetuale e poi un salto verso quello costituzionale neo-*ständisch*. Mentre il terzo stato cominciò a elevare pretese di universalità apolitica proiettate sulla nazione, si sciolse il rapporto tra deputato e ceto e si generalizzò la *Selbständigkeit*.

Una seconda fase sembra databile agli anni Sessanta-Settanta. Vi si afferma un dualismo della rappresentanza: essa era «nazio-

[64] Cfr. *supra*, cap. 3, p. 123.

nale» e «federale», nel Reich, ma «particolarista» e garantista della continuità, negli Stati. Il dualismo della rappresentanza corrisponde a una implicita divisione di potere tra conservatori e liberali, con i primi predominanti nel Reich e i secondi in ascesa nei singoli Stati. Per fare posto alle rappresentanze della borghesia si introdussero sistemi di quote e si formò un variabile compromesso istituzionale tra modello neo-cetuale e modello neo-corporato. Più o meno elevate barriere censitarie o meccanismi di voto indiretto garantirono il funzionamento del compromesso anche nella Camera bassa. Come notato da Rotteck e Welcker, i limiti censitari erano relativamente bassi nei sistemi di voto indiretto e più elevati in quelli diretti[65].

La terza fase è databile dagli anni Novanta, sebbene le sue radici siano nelle riforme federali avviate da Bismarck negli anni Settanta. Questa fase è più controversa. Da un lato si affermano riforme formalmente egualitarie come in Oldenburg, dall'altro si formano nuove barriere contro l'inclusione della classe operaia quando le soglie censitarie perdono efficacia per la crescita dei redditi. Nel caso del comune di Francoforte sul Meno, per esempio, nel 1905 i salari degli operai qualificati oscillavano tra 1455 e 2037 marchi, superando ampiamente il limite censitario di 700 fiorini. In questo modo tra 1898 e 1912 nell'assemblea comunale di Francoforte i socialdemocratici passarono da 0 a 23 deputati[66]. Se il modello censitario rispondesse ancora ai desideri dei liberali, è perciò questione da approfondire da caso a caso. Ma se si assume che il voto per classe e quello censitario rispondessero ad esigenze tipiche dello Stato costituzionale «neutro», non si può negare che esso fosse sottoposto a torsioni nell'età guglielmina.

Il processo di politicizzazione federale fu quindi vissuto differentemente nei singoli Stati. Si può avanzare l'ipotesi che gli stati più liberali all'inizio del XIX secolo, quelli del Sud, furono anche quelli che ebbero meno bisogno di serie concessioni costituzionali negli anni Sessanta e successivi, finendo

[65] Voce *Census*, in *Das Staats-Lexikon*, 3, pp. 425-427.

[66] R. Roth, *Liberalismus in Frankfurt am Main 1814-1914*, pp. 80-82.

per trovarsi in retroguardia quando, all'inizio del Novecento, persino Stati tradizionalmente conservatori come la Sassonia si aprirono a riforme del suffragio che registravano i segni dello sviluppo industriale e della crescita di partiti di massa in corso[67].

La Prussia rappresentava invece, alla vigilia della Prima guerra mondiale, un caso anomalo. Il suo sistema elettorale era sopravvissuto in quanto rappresentava una fortezza non solo dei conservatori e del partito liberal-nazionale ma anche e soprattutto delle elite dell'apparato militare e amministrativo. Tale duplice funzione aveva una sua forza storica. Sebbene a inizio del XX secolo il sistema elettorale prussiano fosse diventato intimamente anacronistico, al momento della sua approvazione esso aveva in sé una carica moderatamente 'progressiva' in quanto abbracciava potenzialmente un corpo elettorale più ampio di quello della maggior parte degli altri Stati tedeschi. La natura culturalmente regressiva del sistema prussiano si evidenzia solo osservando il sistema politico in cui la legislazione elettorale si inseriva. A rendere oppressivo il modello prussiano erano molti fattori, il paternalismo degli *Stände* incardinato nella Camera alta, la distribuzione territoriale dei mandati e il voto palese per la Camera bassa che rendeva impossibile sfuggire al controllo sociale[68]. Il sistema elettorale prussiano divenne veramente insostenibile a partire dall'inizio del secolo, ossia dal momento in cui la terza classe cominciò a votare abbastanza compattamente per la socialdemocrazia[69].

67 Un valido esempio delle potenzialità delle indagini locali nell' illuminare questioni politiche più generali in K.H. Pohl, *Die Nationalliberalen in Sachsen vor 1914*, pp. 195-215. Pohl sostiene che al più tardi nel 1909 il potere dei conservatori in Sassonia era stato spezzato dai nazional-liberali e mette in relazione questi mutamenti con il nuovo sistema elettorale plurale.

68 Ciò si evince a uno sguardo attento ai risultati elettorali. Le tre classi prussiane, alla fine del secolo, votavano i vari partiti in percentuali non troppo dissimili: nel 1898 i conservatori ricevettero il 31% dei voti nella prima classe, il 27,2% nella seconda classe, il 24,1% nella terza; il partito nazional-liberale il 19,4% nella prima classe, il 17,4 nella seconda e il 12,5% nella terza. Il che conferma che il voto palese esercitasse un controllo sociale molto forte.

69 Ancora nel 1898, la socialdemocrazia prussiana ricevette solo lo 0,07% dei voti della prima classe, lo 0,31% della seconda classe e il 3,09% nella

Man mano che le elezioni del Reichstag permisero la creazione di partiti organizzati su base nazionale, esse scardinavano il ruolo dei *Wahlmänner*.

Davanti alla crescita della socialdemocrazia, in Prussia e Sassonia si irrigidisce il modello statalista neo-cetuale che, mentre punisce gli artigiani e gli operai con l'esclusione dal voto per ogni sostegno ricevuto dagli enti locali, impone loro di votare per l'autorità[70]. Davanti alla scissione della società in classi, il modello neo-corporato diviene allora una alternativa cui possono ispirarsi sia frazioni progressiste della borghesia prussiana sia le componenti riformiste della socialdemocrazia? Opposizioni cresciute con il mito di una cultura apolitica potrebbero essersi illuse di aggiustare con il suffragio e con qualche quota le distorsioni e le novità prodotte dalla modernizzazione? Seppure cautamente, la nostra risposta è che la democratizzazione negativa di Weber potrebbe trovare il suo fondamento nel mito del voto apolitico.

La nostra tassonomia evidenzia l'eterogeneità delle soluzioni adottate per assorbire nella rappresentanza organicista *ständisch* prima i nuovi ceti sociali e poi i partiti di massa. Trova così qualche ulteriore motivo di interesse la forte differenziazione

terza. Del 1903 il panorama si modificò profondamente, e lo stesso partito ricevette 0,7% dei voti della prima classe, 4,2% della seconda, ben 23,9% nella terza. Nel 1913 la SPD ottenne ben 6,1% nella prima classe, 20,23% nella seconda classe, 32,76% nella terza classe. Il fatto che, nonostante il successo elettorale, la socialdemocrazia continuasse a ricevere pochi mandati (1,6% nel 1908, 2,3% nel 1913), mentre i conservatori e i nazional-liberali erano sovrarappresentati (nel 1898, con il 25,3% del totale dei voti, i conservatori ottennero il 33,5% dei mandati, ma nel 1913 ebbero il 33,4% dei mandati con appena il 14,7% dei voti) non va attribuito dunque esclusivamente alla divisione delle tre classi, ma anche alla ripartizione dei collegi, all'equilibrio città-campagna, all'influenza sui *Wahlmänner* ecc.

[70] Nel caso prussiano, Kühne ha implicitamente sollevato questo punto notando che nei collegi plurinominali i cattolici e in minor misura i conservatori tendevano a ripartire i candidati per professione, mentre i liberali rifiutavano tale metodo e ripartivano i candidati per orientamento politico. Kühne ne conclude che i liberali erano scissi tra ideale astratto della nazione e incapacità di riconciliare le fratture sociali esistenti al suo interno. Sarebbe da verificare se tale «proporzione sociale» si applicasse anche in altre aree. Cfr. T. KÜHNE, *Die Liberalen*, in particolare pp. 286-294.

regionale dei partiti dell'Impero, che spiega anche la tenacia con cui liberali, conservatori e Zentrum difendono le loro posizioni di potere nei singoli Stati. Un'ultima osservazione: con il crollo dell'impero e delle monarchie, effetto della sconfitta, viene meno non soltanto un blocco di potere ma un intero mondo di simboli, gerarchie e culture politiche che aveva permeato un intero secolo di storia tedesca. Il crollo lascia così un vuoto immenso in gestione alla Repubblica di Weimar, i cui partiti erano formati alla lealtà verso lo Stato assai più che alla lotta per il potere democratico.

Corretta mi pare l'osservazione di Hein secondo cui

> «la tesi di frequente sostenuta in confronto all'Inghilterra, che di per sé l'assenza di potere e la risultante assenza di un obbligo a stringere compromessi e alleanze avrebbe reso il liberalismo tedesco rigido sui principi e ristretto la sua capacità di attrazione sociale, lo avrebbe insomma reso 'too bourgeois', non tocchi il cuore del problema»[71].

[71] D. Hein, *Die bürgerlich-liberale Bewegung in Baden 1800-1880*, p. 35, nota 46 (trad. mia); cfr. anche J. Breuilly, *Liberalism and the Bourgeoisie*, in particolare pp. 398 ss.; D. Langewiesche (ed), *Liberalismus im 19. Jahrhundert*.

Bibliografia

1. *Fonti, bibliografie, raccolte legislative e atti parlamentari*

«Allgemeine Preußische Zeitung», varie annate.

ADLER V., *Briefwechsel mit August Bebel und Karl Kautsky usw.*, a cura di F. ADLER, Wien 1954.

Autoren, Bücher, Rezensenten. Annotierte Bibliographie 1953-1998. Die Veröffentlichungen der Kommission für Geschichte des Parlamentarismus und der politischen Parteien, a cura di M. SCHUMACHER, in collaborazione con A. Dünnwald e R. Gebel, Düsseldorf 2004.

BISMARCK O. VON, *Die politischen Reden des Fürsten Bismarck. Historisch-kritisch Gesamtausgabe*, a cura di H. KOHL, 14 voll., III: *1866-1868*, Stuttgart 1892-1905.

– *Gedanken und Erinnerungen*, Stuttgart - Berlin 1928.

– *Dokumente seines Lebens 1815-1898*, a cura di H. WOLTER, Leipzig 1986.

Census, voce, in *Brockhaus Konversations-Lexikon*, Leipzig - Berlin - Wien 1898[5], 4, p. 31.

Der Erste Vereinigte Landtag in Berlin 1847. Verhandlungen nach den Stenographisches Berichten, a cura di E. BLEICH, 4 voll., Berlin 1847. Permalink: http://www.mdz-nbn-resolving.de/urn/resolver.pl?urn=urn:nbn:de:bv-b:12-bsb10014950-3

DEUTSCHER REICHSTAG, *Stenographische Berichte über die Verhandlungen des Reichstages*, Berlin 1871 ss.

Dreiklassenwahlsystem, voce, in *Brockhaus Konversations-Lexikon*, Leipzig - Berlin - Wien 1898[5], 5, p. 500.

HATSCHEK J., *Das Parlamentsrecht des Deutschen Reiches*, Berlin - Leipzig 1915 (ed. anast. Berlin - New York 1975).

– *Kommentar zum Wahlgesetz und zur Wahlordnung im deutschen Kaiserreich*, Berlin - Leipzig 1920, p. 2.

HUBER E.R., *Deutsche Verfassungsgeschichte seit 1789*, 8 voll., Stuttgart 1957-1991; specialmente III: *Bismarck und das Reich*, Stuttgart 1963; 1988[3]; V: *Weltkrieg, Revolution und Reichserneuerung: 1914-1919*, Stuttgart 1978.

– *Dokumente zur Deutschen Verfassungsgeschichte*, 2 voll., Stuttgart - Berlin - Mainz 1978-1986[3].

Landkreis, voce, in *Meyers Enzyklopädisches Lexikon*, 14, Mannheim 1975, pp. 593-594.

LILL R. - GREIPL E.J. - PAPENHEIM M. - VALENTE M. (edd), *Vatikanische Akten zur Geschichte des deutschen Kulturkampfes: Edition der Sitzungsprotokolle der Sacra congregazione degli affari ecclesiastici straordinari 1880-1884*, Roma 2009.

MEYER G., *Das parlamentarische Wahlrecht*, a cura di G. JELLINEK, Berlin 1901.

MOMMSEN T., *I diritti fondamentali del popolo tedesco. Commento alla costituzione del 1848*, a cura di G. VALERA, Napoli 1994 (ed. orig. *Die Grundrechten des deutschen Volkes: mit Belehrungen und Erläuterungen*, Frankfurt a.M. 1849).

PREUSSISCHES HERRENHAUS, *Stenographische Berichte über die Verhandlungen des Herrenhauses*, Berlin 1876.

Quellen zum Staatsrecht der Neuzeit, 2 voll., Tübingen 1949-1951.

RAUCHHAUPT F.W. VON (ed), *Handbuch der Deutschen Wahlgesetze und Geschäftsordungen. Nach dem gegenwärtigen Gegenstande des Deutschen Reiches und seiner Bundesstaaten*, München - Leipzig 1916.

RAUER K., *Die ständische Gesetzgebung der Preußischen Staaten*, Berlin 1852.

REIBEL C.-W., *Handbuch der Reichstagswahlen 1890-1918. Bündnisse - Ergebnisse - Kandidaten*, Düsseldorf 2007.

RÖNNE L.M.P. VON, *Das Staatsrecht der preußischen Monarchie*, 2 voll., I: *Das Verfassungsrecht*, Leipzig 1856.

ROTTECK C. VON - WELCKER C. (edd), *Das Staats-Lexikon. Encyklopädie der sämmtlichen Staatswissenschaften für alle Stände*, 15 voll., 1834 ss.; Altona 1845-1848², https://katalog.ub.uni-freiburg.de/, Leipzig - Berlin - Wien 1856³-.

Sitzungsprotokolle des Preußischen Herrenhauses, Sitzungsperiode 1866-1867, 1.-28. Sitzung, Berlin 1867.

Stenographische Berichte über die Verhandlungen des Preußischen Hauses der Abgeordneten, I, 5. August - 27. September 1866.

Stenographische Berichte über die Verhandlungen des Reichstags des Norddeutschen Bundes, I. Legislatur-Periode, Berlin 1869.

Stenographischer Bericht über die Verhandlungen der deutschen konstituierenden Nationalversammlung zu Frankfurt a.M., a cura di F. WIGARD, 9 voll., Leipzig 1848-1849.

Verhandlungen des zum 2. April 1848 zusammen berufenen Vereinigten (preußischen) Landtages, a cura di E. BLEICH, Berlin 1848.

WAGENER H. (ed), *Staats- und Gesellschafts-Lexikon. Neues Conversations-Lexikon*, 23 voll., Berlin 1859-1867.

Wahlrecht und Wahlfähigkeit, voce, in *Staatslexikon. Unter Mitwirkung von Fachmännern herausgegeben im Auftrage der Görres-Gesellschaft durch A. Bruder und J. Bachem*, Freiburg i.Br. 1889, 5, p. 1291

2. *Letteratura primaria e secondaria*

ABEL W. (ed), *Wirtschaft, Geschichte, Wirtschaftsgeschichte für F. Lütge*, Stuttgart 1966.

AMATO S., *Il problema «partito» negli scrittori politici tedeschi (1851-1914)*, Firenze 1993[2].

ANDERSON M.L., *Practicing Democracy: Elections and Political Culture in Imperial Germany*, Princeton NJ 2000 (trad. ted. *Lehrjahre der Demokratie. Wahlen und politische Kultur im Deutschen Kaiserreich*, Stuttgart 2009).

– *Confessions of a Fellow Traveler*, in «The Catholic Historical Review», 99, 4, 2013, pp. 623-648.

ARSENSCHEK R., *Der Kampf um die Wahlfreiheit im Kaiserreich. Zur parlamentarischen Wahlprüfung und politischen Realität der Reichstagswahlen 1871-1914*, Düsseldorf 2003.

AUGST R., *Bismarcks Stellung zum parlamentarischen Wahlrecht*, Leipzig 1917.

AVINERI S., *La teoria hegeliana dello Stato*, Roma - Bari 1973.

BAADER F. VON, *Über das dermalige Mißverhältnis der Vermögenlosen oder Proletairs zu den Vermögen besitzenden Classen der Societät, in Betreff ihres Aufkommens sowohl in materieller als intellectueller Hinsicht aus dem Standpuncte des Rechts betrachtet*, München 1835, in H. BRANDT (ed), *Restauration und Frühliberalismus 1818-1840*, Darmstadt 1979, pp. 302-311.

BEBEL A., *Die Sozialdemokratie und das Allgemeine Stimmrecht*, Berlin 1895.

– *Die Frau und der Sozialismus* (1879), Berlin 1962.

BECKER W., *Neueste Zeit (1803/6-1995)*, in P. DINZELBACKER (ed), *Die Kirchen in der deutschen Geschichte*, Stuttgart 1996, pp. 466-643.

BECKERATH E. VON, *Die preußische Klassensteuer und die Geschichte ihrer Reform bis 1851* (Staats- und sozial-wissenschaflitche Forschung, 163), München - Leipzig, 1912.

BERTRAM J., *Die Wahlen zum Deutschen Reichstag vom Jahre 1912. Parteien und Verbände in der Innenpolitik des Wilhelminischen Reiches*, Düsseldorf 1964.

BEST H. - WEEGE W., *Biographisches Handbuch der Abgeordneten der Frankfurter Nationalversammlung 1848/49*, Düsseldorf 1998.

BEYME K. VON, *Konservatismus. Theorien des Konservatismus und Rechtsextremismus im Zeitalter der Ideologien 1789-1945*, Wiesbaden 2013.

BIEFANG A., *Politisches Bürgertum in Deutschland 1857-1868. Nationale Organisationen und Eliten*, Düsseldorf 1994.

– *Die andere Seite der Macht. Reichstag und Öffentlichkeit im 'System Bismarck' 1871-1890*, Düsseldorf 2009.

BLACKBOURN D., *Class, Religion and Local Politics in Wilhelmine Germany. The Centre Party in Württemberg Before 1914*, New Haven - London 1980.

BLUM R. - WIGARD F. (edd), *Die zweite allgemeine christkatholische Kirchenversammlung. Abgehalten zu Berlin, Pfingsten 1847*, Leipzig 1847.

BLUME W. VON, *Bedeutung und Aufgabe der Parlamente. Parteibildung*, in *Handbuch der Politik*, I, a cura di P. LABAND et al., Berlin - Leipzig 1912, pp. 365-377.

BOBERACH H., *Wahlrechtsfragen im Vormärz. Die Wahlrechtsanschauung im Rheinland 1815-1849 und die Entstehung des Dreiklassenwahlrechts*, Düsseldorf 1959.

BOCK G., *Frauenwahlrecht. Deutschland um 1900 in vergleichender Perspektive*, in M. GRÜTTNER - R. HACHTMANN - H.-G. HAUPT (edd), *Geschichte und Emanzipation. Festschrift für Reinhard Rürup*, Frankfurt a.M. 1999, pp. 95-123.

– *Frauen in der europäischen Geschichte. Vom Mittelalter bis zur Gegenwart*, München 2000.

BÖCKENFÖRDE E.W., *La storiografia costituzionale tedesca del secolo decimonono. Problematica e modelli dell'epoca*, Milano 1970 (ed. orig. *Die deutsche verfassungsgeschichtliche Forschung im 19. Jahrhundert*, Berlin 1961).

– (ed), *Probleme des Konstitutionalismus im 19. Jahrhundert* (Der Staat, 1), Berlin 1975.

– *Lorenz von Stein als Theoretiker der Bewegung von Staat und Gesellschaft zum Sozialstaat*, in E.W. BÖCKENFÖRDE, *Staat, Gesellschaft, Freiheit. Studien zur Staatstheorie und zum Verfassungsrecht*, Frankfurt a.M. 1976, pp. 146-184.

– *Der Verfassungstyp der deutschen konstitutionellen Monarchie im 19. Jahrhundert*, in E.W. BÖCKENFÖRDE (ed), *Moderne deutsche Verfassungsgeschichte (1815-1918)*, Königstein Ts. 1981[2].

BOLDT H., voce, *Staat und Souveränität*, in O. BRUNNER - W. CONZE - R. KOSELLECK (edd), *Geschichtliche Grundbegriffe*, 6, Stuttgart 1990, pp. 129-154.

– *Erfurter Unionsverfassung*, in G. MAI (ed), *Die Erfurter Union und das Erfurter Unionsparlament 1850*, Köln 2000, pp. 417-431.

BORN K.E., *Preußen im deutschen Kaiserreich 1871-1918*, in *Handbuch der preussischen Geschichte*, III: *Vom Kaiserreich zum 20. Jahrhundert*, a cura di W. NEUGEBAUER, Berlin 2000, pp. 15-148.

BORNHAK C., *Preußisches Staatsrecht*, 3 voll., Breslau 1911².

BORUTTA M., *Antikatholizismus. Deutschland und Italien im Zeitalter der europäischen Kulturkämpfe*, Göttingen 2011².

BOTZENHART M., *Deutscher Parlamentarismus in der Revolutionszeit 1848-50*, Düsseldorf 1977.

BRANDT H., *Landständische Repräsentation im deutschen Vormärz. Politisches Denken im Einflussfeld des monarchischen Princips*, Neuwied - Berlin 1966.

– *Parlamentarismus in Württemberg 1819-1870. Anatomie eines deutschen Landtages*, Düsseldorf 1987.

BREUILLY J., *Liberalism and the Bourgeoisie. Germany in Comparative Perspective*, in «Archiv für Sozialgeschichte», 32, 1992, pp. 384-404.

BRUBAKER R., *Citizenship and Nationhood in France and Germany*, Cambridge MA 1992.

BUCHARIN N., *Teoria del materialismo storico*, Firenze 1977 (ed. orig. Moskva 1921)

BUDDE D., *Formen der Repräsentation und ihre Legitimation. Die voraussetzungsvolle Anerkennung von Repräsentanten in der Politik*, Arbeitsbereich Politische Theorie und Ideengeschichte, Freie Universität Berlin, Working Paper 3/2013.

BURG P., *Die Steinsche Städteordnung und Westphalen*, in «Westfälische Geschichte», http://www.westfaelische-geschichte.de/web721 (ultima consultazione 27 ottobre 2015).

BUSSE D., *«Deutsche Nation». Zur Geschichte eines Leitbegriffs im Deutschland vor und nach der Wiedervereinigung*, in R. REIHER (ed), *Sprache im Konflikt. Zur Rolle der Sprache in sozialen, politischen und militärischen Auseinandersetzungen*, Berlin - New York 1995, pp. 203-231.

BUSSMANN W., *Zwischen Preußen und Deutschland. Friedrich Wilhelm IV: Eine Biographie*, Berlin 1990.

CAPPELLINI P., voce *Rappresentanza (diritto intermedio)*, in *Enciclopedia del Diritto*, 38, Milano 1987.

CERVELLI I., *Realismo politico e liberalismo moderato in Prussia negli anni del decollo*, in R. LILL - N. MATTEUCCI (edd), *Il liberalismo in Italia e in Germania dalla rivoluzione del '48 alla prima guerra mondiale* (Annali dell'Istituto storico italo-germanico in Trento. Quaderni, 5), Bologna 1980, pp. 77-290.

– *Liberalismo e conservatorismo in Prussia 1850-1858*, Bologna 1983.

– *La Germania dell'Ottocento. Un caso di modernizzazione conservatrice*, Roma 1988.

CASSINA C., *Il bonapartismo o la falsa eccezione*, Roma 2001.

CATALANO F., *Stato e società nei secoli*, III, Messina - Firenze 1979.

CERRONI U., *Teoria politica e socialismo*, Roma 1973.

CHARTIER R., *Le sens de la représentation*, in «La Vie des idées», 22 mars 2013 (http://www.laviedesidees.fr/Le-sens-de-la-representation.html).

CONSTABEL A. (ed), *Die Vorgeschichte des Kulturkampfes*, Berlin 1956.

CORNI G., *Storia della Germania*, Milano 1992.

COSTA P., *Civitas. Storia della cittadinanza in Europa*, III: *La civiltà liberale*, Roma - Bari 2002.

CRISCUOLO V., *Il Congresso di Vienna*, Bologna 2015.

CROTHERS G.D., *The German Elections of 1907*, New York 1941.

CROUCH C., *Postdemocrazia*, Roma - Bari 2012[3] (ed. orig. *Post-democracy*, Cambridge 2004).

CUOCO V., *Saggio storico sulla rivoluzione di Napoli del 1799*, a cura di A. DE FRANCESCO, Roma - Bari 2014.

DAHLMANN F.C., *Die Politik, auf den Grund und das Maaß der gegebenen Zustände zurückgeführt*, Leipzig 1847 (Göttingen 1835[1]).

DE SANCTIS F., *Crisi e scienza. Lorenz Stein. Alle origini della scienza sociale*, Napoli 1974.

DIETZ A., *Das Primat der Politik in kaiserlicher Armee, Reichswehr, Wehrmacht und Bundeswehr*, Tübingen 2011.

DÖRING H.-M., *Der Repräsentations-Begriff seit 1800 in Deutschland, England und den USA, untersucht anhand von Fachlexika*, in G. GÖHLER et al. (edd), *Institution-Macht-Repräsentation*, Baden-Baden 1997.

DOYLE D.H., *The Cause of all Nations. An International History of the American Civil War*, New York 2015.

DROZ J., *Liberale Anschauungen zur Wahlrechtsfrage und das preußische Dreiklassenwahlrecht*, in E.-W. BÖCKENFÖRDE - R. WAHL (edd), *Moderne deutsche Verfassungsgeschichte (1815-1918)*, Königstein Ts. 1981[2], pp. 232-251.

DUCHHARDT H., *Der Wiener Kongress. Die Neugestaltung Europas 1814/15*, München 2013.

EHRISMANN R., *Der Regierende Liberalismus in der Defensive. Verfassungspolitik im Großherzogtum Baden 1876-1905*, Frankfurt a.M. 1993.

ELEY G., *From Unification to Nazism: Reinterpreting the German Past*, London 1986.

– *Class, Culture, and Politics in the Kaiserreich*, in «Central European History», 27, 1994, 3, pp. 355-375.

– BLACKBOURN D., *The Peculiarities of German History,* Oxford 1984.

– RETALLACK J. (edd), *Wilhelminism and its Legacies: German Modernities, Imperialism, and the Meaning of Reform, 1890-1930*, Oxford - New York 2003.

EPSTEIN K., *Die Ursprünge des Konservatismus in Deutschland*, Berlin 1973.

FABHRMEIER A., *Citizens and Aliens: Foreigners and the Law in Britain and the German States, 1789-1870*, New York - Oxford 2000.

FAIRBARN B., *Interpreting Wilhelmine Elections: National Issues, Fairness Issues, and Electoral Mobilization*, in L.E. JONES - J. RETALLACK (edd), *Elections, Mass Politics, and Social Change in Modern Germany*, Cambridge MA 1992, pp. 17-48.

– *Democracy in the Undemocratic State. The German Reichstag Elections of 1898 and 1903*, Toronto 1997.

FENSKE H., *Strukturprobleme der deutschen Parteiengeschichte. Wahlrecht und Parteiensystem vom Vormärz bis heute*, Frankfurt a.M. 1974.

FICHTE J.G., *Le fondement du droit naturel selon les principes de la doctrine de la science*, Paris 1984 (ed. orig. *Die Grundlage des Naturrechts nach Prinzipien der Wissenschaftslehre*, Jena - Leipzig 1796).

FIORAVANTI M., *Giuristi e costituzione politica nell'Ottocento tedesco*, Milano 1979.

– *Stato e costituzione. Materiali per una storia delle dottrine costituzionali*, Torino 1993.

– *La scienza del diritto pubblico. Dottrine dello Stato e della Costituzione tra Otto e Novecento*, Milano 2001.

FISAHN A., *Demokratie und Öffentlichkeitsbeteiligung*, Tübingen 2002.

FONTANE T., *Wanderungen durch die Mark Brandenburg*, 5: *Fünf Schlösser (1888-1889)*, a cura di G. ERLER - R. MINGAU, con la collaborazione di T. Erler, Berlin 1990.

FOSSUM J.E - MENÉNDEZ A.J., *La peculiare Costituzione dell'Unione europea*, Firenze 2012 (ed. orig. *The Constitution's Gift. A Constitutional Theory for a democratic European Union*, Lanham MD 2010).

FREVERT U. (ed), *Bürgerinnen und Bürger. Geschlechtsverhältnisse im 19. Jahrhundert*, Göttingen 1988.

– *Mann und Weib, und Weib und Mann. Geschlechter Differenzen in der Moderne*, München 1995.

GAGEL W., *Die Wahlrechtsfrage in der Geschichte der deutschen liberalen Parteien 1848-1918*, Düsseldorf 1958.

GALL L., *Europa auf dem Weg in die Moderne 1850-1890*, München 1984.

– *Bismarck il Cancelliere di ferro*, Milano 1984 (ed. orig. *Bismarck der weiße Revolutionär*, Frankfurt a.M. 1980).

– LANGEWIESCHE D. (edd), *Liberalismus und Region. Zur Geschichte des deutschen Liberalismus im 19. Jahrhundert im regionalen Vergleich*, München 1995.

GANGL H., *Der deutsche Weg zum Verfassungsstaat. Eine Problemskizze*, in E.W. BÖCKENFÖRDE (ed), *Probleme des Konstitutionalismus im 19. Jahrhundert*, Berlin 1975, pp. 23-58.

GAWATZ A., *Wahlkämpfe in Württemberg. Landtags- und Reichstagswahlen beim Übergang zum politischen Massenmarkt (1889-1912)*, Düsseldorf 2001.

GENTZ F. VON, *Seiner Königlichen Majestät Friedrich Wilhelm dem III Bei der Thronbesteigung alleruntertbhänigst überreicht*, Berlin 1797.

– *Über den Unterschied zwischen den landständischen und Repräsentativverfassungen. Nebenbeilage zu den Karlsbader Protokollen (1819)*, in *Wichtige Urkunden für den Rechtzustand der deutschen Nation, mit eigenhändigen Anmerkungen von Johann Ludwig Klüber. Aus dessen Papieren mitgeteilt und erläutert von Carl Welcker*, Mannheim 1844, pp. 220-229.

GERBER C.F. VON, *Grundzüge eines Systems des deutschen Staatsrechts*, Leipzig 1865.

GERHARDT J., *Der Erste Vereinigte Landtag in Preußen von 1847. Untersuchungen zu einer ständischen Körperschaft im Vorfeld der Revolution von 1848/49*, Berlin 2007.

GERSCHENKRON A., *Bread and Democracy in Germany* (1943), Ithaca 1983.

GIERKE O., *Labands Staatsrecht und die deutsche Rechtswissenschaft*, in «Schmollers Jahrbücher», 7, 1883, pp. 1097-1195.

GNEIST R., *Die nationale Rechtsidee von den Ständen und das preußische Dreiklassensystem*, Berlin 1894.

GOETHE J.W., *Le affinità elettive*, Torino 1944 (ed. orig. *Die Wahlverwandtschaften*, Tübingen 1809).

GOZZI G., *Democrazia e pluralismo da Weimar alla Repubblica Federale Tedesca*, in «Scienza & Politica. Per una storia delle dottrine», 6, 1992, pp. 85-106.

– *Questione costituzionale e politica sociale in Germania e in Italia durante l'età bismarckiana*, in M. SALVATI (ed), *Per una storia comparata del municipalismo e delle scienze sociali*, Bologna 1993, pp. 15-31.

– *Verfassungsfrage und Sozialpolitik zu Bismarcks Zeit in Deutschland und Italien*, in A. MAZZACANE - R. SCHULZE (edd), *Die deutsche und die italienische Rechtskultur im «Zeitalter der Vergleichung»*, Berlin 1995, pp. 197-213.

– *Democrazia e diritti. Germania: dallo stato di diritto alla democrazia costituzionale*, Roma - Bari 1999.

GRAMSCI A., *Quaderni dal carcere*, a cura di V. GERRATANA, Q. 6-8, Torino 1975.

– *Risorgimento italiano*, a cura di C. VIVANTI, Torino 1977.

GROH D., *Grundlagen und Struktur der Staatslehre Friedrich Julius Stahls*, Wiesbaden 1963.

– *Negative Integration und revolutionärer Attentismus. Die deutsche Sozialdemokratie am Vorabend des Ersten Weltkrieges*, Berlin 1973.

GROSSFELD B., *Die Einkommensteuer: Geschichtliche Grundlage und rechtsvergleichender Ansatz*, Tübingen 1981.

GROSSI P., *Ritorno al diritto*, Roma - Bari 2015

GRÜNTHAL G., *Konstitutionalismus und konservative Politik. Ein Verfassungspolitischer Beitrag zur Ära Manteuffel*, in G.A. RITTER (ed), *Gesellschaft, Parlament und Regierung: Zur Geschichte des Parlamentarismus in Deutschland*, Düsseldorf 1974, pp. 145-164.

– *Das preussische Dreiklassenwahlrecht. Ein Beitrag zur Genesis und Funktion des Wahlrechtsoktrois von Mai 1849*, in «Historische Zeitschrift», 226, 1978, pp. 41-43.

– *Parlamentarismus in Preußen 1848/49-1857/58*, Düsseldorf 1982.

HAHN H.-W., *Geschichte des Zollvereins*, Göttingen 1984.

HAHNENFELD G., *Wehrpflichtgesetz*, München 1976.

HARDENBERG K.A. VON, *Über die Reorganisation des Preußischen Staats, verfaßt auf höchsten Befehl Sr. Majestät des Königs*, in G. WINTER (ed), *Reorganisation des Preussischen Staates unter Stein und Hardenberg*, I: *Allgemeine Verwaltungs- und Behördenreform*, 1: *Vom Beginn des Kampfes gegen die Kabinettsregierung bis zum Wiedereintritt des Ministers vom Stein* (Publikationen aus den Preussischen Staatsarchiven, 93), Leipzig 1931, pp. 302-363.

HARTMANN V., *Repräsentation in der politischen Theorie und Staatslehre in Deutschland*, Berlin 1979.

HASSELHORN B., *Politische Theologie Wilhelms II.*, Berlin 2012.

HAVERKATE G., voce *Staat und Souveränität*, in *Geschichtliche Grundbegriffe*, a cura di O. BRUNNER - W. CONZE - R. KOSELLECK, 6, Stuttgart 1990, pp. 66-68.

HEGEL G.W.F., *Gli Atti della Dieta del Württemberg*, in «Heidelberger Jahrbücher für Literatur», 1817, 66-68 (novembre) e 73-77 (dicembre), ora in G.W.F. HEGEL, *Il dominio della politica*, a cura di N. MERKER, Roma 1997², pp. 335-372.

– *Lineamenti di filosofia del diritto. Diritto naturale e scienza dello stato in compendio*, a cura di G. MARINI, Roma - Bari 1999 (ed. orig. *Grundlinien der Philosophie des Rechts oder Naturrecht und Staatswissenschaft im Grundrisse*, a cura di E. GANS, Berlin 1833).

HEIMAN G., *The Sources and Significance of Hegel's Corporate Doctrine*, in Z.A. PELCZYNSKI (ed), *Hegel's Political Philosphy. Problems and Perspectives*, Cambridge MA 1971, pp. 111-135.

HEIN D., *Die bürgerlich-liberale Bewegung in Baden 1800-1880*, in L. GALL - D. LANGEWIESCHE (edd), *Liberalismus und Region*, pp. 19-39.

HEINE H., *Paralipomena* a *La Germania. Fiaba invernale*, in H. HEINE, *Poesie*, a cura di G. CHIARINI, Bologna 1894 (ed. orig. *Deutschland. Ein Wintermärchen*, Leipzig 1844).

HEINEN A., *Umstrittene Moderne. Die Liberalen und der preußisch-deutsche Kulturkampf*, in «Geschichte und Gesellschaft», 29, 2003, 1, pp. 138-156.

HENKEL M., *Hermann Hellers Theorie der Politik und des Staates: Die Geburt der Politikwissenschaft aus dem Geiste der Soziologie*, Tübingen 2011.

HENTSCHEL V., *Deutsche Wirtschafts- und Sozialpolitik 1815 bis 1945*, Düsseldorf 1980.

HESS U., *Die Zentralverwaltung der thüringischen Staaten von der Mitte des 19. Jahrhunderts bis zur Gründung des Landes Thüringen im Jahre 1920*, in «Annali della Fondazione Italiana per la Storia Amministrativa», Milano 1965, II, pp. 360-408.

HETTNER F., *Die Wahlgesetze für den Landtag im Königreiche Sachsen, nebst den Ausführungen und den Bestimmungen über den Betrieb des Landtags*, Leipzig 1909.

HIERY H., *Reichstagswahlen in Reichsland 1871-1919*, Düsseldorf 1986.

HINTZE O., *Zur Reform des preußischen Wahlrechts*, in «Europäische Staats- und Wirtschaftszeitung», 2, 1917, pp. 432 ss.

– *Tipologia delle costituzioni cetuali dell'Occidente*, in G. D'AGOSTINO (ed), *Le istituzioni parlamentari nell'Ancien Régime*, Napoli 1980, pp. 83-104 (ed. orig. *Typologie der ständischen Verfassungen des Abendlandes* (1930), in O. HINTZE, *Staat und Verfassung*, a cura di G. OESTREICH, Göttingen 1970).

– *Monarchisches Prinzip und konstitutionelle Verfassung* (1911), ora in O. BÜSCH - W. NEUGEBAUER (edd), *Moderne preußische Geschichte. Eine Anthologie*, Berlin 1981, pp. 731-745.

HODENBERG C. VON, *Die Partei der Unparteiischen. Der Liberalismus der preußischen Richterschaft 1815-1848/49*, Göttingen 1996.

HOFFMANN A.H. VON FALLERSLEBEN, *Unpolitische Lieder*, 2 voll., Hamburg 1840-1841.

HOFFMANN J.G., *Die Lehre von den Steuern*, Berlin 1840.

HOFMANN H., *Verfassungsrechtliche Annäherungen an das Begriff des Gemeinwohls*, in H. MÜNKLER - K. FISCHER (ed), *Gemeinwohl und Gemeinsinn im Recht*, II, Berlin 2002.

– *Rappresentanza-rappresentazione: parola e concetto dall'antichità all'Ottocento*, Milano 2007.

HOHORST G. - KOCKA J. - RITTER G.A. (edd), *Sozialgeschichtliches Arbeitsbuch*, 3 voll., II: *Materialien zur Statistik des Kaiserreichs 1870-1914*, 3 voll., München 1978[2].

JAMES H., *Monetary and Fiscal Unification in Nineteenth-Century Germany: What Can Kohl Learn from Bismarck?* (Essays in international Finance», 202), Princeton NJ 1997.

JANSEN C., *Einheit, Macht und Freiheit. Die Paulskirchenlinke und die deutsche Politik in der nachrevolutionären Epoche (1849-1867)*, Düsseldorf 2000.

– *Otto von Bismarck: Modernität und Repression, Gewaltsamkeit und List. Ein absolutistischer Staatsdiener im Zeitalter der Massenpolitik*, in F. MÖLLER (ed), *Charismatische Führer der deutschen Nation*, München 2004, pp. 63-84.

– *Simon, August H.*, in *Neue deutsche Biographie*, a cura di O. ZU STOLBERG-WENINGRODE, 25 voll., Berlin 1953-2013, 24, 2010, pp. 432-433.

JESERICH K.G.A. - POHL H. - UNRUH G.-C. VON (edd), *Deutsche Verwaltungsgeschichte*, II, Stuttgart 1983.

JUCHO F.S. (ed), *Verhandlungen des deutschen Parlaments, Officielle Ausgabe*, 2 voll., Frankfurt a.M. 1848[2].

KAERNBACH A., *Bismarcks Konzepte zur Reform des Deutschen Bundes. Zur Kontinuität der Politik Bismarcks und Preußens in der deutschen Frage*, Göttingen 1991.

KANT I., *Der Streit der philosophischen Fakültat mit der juristischen*, 2. Abschnitt, 7 (1798), Akademieaufgabe, 7 (1907/1917), Berlin 1968.

– *Zum ewigen Frieden. Ein philosophischer Entwurf*, Anhang II (1795), Akademieausgabe, 8 (1912/1923), Berlin 1968.

– *Sul detto comune «ciò può essere giusto in teoria, ma non vale per la prassi»* (1793), in I. KANT, *Stato di diritto e società civile*, a cura di N. MERKER, Roma 2015, pp. 189-230.

KANTOROWICZ E.H., *The King's Two Bodies. A Study in Medieval Political Theology*, Princeton NJ 1957.

KIEHL H.-G., *Albert Hänel und der Linksliberalismus im Reichstagswahlkreis Kiel-Rendsburg-Plön 1867 bis 1884. Ein Beitrag zur politischen Parteien-

geschichte Schleswig-Holsteins im 19. Jahrhundert. Mit einem Anhang von Parteiprogrammen, Aufrufen und Statuten zur Parteiengeschichte Schleswig-Holsteins 1866 bis 1884, Dissertation, Kiel 1966.

KOCH G., *Adolf Stoecker 1835-1909. Ein Leben zwischen Politik und Kirche*, Erlangen - Jena 1993.

KOCKA J. (ed), *Borghesie europee dell'Ottocento*, Venezia 1989.

– *Arbeitsverhältnisse und Arbeiterexistenzen. Grundlagen der Klassenbildung im 19. Jahrhundert*, Bonn 1990.

– NEUGEBAUER W., *Vorwort*, in BRANDENBURGISCHE AKADEMIE DER WISSENSCHAFTEN (ed), *Die Protokolle des Preußischen Staatsministerium 1817-1934/38*, 6/1 (Acta Borussica. NF), Hildesheim - New York 2004.

KOLB C.F., voce *Repräsentatives, constitutionelles und landständisches System*, in C. ROTTECK - C.T. VON WELCKER, *Staats-Lexikon oder Encyclopädie der Staatswissenschaften*, 13, Altona 1842.

KOSELLECK R., *Preußen zwischen Reform und Revolution*, Stuttgart 1975².

KOSLOWSKI P. (ed), *The Theory of Capitalism in the German Economic Tradition: Historism, Ordoliberalism, Critical Theory, Solidarism*, Berlin 2000.

KOTULLA M., *Deutsche Verfassungsgeschichte. Vom Alten Reich bis Weimar (1495-1934)*, Heidelberg 2008.

KRAUS H.-C., *Konstitutionalismus wider Willen. Versuche einer Abschaffung oder Totalrevision der preußischen Verfassung während der Reaktionsära (1850-1857)*, in «Forschungen zur brandenburgischen und preussischen Geschichte», NF, 5, 1995, 2, pp. 157-240.

– *Preußensweg zum Verfassungsstaat*, in C. LIERMANN - G. CORNI - F.-L KROLL (edd), *Italien und Preußen. Dialog der Historiographien*, Tübingen 2005, pp. 143-176.

KREUZER M., *Parliamentarization and the Question of German Exceptionalism: 1867-1918*, in «Central European History», 36, 2003, pp. 327-358.

KÜHNE J.-D., *Die Reichsverfassung der Paulskirche. Vorbild und Verwirklichung im späteren deutschen Rechtsleben*, Neuwied 1998².

KÜHNE T., *Dreiklassenwahlrecht und Wahlkultur in Preussen 1867-1914. Landtagswahlen zwischen korporativer Tradition und politischem Massenmarkt*, Düsseldorf 1994.

– *Handbuch der Wahlen zum Preußischen Abgeordnetenhaus*, Düsseldorf 1994.

– *Historische Wahlforschung in der Erweiterung*, in S. LÄSSIG - K.H. POHL - J. RETALLACK (edd), *Modernisierung und Region im wilhelminischen Deutschland*, Bielefeld 1995, pp. 39-68.

– *Demokratisierung und Parlamentarisierung. Neue Forschungen zur politischen Entwicklungsfähigkeit Deutschlands vor dem Ersten Weltkrieg*, in «Geschichte und Gesellschaft», 31, 2005, 2, pp. 293-316.

– *Political Culture and Democratization*, in J. RETALLACK (ed), *Imperial Germany 1871-1918. The Short Oxford History of Germany*, Oxford 2008, pp. 174-195.

LA TORRE M., *La crisi del Novecento. Giuristi e filosofi nel crepuscolo di Weimar*, Bari 2006.

LANCHESTER F., *Le costituzioni tedesche da Francoforte a Bonn: introduzione e testi*, Bologna 1998.

LÄNGER F., *Bürgertum in rheinischen Großstädten*, in L. GALL (ed), *Stadt und Bürgertum im 19. Jahrhundert*, München 1990, pp. 107-112.

LANGEWIESCHE D. (ed), *Liberalismus im 19. Jahrhundert. Deutschland im europäischen Vergleich*, Göttingen 1988.

– *Liberalismus in Deutschland*, Frankfurt a.M. 1988.

LÄSSIG S., *Wahlrechtskämpfe und Wahlrechtsreformen im Königreich Sachsen (1895-1909). Parteien, Politische Kultur und gesellschaftlicher Wandel im Wilhelminischen Deutschland*, Köln - Weimar - Wien 1995.

– *Wahlrechtsreformen in den deutschen Einzelstaaten. Indikatoren für Modernisierungstendenzen und Reformfähigkeit im Kaiserreich?*, in S. LÄSSIG - K.-H. POHL - J. RETALLACK (edd), *Modernisierung und Region im wilhelminischen Deutschland*, Bielefeld 1995, pp. 127-170.

– POHL K.-H. - RETALLACK J. (edd), *Modernisierung und Region im wilhelminischen Deutschland*, Bielefeld 1995.

LEHMBRUCH G. - SCHMITTER P.C. (edd), *Patterns of Corporatist Policy-Making*, London 1982.

LEPSIUS M.R., *Parteiensystem und Sozialstruktur. Zum Problem der Demokratisierung der deutschen Gesellschaft*, in M.R. LEPSIUS (ed), *Demokratie in Deutschland*, Göttingen 1993, pp. 25-50.

LICHTHEIM G., *Il marxismo*, Bologna 1971.

LIEBERT B., *Politische Wahlen in Wiesbaden im Kaiserreich (1867-1918)*, Wiesbaden 1988.

LILL R. (ed), *Vatikanische Akten zur Geschichte des deutschen Kulturkampfes Leo XIII.*, I, *1878-1880*, Tübingen 1970.

– TRANIELLO F. (edd), *Il Kulturkampf in Italia e nei paesi di lingua tedesca* (Annali dell'Istituto storico italo-germanico in Trento. Quaderni, 31), Bologna 1992.

LÓPEZ-DOMINGUEZ V., *Le réalisme politique dans la Doctrine de la Science*, in J.-C. GODDARD - J. RIVERA DE ROSALES (edd), *Fichte et la politique*, Monza 2008.

LUDWIG E., *Guillaume II*, Paris 1927 (ed. orig. *Wilhelm der Zweite*, Berlin 1927).

LUTZ H., *Tra Asburgo e Prussia. La Germania dal 1815 al 1866*, Bologna 1992.

MAGER W., *Das Problem der landständischen Verfassungen auf dem Wiener Kongress 1814/15*, in «Historische Zeitschrift», 217, 1974, pp. 296-346.

MAI G. (ed), *Die Erfurter Union und das Erfurter Unionsparlament 1850*, Köln 2000.

MAIER C.S., *La rifondazione dell'Europa borghese. Francia, Germania e Italia nel decennio successivo alla prima guerra mondiale*, Bari 1979.

MAITLAND W.F., *Introduzione* a O. GIERKE, *Political Theories of the Middle Age* (1958) ora in P. SCHIERA (ed), *Società e corpi*, Napoli 1988, pp. 57-108.

MANCA A.G., *La sfida delle riforme. Costituzione e politica nel liberalismo prussiano 1850-1866* (Annali dell'Istituto storico italo-germanico in Trento. Monografie, 21), Bologna 1995.

– *Costituzione e amministrazione della monarchia prussiana (1848-1870)*, (Annali dell'Istituto storico italo-germanico in Trento. Monografie, 67), Bologna 2017.

MANTEUFFEL O. Frhr. VON, *Unter Friedrich Wilhelm IV. Denkwürdigkeiten des Ministers Otto Freiherr v. Manteuffel*, a cura di H. VON POSCHINGER, 3 voll., Berlin 1901.

MARWITZ F.A.L. VON DER, *Über Hardenbergs vier Reden in der convocirten Versammlung mit einer Einleitung, worin die Ursachen der Verfalls des Preußischen Staates nachgeforscht wird* (1811), in F. MEUSEL (ed), *Ein märkischer Edelmann im Zeitalter der Befreiungskriege. Friedrich August Ludwig von der Marwitz*, Berlin 1913, II/2, pp. 57-155.

MARX K. - ENGELS F., *Opere complete*, 50 voll., 42: *Lettere. 1864-1857*, Roma 1974 (ed. orig. 43 voll., Werke, 43 voll., Berlin 1956-1990).

MAYER A., *Il potere dell'Ancien Régime fino alla prima guerra mondiale*, Roma - Bari 1999.

MAZZACANE A., *Pandettistica*, in *Enciclopedia del diritto*, 31, Milano 1981, pp. 592-608.

MEINECKE F., *Die Reform des preußischen Wahlrechts*, in «Annalen für soziale Politik und Gesetzgebung», 5, 1917, pp. 1 ss.

– *Cosmopolitismo e Stato nazionale*, Perugia - Venezia 1930, 2 voll. (ed. orig. *Weltbürgertum und Nationalstaat: Studien zur Genesis des deutschen Nationalstaates*, München 1907).

MENGER C., *Fondamenti di scienza economica*, Imola 1909, poi Bari 1925 (ed. orig. *Grundsätze der Volkswirtschaftslehre*, 1871).

– *Il metodo della scienza economica*, in «Nuova collana di economisti stranieri e italiani», IV: *Economia pura*, Torino 1937.

MESSERSCHMIDT M., *Das preußische Militärwesen*, in *Handbuch der preußischen Geschichte*, III, a cura di W. NEUGEBAUER, Berlin 2001, pp. 319-546.

MEYER G., *Über die Entstehung und Ausbildung des allgemeinen Stimmrechts. Akademische Rede zur Feier des Geburtstages des höchstseligen Grossherzogs Karl Friedrich am 22. November 1897*, Heidelberg 1897.

MIECK I., *Preußen von 1807 bis 1850. Reformen, Restauration und Revolution*, in *Handbuch der preussischen Geschichte*, a cura di O. BÜSCH, Berlin 1992, II, pp. 3-292.

MILATZ A., *Reichstagswahlen und Mandatsverteilung 1871 bis 1918. Ein Beitrag zu Problemen des absoluten Mehrheitswahlrechts*, in G.A. RITTER (ed), *Gesellschaft Parlament und Regierung. Zur Geschichte des Parlamentarismus in Deutschland*, Düsseldorf 1974, pp. 207-223.

MOHL R. VON, *Kritische Bemerkungen über die Wahlen zum ersten deutschen Reichstage*, Tübingen 1874.

MOMMSEN W.J., *Das deutsche Kaiserreich als System umgangener Entscheidungen*, in H. BERDING (ed), *Vom Staat des Ancien Régime zum modernen Staat. Festschrift für Theodor Schieder zum 70. Geburtstag*, München 1978, pp. 239-265.

MOORE B. jr, *Le basi sociali dell'obbedienza e della rivolta*, Milano 1983.

MOSCATI L., *Italienische Reise. Savigny e la scienza giuridica della Restaurazione*, Roma 2000.

MOSSMANN W. - SCHLEUNING P., *Alte und neue politische Lieder*, Hamburg 1980.

MÜLLER D., *Adliges Eigentumsrecht und Landesverfassung. Die Auseinandersetzungen um die Eigentumsprivilegien des Adels am Beispiel Brandenburgs und Pommerns*, Berlin 2011.

NA'AMAN S., *Der Deutsche Nationalverein. Die politische Konstituierung des deutschen Bürgertums 1859-1867*, Düsseldorf 1987.

NIEHUSS M., *Party Configurations in State and Municipal Elections in Southern Germany, 1871-1914*, in K. ROHE (ed), *Elections, Parties and Political Traditions. Social Foundations of German Party Systems 1867-1987*, Oxford - München 1990, pp. 83-105.

NIPPERDEY T., *Die Organisation der bürgerlichen Parteien in Deutschland vor 1918*, in «Historische Zeitschrift», 185, 1958, pp. 550-602.

– *Die Organisation der deutschen Parteien vor 1918*, Düsseldorf 1961.

– *Interessenverbände und Parteien in Deutschland vor dem Ersten Weltkrieg*, in «Politische Viertelsjahresschrift», 1960-1961, 2, pp. 262-280, ora in H.U. WEHLER (ed), *Moderne deutsche Sozialgeschichte*, Köln 1976, pp. 369-388.

– *Wehlers Kaiserreich. Eine kritische Auseinandersetzung*, in «Geschichte und Gesellschaft», 1, 1971, 4, pp. 539-560.

– *Deutsche Geschichte 1806-1866. Bürgerwelt und starker Staat*, München 1983.

– *Deutsche Geschichte 1866-1918*, 1: *Arbeitswelt und Bürgergeist*, München 1990; 2: *Machtstaat vor der Demokratie*, München 1992.

OBENAUS H., *Die Immediatkommission für die ständischen Angelegenheiten als Instrument der preussischen Reaktion im Vormärz*, in *Festschrift für Hermann Heimpel*, I, Göttingen 1971, pp. 410-446.

OBERMANN K., *Die Wahlen zur Frankfurter Nationalversammlung im Frühjahr 1848. Die Wahlvorgänge in den Staaten des Deutschen Bundes im Spiegel zeitgenössischer Quellen*, Berlin 1987.

PAOLUCCI C., *Between Körperschaft and Census. Political Representation in the German Vormärz*, in R. ROMANELLI (ed), *How Did they Become Voters? The History of Franchise in Modern European Representation*, Den Haag 1998, pp. 250-294.

PATEMANN R., *Der Kampf um die preußische Wahlreform im Ersten Weltkrieg*, Düsseldorf 1964.

PATERNÒ M.P., *Individuo, esercito, nazione. Heinrich Friedrich Karl von Stein e la politica delle riforme in Prussia*, Napoli 1998.

PETERSDORFF H. VON, voce *Wagener, Hermann*, in *Allgemeine Deutsche Biographie*, a cura della HISTORISCHE KOMMISSION BEI DER BAYERISCHEN AKADEMIE DER WISSENSCHAFTEN, 56 voll., Leipzig 1875-1912, 40, 1896, pp. 471-476 (https://de.wikisource.org/w/index.php?title=ADB:Wagener,_Hermann&oldid=2508723).

PFIZER P.A., *Gedanken über das Ziel und die Aufgabe des Deutschen Liberalismus*, Tübingen 1832.

PIRETTI M.S., *La fabbrica del voto: come funzionano i sistemi elettorali*, Roma - Bari 1998.

POHL K.H., *Die Nationalliberalen in Sachsen vor 1914*, in L. GALL - D. LANGEWIESCHE (edd), *Liberalismus und Region*, pp. 195-215.

POLLMANN K.E., *Parlamentseinfluß während der Nationalstaatsbildung 1867-1871*, in G.A. RITTER (ed), *Regierung, Bürokratie und Parlament in Preußen und Deutschland von 1848 bis zur Gegenwart*, Düsseldorf 1983, pp. 57-75.

– *Parlamentarismus im Norddeutschen Bund 1867-1870*, Düsseldorf 1985.

POMBENI P., *Partiti e sistemi politici nella storia contemporanea, 1830-1968*, Bologna 1994.

PRZEWORSKI A. - SPRAGUE J., *Paper Stones. A History of Electoral Socialism*, Chicago IL 1986.

RAUH M., *Föderalismus und Parlamentarismus im Wilhelminischen Reich*, Düsseldorf 1973.

– *Die Parlamentarisierung des Deutschen Reiches*, Düsseldorf 1977.

– *Il liberalismo e il sistema politico tedesco nell'epoca guglielmina*, in R. Lill - N. Matteucci (edd), *Il liberalismo in Italia e in Germania dalla rivoluzione del '48 alla prima guerra mondiale* (Annali dell'Istituto storico italo-germanico in Trento. Quaderni, 5), Bologna 1980, pp. 291-322.

Ritter G., *The Social Bases of the German Political Parties, 1867-1920*, in K. Rohe (ed), *Elections, Parties and Political Traditions. Social Foundations of German Parties and Party Systems, 1867-1987*, New York 1996, pp. 27-52.

Ritter G.A., *Die Arbeiterbewegung im Wilhelminischen Reich. Die Sozialdemokratische Partei und die Freien Gewerkschaften 1890-1900*, Berlin 1963[2].

– (ed), *Die deutschen Parteien vor 1918*, Köln 1973.

– (ed), *Gesellschaft, Parlament und Regierung: Zur Geschichte des Parlamentarismus in Deutschland*, Düsseldorf 1974.

– *Die deutschen Parteien 1830-1914. Parteien und Gesellschaft im konstitutionellen Regierungssystem*, Göttingen 1985.

– Niehuss M., *Wahlgeschichtliches Arbeitsbuch. Materialien zur Statistik des Kaiserreichs 1871-1918*, München 1980.

Rochau L.A. von, *Grundsätze der Realpolitik* (1853 e 1869), a cura di H.-U. Wehler, Frankfurt a.M. 1972.

Rohe K. (ed), *Elections, Parties, and Political Traditions. Social Foundations of German Parties and Party Systems 1867-1987*, New York - München 1990.

Röhl J., *Wilhelm II., Der Aufbau der Persönlichen Monarchie 1828-1900*, München 2001.

Romanelli R., *Electoral Systems and Social Structures. A Comparative Perspective*, in R. Romanelli (ed), *How Did They Become Voters? The History of Franchise in Modern European Representational Systems*, Den Haag 1998, pp. 1-37.

Rosanvallon P., *Il popolo introvabile. Storia della rappresentanza democratica in Francia*, Bologna 2005.

– *Counter-Democracy. Politics in an Age of Distrust*, Cambridge 2008.

Rosenberg A. [Adolf], *A. von Werner*, Bielefeld 1900.

Rosenberg A. [Arthur], *Le origini della repubblica di Weimar 1871-1918* (ed. orig. *Die Entstehung der Weimarer Republik*, Berlin 1928), Firenze 1972.

Rosenbusch U., *Der Weg zum Frauenrecht in Deutschland*, Baden-Baden 1998.

Rosin H., *Das Wahlrecht der Grundherren zur I. Kammer in Baden*, Sonderdruck aus den «Annalen des deutschen Reichs», München - Berlin - Leipzig 1918.

RÖSSELL J., *Soziale Mobilisierung und Demokratie. Die preußischen Wahlrechtskonflikte 1900 bis 1918*, Wiesbaden 2000.

ROTH G., *I socialdemocratici nella Germania imperiale*, Bologna 1971.

ROTH R., *Liberalismus in Frankfurt am Main 1814-1914*, in L. GALL - D. LANGEWIESCHE (edd), *Liberalismus und Region*, pp. 41-86.

ROUSSEAU J.-J., *Il contratto sociale*, Roma - Bari 1992 (ed. orig. *Du Contrat Social*, in J.-J. ROUSSEAU, *Oeuvres Complètes*, 5 voll., III, Paris 1964.

RUBY M., *L'Évolution de la Nationalité allemande d'après les textes (1842-1953)*, Baden-Baden 1954.

RUSCONI G.E., *Cavour e Bismarck. Due leader tra liberalismo e cesarismo*, Bologna 2011.

SAVIGNY F.C. VON, *Vom Beruf unserer Zeit für Gesetzgebung und Rechtswissenschaft*, Heidelberg 1814.

– *Il diritto del possesso. Trattato civile*, Firenze 1839 (ed. orig. *Das Recht des Besitzes. Eine civilistische Abhandlung*, Gießen 1803).

SAX E., *Fondamenti per una teoria dell'economia politica* (Biblioteca dell'economista, V/25), Torino 1912 (ed. orig. *Grundlegung der theoretischen Staatswirtschatft*, Wien 1887).

SCHASER A., *Gendered Germany*, in J. RETALLACK (ed), *Imperial Germany 1871-1918*, Oxford 2008, pp. 128-150.

SCHAUFF J., *Das Wahlverhalten der deutschen Katholiken im Kaiserreich und in der Weimarer Republik. Untersuchungen aus dem Jahre 1928*, a cura di R. MORSEY, Mainz 1975.

SCHIERA P., *Dall'arte di governo alla scienza dello Stato. Il cameralismo e l'assolutismo tedesco*, Milano 1968.

– *La Prussia fra polizia e «lumi»: alle origini del «Modell Deutschland»*, in «Annali dell'Istituto storico italo-germanico in Trento», 1, 1975, pp. 51-84.

– *Società per ceti*, ad vocem, in *Dizionario di Politica*, a cura di N. BOBBIO - N. MATTEUCCI - G. PASQUINO, Torino 1976, pp. 1067-1071.

– *Il laboratorio borghese* (Annali dell'Istituto storico italo-germanico in Trento. Monografie, 5), Bologna 1987.

SCHILDT A., *Konservatismus in Deutschland. Von den Anfängen im 18. Jahrhundert bis zur Gegenwart*, Opladen 1998.

SCHMITT C., *Dottrina della costituzione*, a cura di A. CARACCIOLO, Milano 1984 (ed. orig. *Verfassungslehre* [1928], Berlin 2003).

SCHMITTER P.C., *Still the Century of Corporatism?* in «Review of Politics», 36, 1974, 1, pp. 85-131.

SCHMOLLER G., *Die preußische Wahlrechtsreform von 1910 auf dem Hintergrunde des Kampfes zwischen Königtum und Feudalität*, in «Jahrbuch für Gesetzgebung, Verwaltung und Volkswirtschaft im Deutschen Reiche», 34, 1910, pp. 1261 ss.

SCHORSKE C.E., *German Social Democracy 1905-1917. The Development of the Great Schism*, New York 1955, pp. 116-123.

SCHUMPETER J.A., *Storia dell'analisi economica*, III: *Dal 1870 a Keynes*, Torino 1990.

SESTAN E., *La costituente di Francoforte (1848-49)*, Roma 1986 (1946[1]).

SEYDEL M. VON, *Das Staatsrecht des Königsreichs Bayern*, a cura di J. GRATZMANN, Tübingen - Leipzig 1905[3].

SIEMANN W., *Die deutsche Revolution von 1848/49*, Frankfurt a.M. 1985.

– *Gesellschaft im Aufbruch. Deutschland 1848-1871*, Frankfurt a.M. 1990.

SOBANIA M., *Rechtliche Konstituierungsfaktoren des Bürgertums*, in «Historische Zeitschrift. Beihefte», NS, 16, 1993, pp. 131-150.

SOLIDORO MARUOTTI L., *La tradizione romanistica nel diritto europeo*, II, Torino 2010.

SPAGNOLO C., *Le campagne elettorali nella Germania imperiale*, in M. RIDOLFI (ed), *Propaganda e comunicazione politica*, Milano 2004, pp. 40-65.

– *Verfassung, Konstitution und Repräsentation. Kommentar zu den Beiträgen von Anna Gianna Manca und Hans-Christoph Kraus*, in G. CORNI - F.-L. KROLL - C. LIERMANN (edd), *Italien und Preußen. Dialog der Historiographien*, Tübingen 2005, pp. 199-209.

– *Il sistema elettorale del Kaiserreich*, in B. MAZOHL - P. POMBENI (edd), *Minoranze negli Imperi. Popoli fra identità nazionale e ideologia imperiale* (Annali dell'Istituto storico italo-germanico in Trento. Quaderni, 88), Bologna 2012, pp. 105-126.

SPENKUCH H., *Das Preußische Herrenhaus. Adel und Bürgertum in der Ersten Kammer des Landtags 1854-1918*, Düsseldorf 1998.

SPRINGER A., *Friedrich Christoph Dahlmann*, 2 voll., Leipzig 1870-1872.

STAHL F.J., *Rede des Abgeordneten Stahl, gehalten in der Ersten Kammer, in der neunundvierzigsten Sitzung am 3. Oktober 1849, betreffend das Verhältnis des Staats zur Kirche*, Berlin s.d. (1849).

– *Das monarchische Princip* (Heidelberg 1845), rist. Berlin 1910.

STEENSON G.P., *«Not One Man! Not One Penny». German Social Democracy 1863-1914*, Pittsburgh PA 1981.

STEIN L. VON, *Der Socialismus und Communismus des heutigen Frankreichs. Ein Beitrag zur Zeitgeschichte*, Leipzig 1842 (ora anche in L. VON STEIN, *Proletariat und Gesellschaft. Text nach der zweiten Auflage von «Der*

Sozialismus und Kommunismus des heutigen Frankreichs» [1848], a cura di M. Hahn, München 1971).

– *Zur preussischen Verfassungsfrage* (1852), a cura di C. Schmitt, Berlin 1940.

Steinbach P., *Die Zähmung des politischen Massenmarktes: Wahlen und Wahlkämpfe im Bismarckreich*, 3 voll., Passau 1990.

Stolleis M., *Untertan - Bürger - Staatsbürger. Bemerkungen zur juristischen Terminologie im späten 18. Jahrhundert*, in R. Vierhaus (ed), *Bürger und Bürgerlichkeit im Zeitalter der Aufklärung*, Heidelberg 1981, pp. 65-99.

– *Verwaltungslehre und Verwaltungswissenschaft 1866-1914*, in K.G.A. Jeserich - H. Pohl - G.-C. von Unruh, *Deutsche Verwaltungsgeschichte*, III, Stuttgart 1984.

– *Storia del diritto pubblico in Germania*, II: *Dottrina del diritto pubblico e scienza dell'amministrazione, 1800-1914*, Milano 2014 (ed. orig. *Geschichte des öffentlichen Rechts in Deutschland*, II: *Staatsrechtslehre und Verwaltungswissenschaft 1800 bis 1914*, München 1992).

Streeck W., *Scenario for a Wonderful Tomorrow*, in «London Review of Books», 38, 2016, 7, pp. 7-10.

Stürmer M., *L'impero inquieto. La Germania dal 1866 al 1918*, Bologna 1993.

Suval S., *Electoral Politics in Wilhelmine Germany*, Chapel Hill NC 1985.

Thadden R. von, *Die Geschichte der Kirchen und Konfessionen*, in W. Neugebauer (ed), *Handbuch der preussischen Geschichte*, Berlin 2000, III, pp. 547-712.

Thränhardt D., *Wahlen und politische Strukturen in Bayern 1848-1953. Historisch-soziologische Untersuchungen zum Entstehen und zur Neuerrichtung eines Parteiensystems*, Düsseldorf 1973.

– *Regionale historische Wahlanalysen: Erkenntnisinteressen und Validität*, in O. Büsch (ed), *Wählerbewegung in der europäischen Geschichte. Ergebnisse einer Konferenz*, a cura della Historische Kommission zu Berlin, Berlin 1980, pp. 485-511.

Urban N., *Die Diätenfrage: Zum Abgeordnetenbild in Staatsrechtslehre und Staatsbild 1900-1933*, Tübingen 2003.

Vacca G., *Gramsci e Togliatti*, Roma 1991.

Valente M., *Diplomazia pontificia e Kulturkampf. La Santa Sede e la Prussia tra Pio IX e Bismarck, 1862-1878*, Roma 2004.

Vierhaus R., *Konservativ, Konservatismus*, in O. Brunner et al. (edd), *Geschichtliche Grundbegriffe. Historisches Lexikon zur politisch-sozialen Sprache in Deutschland*, 9 voll., Stuttgart 1972-1997; III, 1982, pp. 531-565.

– *Das Allgemeine Landrecht für die Preussischen Staaten als Verfassungsersatz?*, in B. DÖLEMEIER - H. MOHNHAUPT (edd), *200 Jahre Allgemeines Landrecht für die Preussischen Staaten. Wirkungsgeschichte im internationalen Kontext*, Frankfurt a.M. 1995, pp. 1-21.

VOGEL B. - NOHLEN D. - SCHULZE R.-O., *Wahlen in Deutschland, Theorie, Geschichte, Dokumente 1848-1970*, Berlin - New York 1971.

WAGENER H. (Anonym), *Grundzüge der conservativen Politik*, Berlin 1856.

– (ed), *Staats- und Gesellschafts-Lexikon. Neues Conversations-Lexikon*, 23 voll., Berlin 1859-1867.

WEBER M., *Parlamento e governo* (1919), Roma - Bari 2001.

– *Dalla terra alla fabbrica. Scritti sui lavoratori agricoli e lo Stato nazionale (1892-1897)*, a cura di S. MEZZADRA - F. FERRARESI, Roma - Bari 2005.

WEHLER H.-U., *L'impero guglielmino, 1871-1918*, Bari 1981 (ed. orig. *Das Deutsche Kaiserreich 1871-1918*, Göttingen 1973).

– *Deutsche Gesellschaftsgeschichte*, 4 voll., München 1987-2003; II: *Von der Reformära bis zur industriellen und politischen «Deutschen Doppelrevolution» 1815-1845/1849*, 1987; III: *Von der Deutschen Doppelrevolution bis zum Beginn des Ersten Weltkrieges 1849-1914*, München 1995.

WICKSELL K., *Saggi di finanza teorica*, in *Nuova collana di economisti stranieri e italiani*, II: *Finanza*, a cura di G. BORGATTA, Torino 1934 (ed. orig. *Finanztheoretischen Untersuchungen nebst Darstellung und Kritik des Steuerwesens Schwedens*, Jena 1896).

WIELANDT F., *Das Staatsrecht des Großherzogthums Baden*, Freiburg i.Br. - Leipzig 1895.

WÖRFEL E., *Liberalismus in den thüringischen Staaten im Kaiserreich*, in L. GALL - D. LANGEWIESCHE (edd), *Liberalismus und Region*, pp. 217-257.

ZANK W., *The German Melting-pot: Multi-culturality in Historical Perspective*, London 1998.

3. *Sitografia essenziale*

http://www.dircost.unito.it

http://www.deutschestextarchiv.de

http://www.documentarchiv.de/nzjh/wschlakte.html

http://zhsf.gesis.org/ParlamentarierPortal/index.htm : parlamentari dal 1848 a oggi.

http://www.modern-constitutions.de : The Rise of Modern Constitutionalism 1776-1849.

http://reader.digitale-sammlungen.de : monografie e fonti online.

http://reichstagsprotokolle.de

https://opacplus.bsb-muenchen.de : atti parlamentari di alcuni stati e delle istituzioni federali.

Indice dei nomi

Finito di stampare nel mese di luglio 2017
dalla litoseibo, via rossini 10, rastignano, bologna
www.litoseibo.it